LGPD e a Proteção de Dados Pessoais na Sociedade em Rede

LGPD e a Proteção de Dados Pessoais na Sociedade em Rede

DADOS DE CRIANÇAS E ADOLESCENTES NA INTERNET
TRATAMENTO DE PROTEÇÃO DE DADOS NO COMÉRCIO ELETRÔNICO
PROTEÇÃO DE DADOS DE FALECIDOS
VIOLAÇÃO DE DIREITOS DA PERSONALIDADE E RESPONSABILIDADE CIVIL

2022

Coordenador
José Marcelo Menezes Vigliar

ALMEDINA

LGPD E A PROTEÇÃO DE DADOS PESSOAIS NA SOCIEDADE EM REDE
DADOS DE CRIANÇAS E ADOLESCENTES NA INTERNET, TRATAMENTO DE PROTEÇÃO DE DADOS NO COMÉRCIO ELETRÔNICO, PROTEÇÃO DE DADOS DE FALECIDOS, VIOLAÇÃO DE DIREITOS DA PERSONALIDADE E RESPONSABILIDADE CIVIL

COORDENADOR: José Marcelo Menezes Vigliar

DIRETOR ALMEDINA BRASIL: Rodrigo Mentz
EDITORA JURÍDICA: Manuella Santos de Castro
EDITOR DE DESENVOLVIMENTO: Aurélio Cesar Nogueira
ASSISTENTES EDITORIAIS: Isabela Leite e Larissa Nogueira
ESTAGIÁRIA DE PRODUÇÃO: Laura Roberti

DIAGRAMAÇÃO: Almedina
DESIGN DE CAPA: FBA

ISBN: 9786556275918
Agosto, 2022

Dados Internacionais de Catalogação na Publicação (CIP)
(Câmara Brasileira do Livro, SP, Brasil)

LGPD e a proteção de dados pessoais na sociedade em rede : dados de crianças e adolescentes na Internet, tratamento de proteção de dados no comércio eletrônico, proteção de dados de falecidos, violação de direitos da personalidade e responsabilidade civil / coordenador José Marcelo Menezes Vigliar. -- São Paulo : Almedina, 2022.

Vários autores.
Bibliografia.
ISBN 978-65-5627-591-8

1. Direito à privacidade 2. Proteção de dados - Direito - Brasil 3. Proteção de dados - Leis e legislação 4. Proteção de dados pessoais 5. Sociedadeda informação 6. Tecnologia da informação I. Vigliar, José Marcelo Menezes.

22-110755 CDU-342.721

Índices para catálogo sistemático:

1l. Lei Geral de Proteção de Dados : Direito à privacidade 342.721

Cibele Maria Dias - Bibliotecária - CRB-8/9427

Este livro segue as regras do novo Acordo Ortográfico da Língua Portuguesa (1990).

EDITORA: Almedina Brasil
Rua José Maria Lisboa, 860, Conj.131 e 132, Jardim Paulista | 01423-001 São Paulo | Brasil
www.almedina.com.br

SOBRE O COORDENADOR

José Marcelo Menezes Vigliar
Pós-Doutor em Direito pela Faculdade de Direito da Universidade de Lisboa. Doutor, Mestre e Bacharel em Direito pela USP. Professor do Curso de Mestrado em Direito da Sociedade da Informação no Centro Universitário das Faculdades Metropolitanas Unidas. Advogado.

SOBRE OS AUTORES

Adrielly Letícia Silva Oliveira
Mestranda em Direito da Sociedade da Informação pelas Faculdades Metropolitanas Unidas. Pós-graduada em Direito Penal e Criminologia pela Pontifícia Universidade Católica do Rio Grande do Sul. Bacharela em Direito pela Universidade Presbiteriana Mackenzie.

Alessandra Pangoni Balbino Santos
Mestranda em Direito da Sociedade da Informação pelas Faculdades Metropolitanas Unidas. Pós-graduada em Direito Penal e Processo Penal pelo Instituto Damásio Educacional. Bacharela em Direito pelas Faculdades Metropolitanas Unidas.

Bianca Bonadiman Abrão
Mestranda em Direito da Sociedade da Informação no Centro Universitário das Faculdades Metropolitanas Unidas — FMU.

Bruno Benevento Lemos de Lira
Mestrando em Direito da Sociedade da Informação pelo Centro Universitário das Faculdades Metropolitanas Unidas — FMU (São Paulo). Especialista em Direito Constitucional pela Escola Superior de Direito Constitucional e em Direito Processual Civil pela Universidade Nove de Julho. Advogado.

Caio Pacca Ferraz de Camargo
Mestrando em Direito da Sociedade da Informação (UniFMU). Mestre em Direito pela Universidade Nove de Julho (UNINOVE). Bacharel em Direito

pela Universidade Presbiteriana Mackenzie — UPM. Bacharel em Relações Internacionais pelo UniFMU. Registrador Civil e Tabelião de Notas no Estado de São Paulo.

Carolina Penteado Gerace Bouix
Mestranda em Direito da Sociedade da Informação no Centro Universitário das Faculdades Metropolitanas Unidas — FMU.

Cristina Anita Schumann Lereno Terzidis
Mestranda em Direito da Sociedade da Informação da Faculdades Metropolitanas Unidas. Graduada em Direito da Faculdades Metropolitanas Unidas. Advogada.

Daniel Carlos Machado:
Mestrando em Direito da Sociedade da Informação pelo Centro Universitário das Faculdades Metropolitanas Unidas — FMU (São Paulo). Especialista em Direito Contratual e em Direito Empresarial pela Pontifícia Universidade Católica de São Paulo — PUC/SP. MBA em Gestão de Negócios pela Universidade de São Paulo — USP. Advogado.

Daniel César
Mestrando em Direito da Sociedade da Informação pelo Centro Universitário das Faculdades Metropolitanas Unidas (FMU/SP). Bacharel em Ciências da Computação pela Pontifícia Universidade Católica de São Paulo (PUC/SP). Bacharel em Direito pelo Centro Universitário das Faculdades Metropolitanas Unidas (FMU/SP). Advogado. Gerente de Desenvolvimento de *Software*.

Devanildo de Amorim Souza
Mestrando em Direito pelo Centro Universitário das Faculdades Metropolitanas Unidas — FMU/SP. Graduado em Direito — FMU/SP. Bolsista CAPES. Advogado.

Gabriel Carvalho dos Santos
Mestrando em Direito na Sociedade da Informação das Faculdades Metropolitanas Unidas.

Ícaro Ataia Rossi
Mestrando em Direito da Sociedade da Informação. Especialista em Processo Civil pela Pontifícia Universidade Católica de São Paulo — COGEAE. Advogado.

João Luís Lopes Cardoso
Mestrando em Direito da Sociedade da Informação pelo Centro Universitário das Faculdades Metropolitanas Unidas. Graduado em Direito pela Universidade São Judas Tadeu.

Jorge Shiguemitsu Fujita
Doutor em Direito pela Faculdade de Direito da Universidade de São Paulo. Professor Titular de Direito Civil dos Cursos de Graduação e de Pós-Graduação *lato sensu* do Curso de Direito do Centro Universitário das Faculdades Metropolitanas Unidas — FMU (São Paulo). Professor Doutor do Programa de Mestrado em Direito da Sociedade da Informação do Centro Universitário das Faculdades Metropolitanas Unidas. Coordenador do Curso de Pós-Graduação *lato sensu* em Direito de Família e das Sucessões do Centro Universitário das Faculdades Metropolitanas Unidas. Professor do Curso de Pós-Graduação *lato sensu* da Faculdade de Direito da Universidade Estadual de Londrina — UEL (PR). Professor do Curso de Pós-Graduação *lato sensu* da Escola Superior de Advocacia (ESA) da Ordem dos Advogados do Brasil, Seção de São Paulo. Parecerista, consultor jurídico e advogado.

Karem Luiza da Costa
Mestranda em Direito da Sociedade da Informação pelo Centro Universitário das Faculdades Metropolitanas Unidas. Graduação em Direito pelo Centro Universitário das Faculdades Metropolitanas Unidas e graduação em Administração de Empresas pela Faculdade Anhembi Morumbi.

Laís Maria da Cunha Casagrande
Mestrando em Direito na Sociedade da Informação das Faculdades Metropolitanas Unidas.

Luciana Guerra Fogarolli
Mestranda em Direito da Sociedade da Informação pelo Centro Universitário das Faculdades Metropolitanas Unidas — FMU/SP. Graduada em Direito pela Universidade do Estado da Bahia-UNEB.

Luiz Eduardo Alves de Siqueira
Pós-Doutorando pela Pontifícia Universidade Católica de São Paulo — PUC/SP. Doutor em Integração da América Latina pela Universidade de São Paulo — USP. Mestre em Integração da América Latina pela USP. Graduado em Direito pela USP.

Paulo Roberto Fogarolli Filho
Advogado. Mestrando em Direito da Sociedade da Informação no Centro. Universitário das Faculdades Metropolitanas Unidas — FMU (São Paulo). Especialista em Direito do Trabalho e Processo do Trabalho da Pontifícia Universidade Católica de São Paulo.

Renato Evangelista Romão
Mestrando em Direito da Sociedade da Informação pelo Centro Universitário das Faculdades Metropolitanas Unidas (FMU/SP). Bacharel em Direito pela Faculdade de Direito de Guarulhos. Advogado e Consultor Jurídico.

Stéphany Cindy Costa Baptistelli
Mestranda em Direito pelo Centro Universitário das Faculdades Metropolitanas Unidas — FMU/SP. Graduada em Direito — FMU/SP. Advogada.

Taysa Pacca Ferraz de Camargo
Mestranda em Direito da Sociedade da Informação (FMU). Especialista em Direito Civil e Direito Notarial e Registral Imobiliário (EPM). Bacharel em Direito (FMU).

NOTA DO COORDENADOR

É com imensa satisfação que recebi da prestigiosa Editora Almedina a comunicação de que mais um livro do nosso Programa de Mestrado em Direito da Sociedade da Informação, produzido nos Seminários de Produção Intelectual, seria publicado.

Sob o título ***LGPD e a Proteção de Dados Pessoais na Sociedade em Rede***, o presente livro trata de importantes aspectos da proteção de dados, hoje disciplinada pela Lei 13.709 de 14 de agosto de 2018 (Lei Geral de Proteção de Dados) e elevada à condição de direito e garantia fundamental dos cidadãos, conforme previsto no inciso LXXIX do art. 5º da Constituição Federal, de acordo com a Emenda Constitucional nº 115 de 10 de fevereiro de 2022.

Os autores, entre os quais estão os Professores Doutores Jorge Shiguemitsu Fujita e Luiz Eduardo Alves de Siqueira, enfrentaram também o tema da responsabilidade dos tratadores de dados ante a violação de direitos da personalidade, à privacidade, dados que envolvem a criança e o adolescente, os dados que transitam no chamado e-commerce, os dados dos trabalhadores e mesmo os dados das pessoas falecidas.

Certamente, dada a densa bibliografia que embasa cada um dos capítulos, o presente livro será objeto de pesquisa e estudos para outros acadêmicos e para a comunidade jurídica em geral, que ainda desbrava a LGPD.

Como coordenador, agradeço aos autores que se engajaram nesse projeto e à Editora Almedina pela sua publicação.

JOSE MARCELO MENEZES VIGLIAR

APRESENTAÇÃO

A edição da Lei Geral de Proteção de Dados Pessoais (lei 13.709/2018), LGPD, veio em momento importante para a sociedade internacional e brasileira onde a evolução da internet e do mundo virtual apresentam desafios regulamentadores para os legisladores. Essa norma enfrenta alguns desses desafios, mesmo sendo objeto de críticas por incompletude, o que a torna um importante marco legal.

A utilização e o armazenamento de dados pessoais relacionados à questões que envolvem liberdade e privacidade são indicados como os pontos principais de regulação, mas o que me parece o mais importante é o seu relacionamento com o resguardo ao Direito da Personalidade, este sim muito mais abrangente, portanto, compondo, com a LGPD, um arcabouço maior.

A obra "LGPD e a Proteção de Dados Pessoais na Sociedade em Rede" da qual o professor José Marcelo Menezes Vigliar figura como abalizado coordenador arrosta o desafio de analisar não somente a lei mas os direitos a serem por esta regidos aprofundando-se em estudos próprios de um programa de pós-graduação stricto sensu cuja a temática é o Direito da Sociedade da Informação (congregado na Escola de Direito das Faculdade Metropolitanas Unidas). A coordenação notável do professor Vigliar, conhecido jurista paulista, que utilizando-se da sua capacidade de organização e, principalmente, de visão de conjunto de como questões tão complexas e contemporâneas deveriam ser abarcadas, em agregação com autores originários nas cadeiras docentes e discentes do mencionado programa produziram uma referência para o mundo do Direito.

A vastidão e diversidade de motes e discussões que envolvem utilização de dados, direito da personalidade, privacidade, capitalismo de vigilância, estudos de situações hipotéticas de um futuro próximo, dados em grupo, dados sensíveis de incapazes e menores, comércio eletrônico, reflexos nas relações de trabalho, compliance, dados de falecidos dentre outros comprovam não somente a competência e capacidade de visão dos autores sobre o universo de perquirições mas também o quão importante é o lançamento da obra para o Direito pátrio.

Parabenizamos o coordenador e os autores pelo tratado jurídico em função da importância da discussão da LGPD, da escolha dos temas e da qualidade dos artigos. Crentes da certeira colaboração jurídica para os colegas de militância no Direito.

Manuel Nabais da Furriela

PREFÁCIO

A presente obra é resultado de uma atividade muito importante para nosso Programa de Mestrado em Direito da Sociedade da Informação: o Seminário de Produção Intelectual. Através da mesma os alunos são estimulados e instruídos para produzir artigos científicos de qualidade sobre tema determinado pelo professor responsável.

Esta obra, organizada pelo Professor Doutor José Marcelo Menezes Vigliar traz pesquisas de nossos alunos, alguns em conjunto com professores da casa, sobre a Lei nº 13.709/2014, Lei Geral de Proteção de Dados Pessoais. Trata-se tema da mais alta relevância para nosso Programa, contribuindo para a compreensão de norma central em uma sociedade em que os dados pessoais são fundamentais para o funcionamento da economia.

O primeiro artigo trata da fundamentalidade do direito a proteção dados pessoais, escrito ainda antes da alteração constitucional. Sua relação com o livre desenvolvimento da personalidade é explorada em diversos artigos, inclusive no que tange a proteção das crianças e adolescentes, do trabalhador e do consumidor. O valor dos dados pessoais permanece mesmo após a morte, como discute o último artigo do presente livro.

Ricardo Libel Waldman

SUMÁRIO

1. LGPD E A PROTEÇÃO DE DADOS PESSOAIS NA *SOCIEDADE EM REDE* E DO *CAPITALISMO DE VIGILÂNCIA*: FUNDAMENTALIDADE *PER SE* DE UM DIREITO AINDA NÃO FORMALMENTE FUNDAMENTAL
Caio Pacca Ferraz de Camargo
Taysa Pacca Ferraz de Camargo 21

2. AS VIOLAÇÕES DOS DIREITOS DA PERSONALIDADE NO CONTEXTO DO EPISÓDIO "CROCODILO", DE BLACK MIRROR
Gabriel Carvalho dos Santos
Laís Maria da Cunha Casagrande 45

3. A PRESERVAÇÃO DO DIREITO À PRIVACIDADE E A LEI GERAL DE PROTEÇÃO DE DADOS: A DISCUTIBILIDADE DA (NÃO) APLICAÇÃO AOS CONDOMÍNIOS EDILÍCIOS
Bianca Bonadiman Abrão
Carolina Penteado Gerace Bouix 67

4. TRATAMENTO DE DADOS DAS CRIANÇAS E ADOLESCENTES CONFORME A LEI Nº 13.709/2018:

UMA ANÁLISE SOB A PERSPECTIVA DA PROTEÇÃO INTEGRAL
Devanildo de Amorim Souza
Stéphany Cindy Costa Baptistelli
Luiz Eduardo Alves de Siqueira 81

5. **OS DADOS DE CRIANÇAS E ADOLESCENTES NA INTERNET: UMA ANÁLISE DO DISPOSITIVO DA LEI GERAL DE PROTEÇÃO DE DADOS**
Adrielly Letícia Silva Oliveira
Alessandra Pangoni Balbino Santos 103

6. **TRATAMENTO E PROTEÇÃO DE DADOS NO COMÉRCIO ELETRÔNICO**
Bruno Benevento Lemos de Lira
Daniel Carlos Machado 127

7. **O CRESCIMENTO DO *E-COMMERCE*: COMO FICAM OS DIREITOS DA PERSONALIDADE FRENTE AOS DADOS PESSOAIS DOS USUÁRIOS E A LGPD?**
Cristina Anita Schumann Lereno Terzidis 153

8. **APLICAÇÃO DA LEI GERAL DE PROTEÇÃO DE DADOS NAS RELAÇÕES DE TRABALHO: UM NOVO DIREITO DA PERSONALIDADE DO TRABALHADOR**
Paulo Roberto Fogarolli Filho
Jorge Shiguemitsu Fujita 181

9. **A RESPONSABILIDADE CIVIL DOS SITES PRIVADOS DE PESQUISA DE PROCESSOS FRENTE AO TRABALHADOR QUE BUSCA UMA COLOCAÇÃO NO MERCADO DE TRABALHO**
João Luís Lopes Cardoso
Luciana Guerra Fogarolli 201

10. A CULTURA DE *COMPLIANCE* E A LGPD: GERANDO AUMENTO NA EFICIÊNCIA DE GESTÃO E DESEMPENHO DA ORGANIZAÇÃO
Karem Luiza da Costa
Ícaro Ataia Rossi 221

11. PROTEÇÃO DE DADOS DO "DE CUJUS": SERÁ A MORTE UMA CARTA BRANCA PARA O TRATAMENTO DE DADOS?
Daniel César
Renato Evangelista Romão 247

1.
LGPD E A PROTEÇÃO DE DADOS PESSOAIS NA *SOCIEDADE EM REDE* E DO *CAPITALISMO DE VIGILÂNCIA*: FUNDAMENTALIDADE *PER SE* DE UM DIREITO AINDA NÃO FORMALMENTE FUNDAMENTAL

Caio Pacca Ferraz de Camargo
Taysa Pacca Ferraz de Camargo

Introdução

A Lei Federal nº 13.709/2018, formalmente nominada pela Lei Federal nº 13.853/2019, de Lei Geral de Proteção de Dados Pessoais (LGPD), em suas disposições preliminares enuncia ter por objetivo e princípios a proteção de diversos direitos fundamentais já longamente consagrados como tais pela ordem jurídica brasileira tal qual a liberdade, a privacidade, o desenvolvimento da personalidade da pessoa natural, tendo ainda a proteção desses dados, no Brasil, a partir da vigência dessa lei, os fundamentos do respeito à privacidade; à autodeterminação informativa; à liberdade de expressão, de informação, de comunicação e de opinião; à inviolabilidade da intimidade, da honra e da imagem; ao desenvolvimento econômico e tecnológico e a inovação; livre iniciativa, a livre concorrência e à defesa do consumidor; aos direitos humanos, à dignidade e ao exercício da cidadania pelas pessoas naturais.

Conquanto a Constituição brasileira não cuide da proteção de dados e seu tratamento como um direito fundamental (e nem poderia, haja vista sua promulgação em 1988, quando, embora já em desenvolvimento diversas tecnologias de telecomunicações que hoje nos parecem corriqueiras, ainda era inconcebível a conformação de uma *sociedade em rede* e muito menos sua funcionalização sob os primados de um *capitalismo de vigilância*) a leitura da LGPD brasileira, já de saída nos deixa a sensação, e não errônea, que está ela a tratar de matéria de primeira grandeza, cujo conteúdo, a ser tão relevante a tantos direitos fundamentais já assim sagrados na Constituição, parece exorbitar qualquer trivialidade e nos conduzir à pergunta: será que a proteção de dados pessoais e seu tratamento, em si próprios, estariam satisfatoriamente concebidos ou albergados em sede de lei ordinária? Não revelaria seu conteúdo uma relevância de primeira grandeza a indicar sua fundamentalidade como direito, ou melhor, como direito fundamental?

Estas são basicamente as perguntas que buscamos responder, ao longo deste estudo, elaborado a partir do método dedutivo e de pesquisa preponderantemente bibliográfica. O resultado da pesquisa foi dividido em três seções.

Na primeira delas, retomamos, em leitura sintetizada, as disposições preliminares da LGPD que, por seu próprio conteúdo, inculca ao intérprete uma "desconfiança" intuitiva de a proteção de dados pessoais e seu tratamento, para além da funcionalização de direitos fundamentais já assim consagrados, esboçar o conteúdo de um novo direito fundamental autônomo.

Na segunda seção, refaz-se um escorço teórico sobre a caracterização da *sociedade em rede*, descrita por Manuel Castells, destacando a verve capitalista dessa sociedade. Segue-se numa revisão crítica atualizada dessa sociedade, atualmente cooptada por um capitalismo, dito, por Shoshana Zuboff, de vigilância, viabilizado pela ubiquidade tecnológica, a reforçar a fundamentalidade *per se* de um direito autônomo à proteção de dados pessoais e seu tratamento.

Na terceira e última seção, revisitando a literatura sobre os direitos fundamentais, a revelar a indispensabilidade da adjetivação constitucional formal de um direito como tal, ante a intangibilidade dessa categoria jurídica ao legislador ordinário, encaminha-se, pelo método dedutivo, a conclusão provisória deste trabalho de ser o reconhecimento constitucional formal da proteção de dados pessoais e seu tratamento como direito fundamental autônomo, um passo importante à concreção desse direito, já materialmente fundamental, na sociedade de hoje e do futuro.

1. A proteção de dados pessoais na LGPD para além da funcionalização de direitos fundamentais já assim consagrados na Constituição Federal

O artigo 1º da Lei nº 13.709/2018, Lei Geral de Proteção de Dados Pessoais (LGPD) brasileira, enuncia que ela dispõe sobre "[...] o tratamento de dados pessoais, inclusive nos meios digitais, por pessoa natural ou por pessoa jurídica de direito público ou privado, *com o objetivo de proteger os direitos fundamentais* de *liberdade* e de *privacidade* e o *livre desenvolvimento da personalidade* da pessoa natural" tendo a proteção desses dados, no Brasil, a partir da vigência desta lei, e nos termos do seu artigo 2º, *os fundamentos* do respeito à *privacidade*; à *autodeterminação informativa*; à *liberdade de expressão*, de informação, de comunicação e de opinião; *à inviolabilidade da intimidade*, da *honra* e da *imagem*; ao *desenvolvimento econômico e tecnológico e a inovação*; à *livre iniciativa*, a *livre concorrência* e a *defesa do consumidor*; e aos *direitos humanos*, o *livre desenvolvimento da personalidade*, a dignidade e o *exercício da cidadania* pelas pessoas naturais (grifos nossos).

A esse eixo axiológico, soma-se, nos termos do artigo 6º da própria LGPD, a imposição de que as atividades de tratamento de dados pessoais devem observar, além da boa-fé, os seguintes princípios: (a) *o da finalidade,* traduzido na realização do tratamento para propósitos legítimos, específicos, explícitos e informados ao titular, sem possibilidade de tratamento posterior de forma incompatível com essas finalidades; (b) o da adequação, que versa sobre a compatibilidade do tratamento com as finalidades informadas ao titular, de acordo com o contexto do tratamento; (c) o da necessidade, que importa na limitação do tratamento ao mínimo necessário para a realização de suas finalidades, com abrangência dos dados pertinentes, proporcionais e não excessivos em relação às finalidades do tratamento de dados; (d) o do livre acesso, que representa a garantia, aos titulares, de consulta facilitada e gratuita sobre a forma e a duração do tratamento, bem como sobre a integralidade de seus dados pessoais; (e) o da qualidade dos dados, que assegura a garantia, aos titulares, de exatidão, clareza, relevância e atualização dos dados, de acordo com a necessidade e para o cumprimento da finalidade de seu tratamento; (f) o da transparência, contida na garantia, aos titulares, de informações claras, precisas e facilmente acessíveis sobre a realização do tratamento e os respectivos agentes de tratamento, observados os segredos comercial e industrial; (g) o da segurança: utilização de medidas técnicas e administrativas aptas a proteger os dados pessoais de acessos não autorizados e de situações acidentais ou ilícitas de destruição, perda, alteração, comunicação ou difusão; (h) o da prevenção, consubstanciada na adoção de medidas para prevenir a ocorrência de danos em virtude do tratamento de dados pessoais; (i) o da não discriminação, resultante da vedação da realização do tratamento para fins discriminatórios ilícitos ou abusivos; e (j) o da responsabilização e prestação de contas, atinente à demonstração, pelo agente, da adoção de medidas eficazes e capazes de comprovar a observância e o cumprimento das normas de proteção de dados pessoais e, inclusive, da eficácia dessas medidas.

Em suma, observa-se de saída, sem maiores esforços interpretativos, que esses dispositivos preambulares da LGPD articulam uma espessa trama de direitos e garantias fundamentais já assim enunciados pela Constituição Federal brasileira. Mas não é só. O legislador da LGPD, percebendo-se diante de uma realidade absolutamente nova, viu-se obrigado a delinear alguns perímetros conceituais no artigo 5º, dos quais destacamos aqueles contidos nos incisos I, II, III, IV, V, VI, VII e X. Neles, veiculam-se conceitos mais materiais que procedimentais, indispensáveis à compreensão da própria proteção de dados, em si, como um bem jurídico próprio a clamar proteção jurídica qualificada, tais como o de *dado pessoal*, definido como a "informação relacionada a pessoa natural identificada ou identificável"; o de *dado pessoal sensível*, descrito como o "dado pessoal sobre origem racial ou étnica, convicção religiosa, opinião política, filiação a sindicato ou a organização de caráter religioso, filosófico ou político, dado referente à saúde ou à vida sexual, dado genético ou biométrico, quando vinculado a uma pessoa natural"; o de *dado anonimizado*, como o "dado relativo a titular que não possa ser identificado, considerando a utilização de meios técnicos razoáveis e disponíveis na ocasião de seu tratamento"; o de *banco de dados*, indicado como um "conjunto estruturado de dados pessoais, estabelecido em um ou em vários locais, em suporte eletrônico ou físico"; o de *titular*, como sendo a "*pessoa natural a quem se referem os dados pessoais que são objeto de tratamento*"; o de *controlador*, definido como a "pessoa natural ou jurídica, de direito público ou privado, a quem competem as decisões referentes ao tratamento de dados pessoais"; o de *operador*, indicado como a "pessoa natural ou jurídica, de direito público ou privado, que realiza o tratamento de dados pessoais em nome do controlador"; e o de *tratamento*, consistente em "toda operação realizada com dados pessoais, como as que se referem a coleta, produção, recepção, classificação, utilização, acesso, reprodução, transmissão, distribuição, processamento, arquivamento, armazenamento, eliminação, avaliação ou controle da informação, modificação, comunicação, transferência, difusão ou extração".

O artigo 3º da LGPD e seus incisos definem ainda ser ela aplicável a: (a) qualquer operação de tratamento realizada por pessoa natural ou por pessoa jurídica de direito público ou privado, independentemente do meio, do país de sua sede ou do país onde estejam localizados os dados, desde que a operação de tratamento seja realizada no território nacional; (b) a atividade de tratamento que tenha por objetivo a oferta ou o fornecimento de bens ou serviços ou o tratamento de dados de indivíduos localizados no território nacional; (c) ou os dados pessoais objeto do tratamento tenham sido coletados no território nacional, assim compreendidos aqueles cujo titular se encontre no território brasileiro no momento da coleta, excetuando, por outro lado, o tratamento dos dados realizado no território nacional, cujos dados pessoais sejam provenientes de fora do território nacional e que não sejam objeto de comunicação, uso compartilhado com agentes de tratamento brasileiros ou objeto de transferência internacional de dados com outro país que não o de proveniência, desde que o país de proveniência proporcione grau de proteção de dados pessoais adequado ao previsto nesta Lei.

Por fim, a própria lei ressalva sua aplicação nos termos do artigo 4º, ao dispor não ser ela aplicável ao tratamento de dados pessoais: (a) realizado por pessoa natural para fins exclusivamente particulares e não econômicos; (b) realizado para fins exclusivamente (b1) jornalístico e artísticos; (b2) acadêmicos, aplicando-se a esta hipótese os arts. 7º e 11 da Lei; (b3) realizado para fins exclusivos de segurança pública, defesa nacional, segurança do Estado, ou atividades de investigação e repressão de infrações penais, cujo tratamento será regido por legislação específica a prever medidas proporcionais e estritamente necessárias ao atendimento do interesse público, com observância ao devido processo legal e aos princípios gerais de proteção e direitos previstos na LGPD, além de ser vedado o tratamento dos dados a que se refere o inciso III, do *caput*, por pessoa de direito privado, exceto em procedimentos sob tutela de pessoa jurídica de direito público, que serão objeto de informe específico à autoridade nacional e que deverão observar a limitação de não poderem pessoas de direito privado, salvo as de capital integralmente constituído pelo poder público, tratar a totalidade dos dados pessoais desses bancos de dados; e (b4) provenientes de fora do território nacional e que não sejam objeto de comunicação, uso compartilhado de dados com agentes de tratamento brasileiros ou objeto de transferência internacional de dados com outro país que não o de proveniência, desde que o país de proveniência proporcione grau de proteção de dados pessoais adequado ao previsto nesta Lei.

Os dispositivos acima compilados, que encerram as disposições preliminares do Capítulo I, da LGPD brasileira, para além de uma breve ambientação do texto legal, parecem predizer a hipótese aqui aventada: a de que todo esse regramento, para além de funcionalizar direitos fundamentais já assim enunciados e consagrados em gerações históricas antecedentes no trajeto da sua afirmação, como os de liberdade, privacidade, livre desenvolvimento, iniciativa, concorrência e defesa do consumidor; delineiam aspectos que indicam a proteção de dados e seu tratamento como um direito autônomo e substancialmente fundamental numa sociedade marcada pela revolução tecnológica que conduziu àquilo descrito por Castells (1999) como uma *sociedade em rede* que, ao ensejar uma reestruturação do modo capitalista de produção, acabou por nos conduzir a um *capitalismo de vigilância*, com riscos já conhecidos e outros tantos que, embora ainda mal definidos, já apresentam uma potencialidade danosa sem precedentes.

Para além dos desafios que a atualidade impõe cotidianamente àquele adágio controversamente atribuído a Thomas Jefferson[1] (1743-1826),

[1] Sobre a ausência de registros da enunciação ou autoria dessa frase por Jefferson, veja-se: "The notion of "eternal vigilance" is generally ascribed to Thomas Jefferson. Given Jefferson's love for freedom, it's an apt attribution. But it has been reported that John Philpot Curran expressed this same sentiment in a speech upon the Right of Election in 1790 (published in a book titled "Speeches on the late very interesting State trials" in 1808). He said: "It is the common fate of the indolent to see their rights become a prey to

de ser a eterna vigilância o preço da liberdade, chegou-se ao ponto de o próprio modo de vigiar ter se traduzido numa das principais ameaças à liberdade. Resta, agora, pois, perquirir os aspectos quantitativos e qualitativos da vigilância que queremos e aceitaremos por agora e para o futuro, acolhendo a vigilância voltada à manutenção dos valores e princípios democráticos, fundada, pois, nos direitos humanos e fundamentais; e descartando a indesejada, que nos domina.

2. Da sociedade *em rede* ao *capitalismo de vigilância*: a fundamentalidade da reação jurídica às dinâmicas do poder nesta nova sociedade

Sentimo-nos afortunados por podermos redigir estas linhas, e de alguma forma contribuir ao debate sobre a proteção e o tratamento de dados pessoais neste momento em que a realidade jurídica no tocante à matéria está se cunhanda numa sociedade que não cessa de absorver inovações tecnológicas, que alguns, como Klaus Schwab (2016), vislumbram já nos ter colocado no limiar da *Quarta Revolução Industrial* (ou *Indústria 4.0*).[2]

the active. The condition upon which God hath given liberty to man is eternal vigilance; which condition if he break, servitude is at once the consequence of his crime and the punishment of his guilt." Whatever its origin, the sentiment is as timely today as it was two centuries ago. Through a process of "incrementalism," we are seeing an increasing deterioration of individual rights (particularly property rights) by the regulatory state whereby our freedoms are worn away a bit at a time by the constant erosion of overreaching government. I am often amazed at how ideas that threaten our freedoms take root and grow seemingly without notice or comment by the general public. When the EPA and Corps of Engineers were commissioned to oversee discharges into "navigable waters," it was assumed they would regulate waters that would float a boat. But these agencies redefined their jurisdiction and now asserts control over virtually every pond, puddle and ditch in the Nation. And its getting worse. As a reminder to be on our guard against overreaching government, and hopefully a spur to eternal vigilance, see my op-ed in the Grand Forks Herald entitled". PACIFIC LEGAL FOUNDATION. Disponível em: https://pacificlegal.org/eternal-vigilance-the-price-of-freedom/. Acesso em 02 Ago. 2021.

[2] Estes autores já trataram do tema da Quarta Revolução Industrial, sintetizando as predições de Schwab (2016): "Trata-se da Quarta Revolução Industrial (ou Indústria 4.0), conceito sedimentado por Klaus Schwab (2016), diretor executivo do Fórum Econômico Mundial, marcado pela incorporação da inteligência artificial, da robótica, da internet das coisas, pelos veículos autônomos, pela impressão em três dimensões (3D), pela nanotecnologia, biotecnologia e armazenamento de energia. Essa nova estruturação das atividades produtivas e da circulação das riquezas e da informação, causarão profundos abalos nas dinâmicas

Partimos do referencial teórico de Manuel Castells (1999) ao admitirmos a existência de uma *sociedade em rede*, fruto de uma profunda transformação da sociedade já existente, por meio do fenômeno do *informacionalismo*, por ele também descrito. Para além das características ínsitas à quase intuitiva imbricação de tecnologias de telecomunicações, armazenamento e processamento de dados na conformação do conceito de *sociedade em rede*, é dele também indissociável outro aspecto evidenciado com menos frequência, o da prevalência do modo de produção capitalista nessa sociedade. Isso fica evidente quando Castells (1999, p. 51) afirma que "essa nova estrutura social está associada ao surgimento de um novo modo de desenvolvimento, o informacionalismo, historicamente moldado pela reestruturação do modo capitalista de produção" e, também, quando argumenta ser provável que o fato da constituição do paradigma tecnológico ter ocorrido nos EUA e, em certa medida, na Califórnia dos anos 1970, ter grandes consequências para as formas e a evolução das novas tecnologias da informação.

Para estremar de qualquer dúvida o amalgamamento entre a ideia de *sociedade em rede* e capitalismo, recorremos às próprias palavras de Castells:

> A revolução da tecnologia da informação foi essencial para a implementação de um importante processo de reestruturação do sistema capitalista a partir da década de 1980. No processo, o desenvolvimento e as manifestações dessa revolução tecnológica foram moldados pelas lógicas e interesses do capitalismo avançado, sem se limitarem às expressões desses interesses. O sistema alternativo de organização social presente em nosso período histórico, o estatismo, também tentou redefinir os meios de consecução de seus objetivos estruturais, embora preservasse a essência desses objetivos: ou seja, o espírito da reestruturação (ou *prerestroyka*, na Rússia). Contudo, a tentativa do estatismo soviético fracassou a ponto de haver o colapso de todo o sistema, em grande parte, em

de trabalho, uso do tempo, de dados, e tantas outras atividades humanas. Ao que tudo indica é uma possibilidade que já está às portas do presente, e não tardará muito a ser realidade". (Camargo, Caio Pacca Ferraz de; Camargo, Taysa Pacca Ferraz de. A Central de Informações do Registro Civil (CRC) e o imperativo da gestão pública eficiente às vésperas da Quarta Revolução Industrial In: Malinowski, Carlos Eduardo; Souza, Fernando Machado de; Dalla Corte, Thaís (Org.). **Temas contemporâneos do direito**. Bauru: Spessotto, 2020, p. 41).

> razão da incapacidade do estatismo para assimilar e usar os princípios do informacionalismo embutidos nas novas tecnologias da informação [...]. Aparentemente o estatismo chinês foi bem-sucedido ao transformar num capitalismo liderado pelo Estado e ao integrar-se nas redes econômicas globais, aproximando-se mais do modelo estatal desenvolvimentista do capitalismo do Leste Asiático que do 'socialismo com características chinesas' da ideologia oficial [...] (Castells, 1999, p. 50)

Ou seja, a própria alteração da dinâmica do desenvolvimento capitalista levou à *sociedade em rede*, ou transformou aquelas sociedades que capitalistas não eram, em capitalistas, de modo que a *sociedade em rede* não existe senão como uma sociedade capitalista em rede.

O realce dessa verve inevitavelmente capitalista da *sociedade em rede* permite um perfeito diálogo desse referencial teórico com o conceito de *capitalismo de vigilância*, proposto por Shoshana Zuboff (2021), que permitirá a construção final da hipótese aqui aventada: a de se ser a proteção de dados e seu tratamento, neste contexto, um direito que desponta como substancialmente fundamental a clamar pela formal constitucionalização como tal, ao menos na ordem jurídica brasileira.

A *sociedade em rede* é filha direta das grandes transformações tecnológicas, ocorridas a partir da década de 1970, que permitiram não apenas a maior e mais rápida capacidade de tratamento e armazenamento de dados, como seu barateamento. Delas destacam-se a criação, em 1971, do microprocessador, descrita por Castells (1999, p. 79) como a "revolução dentro da revolução", os avanços da optoeletrônica (transmissão de informações por fira ótica e laser), a utilização de tecnologias de transmissão direta de dados via satélite, micro-ondas, telefonia celular digital *etc.*, que ampliando a capacidade das linhas de transmissão de dados, aliadas à invenção, em 1975, do primeiro microcomputador (cujo exemplar comercial inicial, o Apple II, foi lançado em 1977), convergiram à criação e popularização da *Internet* (Castells, pp. 81-91).

Essas inovações tecnológicas conduziram a um paradigma tecnológico, conceito usado por Castells, mas cunhado por Carlota Perez, Christopher Freeman e Giovanni Dosi, a partir da adaptação da análise clássica das revoluções científicas examinadas por Kuhn, de forma a revelar que a essência da atual mudança tecnológica interrelaciona economia e sociedade, destacando Castells, serem cinco os aspectos centrais desse paradigma da tecnologia da informação, a saber: (a) a caracterização da informação como matéria-prima de tecnologias para agir sobre a própria informação, e não apenas informação para agir sobre tecnologias, como ocorrera nas revoluções tecnológicas precedentes; (b) maior penetrabilidade dos efeitos das novas tecnologias pelo fato de a informação ser parte integral de toda existência e atividade humana individual ou coletiva, diretamente moldada pelo meio tecnológico, ressalvando, porém, o autor que tal modelagem não resvalaria na sua determinação [o que, já se põe em xeque pelo advento do *capitalismo de vigilância*]; (c) a presença de uma *lógica de redes* em qualquer sistema ou conjunto de relação humanas, cuja implementação, viabilizada por novas tecnologias da informação, exige uma estruturação flexível, possibilitando reações e crescimentos exponenciais a custos lineares; (d) fundamentação na flexibilidade, traduzida na possibilidade de modificação, alteração e reorganização dos componentes de organizações instituições, sem destruir a organização, podendo, assim, essa flexibilidade representar tanto uma força libertadora como uma tendência repressiva; e, por fim (e) a crescente convergência de tecnologias específicas para um sistema altamente integrado, que transforma essa própria convergência em interdependência, já sendo inclusive possível a integração de dispositivos eletroeletrônicos a materiais biológicos e organismos vivos. O conjunto dessas cinco características representa, segundo o autor, a base material da sociedade da informação (Castells, 1999, pp. 108-113).

Tudo isso, desemboca numa forma de ser da sociedade informacional, que, ainda na lição de Castells (1999, pp. 57-59), é diferente e até certo ponto paradoxal porque, embora as novas tecnologias que integram o mundo em redes globais de instrumentalidade e permite que pela comunicação mediada por computadores sejam geradas verdadeiras comunidades virtuais, há também um fenômeno de exclusão, resultado da corrosão da antiga noção ocidental de individuo, sobre a qual se apoiou a construção do conceito de soberania. Isso conduz a um reagrupamento social em torno de identidades primárias de repulsa à rede, ou, dito de outra forma, de desconexão:

> Parece haver uma lógica de excluir os agentes da exclusão, de redefinição dos critérios de valor e significado em um mundo em que há pouco espaço para os não-iniciados em computadores, para os grupos que consomem menos e para os territórios não atualizados com a comunicação.

> Quando a Rede desliga o Ser, o Ser, individual ou coletivo, constrói seu significado sem a referência instrumental global: o processo de desconexão torna-se recíproco após a recusa, pelos excluídos, da lógica unilateral de dominação estrutural e exclusão social. (Castells, 1999, p. 60).

Em suma, pode-se dizer que a *sociedade em rede*, descrita por Castells, não difere das que lhe antecederam pelo uso de conhecimento ou da informação, mas pelo modo como a informação é consumida e utilizada:

> [...] No novo modo informacional de desenvolvimento, a fonte de produtividade acha-se na tecnologia de geração de conhecimentos, de processamento da informação e comunicação de símbolos. Na verdade, conhecimento e informação são elementos cruciais em todos os modos de desenvolvimento, visto que o processo produtivo sempre se baseia em algum grau de conhecimento e no processamento da informação. Contudo, o que é específico ao modo informacional de desenvolvimento é a ação de conhecimentos sobre os próprios conhecimentos como principal fonte de produtividade (ver capítulo 2). O processamento da informação é focalizado na melhoria da tecnologia do processamento da informação como fonte de produtividade, em um círculo virtuoso de interação entre as fontes de conhecimentos tecnológicos e a aplicação da tecnologia para melhorar a geração de conhecimentos e o processamento da informação: é por isso que, voltando à moda popular, chamo esse novo modo de desenvolvimento de informacional, constituído pelo surgimento de um novo paradigma tecnológico baseado na tecnologia da informação (ver capítulo 1). (Castells, 1999, pp. 53-54).

A informação e o conhecimento são, na *sociedade em rede*, a própria matéria prima de criação de mais tecnologia e conhecimento, numa via de mão-dupla. Há uma autorreflexão do conhecimento gerado, que tão logo produzido já é imediatamente empregado na tecnologia ainda em gestação, modificando-a e criando novíssimas possibilidades em diversos ramos da atividade humana:

> O que caracteriza a revolução tecnológica não é a centralidade de conhecimentos e informação, mas a aplicação desses conhecimento e dessa informação para a geração de conhecimentos e de dispositivos de processamento/ comunicação da informação, em um ciclo de realimentação

> cumulativo entre inovação e seu uso. [...] baseou-se em aprender usando, de acordo com a terminologia de Rosenberg. No terceiro estágio, os usuários aprenderam a tecnologia fazendo, o que acabou resultando na reconfiguração das redes e na descoberta de novas aplicações. O ciclo de realimentação entre a introdução de uma nova tecnologia, seus usos e seu desenvolvimento em novos domínios torna-se muito mais rápido no novo paradigma tecnológico. Consequentemente, a difusão da tecnologia amplifica seu poder de forma infinita, à medida que os usuários apropriam-se dela e a redefinem. [...] Usuários e criadores podem tornar-se a mesma coisa. (Castells, 1999, p. 69).

Embora Castells (1999, pp. 41-42), ao cunhar seu conceito de *sociedade em rede*, alerte ser ele também uma reação crítica ao fatalismo pós-modernista de não mais reconhecer a potência da razão como vetor de direcionamento da ação humana, em grande medida preocupa-se em descrever os acontecimentos e contornos dessa sociedade.

Passados vinte e cinco anos da primeira edição da obra de Castells, em 1996, faz-se necessária uma revisão crítica da *sociedade em rede* à luz das tecnologias que surgiram nesse período o como elas foram utilizadas e por quem. Uma dessas críticas, bastante recente e que buscou responder aos pontos indicados é a proposta por Shoshana Zuboff, em sua obra *The Age of Surveillance Capitalism: The Fight for a Human Future at the New Frontier of Power*, traduzida ao português como *A Era do capitalismo de vigilância: a luta por um futuro humano na nova fronteira de poder*, cuja primeira edição data de 2019.

Nesse já celebrizado estudo Zuboff (2021) cunhou a expressão *capitalismo de vigilância*, caracterizado pela apreensão não remunerada da experiência humana como se fosse toda ela matéria-prima gratuita para sua tradução em dados comportamentais, de modo que parte desses dados é considerada como *superávit comportamental* do proprietário, a alimentar complexos processos de fabricação conhecidos como "inteligência de máquina" e transformado em produtos de predição que antecipam o que um indivíduo faria [ou fará] agora, daqui a pouco e mais tarde que criar aquilo que a autora chama de *mercados de comportamentos futuros*, que tem possibilitado um fabuloso acúmulo de riqueza pelos capitalistas de vigilância (Zuboff, 2021, recurso eletrônico, pp. 22-23).

Nesse contexto:

> [...] a dinâmica competitiva desses novos mercados leva os capitalistas de vigilância a adquirir fontes cada vez mais preditivas de superávit comportamental: nossas vozes, personalidades e emoções. Os capitalistas de vigilância descobriram que os dados comportamentais mais preditivos provêm da intervenção no jogo de modo a incentivar, persuadir, sintonizar e arrebanhar comportamento em busca de resultados lucrativos. Pressões de natureza competitiva provocaram a mudança, na qual processos de máquina automatizados *não só conhecem nosso comportamento, como também moldam nosso comportamento em escala.* (Zuboff, 2021, recurso eletrônico, p. 23. Destaque no original).

Esse tipo de capitalismo, possibilitado pela *sociedade em rede*, causa uma nova e profunda transformação na medida em que a "[...] reorientação transformando conhecimento em poder, não basta mais automatizar o fluxo de informação *sobre nós*; a meta agora é *nos automatizar*" (Zuboff, 2021, recurso eletrônico, p. 23. Destaques no original). Logo, "[...] os meios de produção estão subordinados a 'meios de modificação comportamental' cada vez mais complexos e abrangentes" (Zuboff, 2021, recurso eletrônico, p. 23. Destaques no original). Dessa forma "[...] o capitalismo de vigilância gera uma nova espécie de poder que chamo de *instrumentarismo*. O poder instrumentário conhece e molda o comportamento humano em prol das finalidades de terceiros", o que ocorre por "[...] meio automatizado de uma arquitetura computacional cada vez mais ubíqua composta de dispositivos, coisas e espaços 'inteligentes' conectados em rede" (Zuboff, 2021, recurso eletrônico, p. 23).

Esse novo tipo de capitalismo opera num nível tão mais profundo que atualmente não é mais necessário convencer, pois as ferramentas tecnológicas operam de forma a moldar a vontade desde seu nascedouro, tal qual se quer que ela surja. Os instrumentos dessa sociedade, em *rede*, mas agora permeada por um *capitalismo de vigilância*, têm um poder que tangencia o sobrenatural, por ir além da cooptação de corações e mentes. O *capitalismo de vigilância*, por suas ferramentas tecnológicas, faz a quase todos pensarem que são fontes de vontades espontâneas, quando, na verdade, não passam do resultado de uma programação prévia, praticamente imperceptível, por poucos dominada, e contra a qual o indivíduo isolado não pode resistir.

Essa é uma dominação, uma violência real, absolutamente nova, e que poucos anos atrás só figuraria num fantasioso rol de vilanias de algum antagonista de séries de ficção científica. Daí concluir Zuboff que:

> O capitalismo de vigilância vai na direção oposta à do sonho digital dos primeiros tempos, relegando o Aware Home a dias longínquos. Em vez disso, despe a ilusão de que a forma conectada em rede tem algum tipo de conteúdo moral inerente, que estar "conectado" seja, de alguma forma, intrinsecamente pró-social e inclusivo ou com uma tendência natural à democratização do conhecimento. A conexão digital é agora um meio para fins comerciais de terceiros. Em sua essência, o capitalismo de vigilância é parasítico e autorreferente. Ele revive a velha imagem que Karl Marx desenhou do capitalismo como um vampiro que se alimenta do trabalho, mas agora com uma reviravolta. Em vez do trabalho, o capitalismo de vigilância se alimenta de todo aspecto de toda a experiência humana. (Zuboff, 2021, recurso eletrônico, p. 24).

Essa apreensão de toda a experiência humana pelo *capitalismo de vigilância* se faz, a partir da coleta de dados pessoais e dados sobre esses dados, os chamados metadados[3] e seu tratamento.

[3] Estes autores também já trataram sobre o conceito de metadados e metainformação: "Um aspecto bastante interessante dessa realidade parece ser a exigência de tratamento dos mais diversos tipos de informações, a fim de transformá-las em metadados. Ao contrário do conceito mais ou menos corrente e vulgar, oriundo das ciências da computação, de serem eles "dados sobre dados", o que atualmente se destaca no conceito de metadado ou metainformação é a possibilidade de processamento automático da informação. Nesse sentido, Luiz Fernando de Barros Campos (2007) registra que: O World Wide Web Consortium — W3C define metadados como informação sobre objetos da Web compreensível por máquinas. A ênfase é no processamento automático, mas falta melhor especificação do tipo e finalidade das informações sobre os objetos da Web. Dempsey e Heery (1997, p. 5) conceituaram metadados como "dados associados com objetos que desoneram os usuários potenciais de ter conhecimento completo antecipado da existência e características desses objetos". Agora o foco concentra-se na finalidade: o metadado é, de certa forma, uma "economia" informacional. Gilliland Swetland (2000, p. 1) adotou uma definição abrangente: metadado é "a soma total do que pode ser dito sobre algum objeto informacional em algum nível de agregação". A autora entende objeto informacional como um item ou grupo de itens que pode ser manipulado ou endereçado, independente de tipo ou formato, como um objeto singular ou discreto, por um humano ou computador. Consolidando essas definições, Vellucci (1998, p. 192) empregou a conceituação de metadados digitais aqui adotada por privilegiar o uso, o ambiente, a estrutura e as finalidades, e ainda sugerir sua categorização:

Ora, nessa contextura, não há como conceber a proteção de dados pessoais e seu tratamento apenas como mera uma funcionalização, ainda que em conjunto, de direitos fundamentais como a liberdade, a privacidade, a intimidade *etc.* A proteção e tratamento dos dados pessoais na *sociedade em rede* marcada pelo *capitalismo de vigilância* há de ser isso, mas, também, muito mais.

Podemos extrair tal conclusão a partir daquele exame preambular da LGPD brasileira ao dispor que seu objetivo é a proteção dos direitos fundamentais de liberdade, de privacidade, livre desenvolvimento da personalidade da pessoa natural, baseada nos fundamentos do respeito à privacidade; autodeterminação informativa; liberdade de expressão, de informação, de comunicação e de opinião; inviolabilidade da intimidade, da honra e da imagem; ao desenvolvimento econômico e tecnológico e a inovação; à livre iniciativa, a livre concorrência e a defesa do consumidor e aos direitos humanos (artigos 2º e 6º, da LGPD).

Ora, na atualidade, com tantos direitos fundamentais a depender da proteção jurídica aos dados pessoais e seu tratamento, será que não acaba o amparo jurídico aos dados pessoais também se conformando autonomamente, como um direito fundamental ainda que assim não previsto na Constituição Federal ou em tratado internacional de direitos humanos, aprovado pela sistemática do §3º, do artigo 5º, dela?

Se por um lado tendamos a afirmar que sim, não podemos nos furtar ao exame da relevância da enunciação constitucional formal de um direito como fundamental, o que passamos a fazer adiante.

3. Da fundamentalidade material à inovação constitucional formal: a caminhada da fundamentalidade da proteção de dados e seu tratamento na direção da sua formalização constitucional

O que nos permite diferenciar dentre os direitos, aqueles fundamentais e os assim não qualificados? Aliás, quem ou como se qualificam os direitos

(...) dado que descreve atributos de um recurso, caracteriza suas relações, apóia sua descoberta e uso efetivo, e existe em um ambiente eletrônico. Usualmente consiste em um conjunto de elementos, cada qual descrevendo um atributo do recurso, seu gerenciamento, ou uso". (Camargo, Caio Pacca Ferraz de; Camargo, Taysa Pacca Ferraz de. A Central de Informações do Registro Civil (CRC) e o imperativo da gestão pública eficiente às vésperas da Quarta Revolução Industrial In: Malinowski, Carlos Eduardo; Souza, Fernando Machado de; Dalla Corte, Thaís (Org.). **Temas contemporâneos do direito**. Bauru: Spessotto, 2020, pp. 41-42).

dessa forma? Os direitos são fundamentais por si próprios ou dependem de algum expediente jurídico que assim os qualifique?

Essas são questões espinhosas que remontam a própria afirmação histórica dos direitos humanos a partir das revoluções iluministas, notadamente a Independência das Treze Colônias, em 1776, e a Revolução Francesa, em 1789, e todo o constitucionalismo desde o século XIX, até as constituições dirigentes que se multiplicaram após o término da II Grande Guerra.

Conquanto derivem de uma mesma matriz ideológica e histórica, prevalece hoje, não sem alguma celeuma, a noção de que, embora intimamente próximos e conectados, direitos humanos e fundamentais não se confundem, diferenciando-se pelos critérios da positivação e não-positivação e por sua índole, internacional, no caso dos direitos humanos, ou doméstica, no caso dos fundamentais:

> Ainda não se alcançou um consenso acerca da delimitação conceitual e definição daquilo que se costuma designar por direitos naturais, humanos e fundamentais. Um critério, por assim dizer, objetivo, mas ainda imperfeito, é o da positivação.
> De acordo com esse critério, os direitos naturais, por não serem positivados, podem ser agrupados numa categoria diferente da dos direitos humanos e dos direitos fundamentais. Já o traço distintivo dos direitos humanos assenta-se na sua positivação em documentos internacionais. Isso os distancia dos direitos fundamentais, que se acham expressos na ordem constitucional de um determinado Estado, normalmente abrigados no próprio texto constitucional. Esta última categoria estaria, assim, na etapa mais adiantada do 'processo de positivação dos direitos naturais nos textos constitucionais do Estado de Direito', localizando-se os direitos humanos num ponto intermédio. (DUARTE, 2011, pp. 11-12).

Em que pese a diferenciação entre esses direitos, fundamentais e humanos, e sua relativa utilidade prática, persistem não só sendo absolutamente complementares como partilhando das mesmas características, mais notadamente aquela que Bobbio sempre defendeu a de que "[...] os direitos do homem, por mais fundamentais que sejam, são direitos históricos, ou seja, nascidos em certas circunstâncias, caracterizadas por lutas em defesa de novas liberdades contra velhos poderes, e nascidos de modo gradual, não todos de uma vez e nem de um vez por todas (Bobbio, 2004, p. 5). Tanto os direitos humanos quanto os fundamentais são direitos históricos, no sentido de se conformarem como tais numa necessária resposta bifronte que, ao mesmo tempo que busca refrear os malefícios da dominação, tenta dela extrair algum benefício:

> Mais uma prova, se isso ainda fosse necessário, de que os direitos não nascem todos de uma vez. Nascem quando devem ou podem nascer. Nascem quando o aumento do poder do homem sobre o homem — que acompanha inevitavelmente o progresso técnico, isto é, o progresso da capacidade do homem de dominar a natureza e os outros homens — ou cria novas ameaças à liberdade do indivíduo, ou permite novos remédios para as suas indigências: ameaças que são enfrentadas através de demandas de limitações do poder; remédios que são providenciados através da exigência de que o mesmo poder intervenha de modo protetor. [...] Embora as exigências de direitos possam estar dispostas cronologicamente em diversas fases ou gerações, suas espécies são sempre — com relação aos poderes constituídos — apenas duas: ou impedir os malefícios de tais poderes ou obter seus benefícios. (Bobbio, 2004, p. 6).

Essa marcha de resistência à dominação e ao poder, que cunha os direitos humanos e fundamentais, é "[...] o fruto agridoce de injustiças sofridas por indivíduos, grupos e povos, ou ainda bandeira de inúmeros heróis anônimos que enfrentaram o poder estabelecido" (Silveira; Rocasolano, 2010, p. 21). Vladmir Oliveira da Silveira e Maria Mendez Rocasolano nomeiam esse trajeto histórico dinâmico de dinamogênesis, por eles definido como:

> [...] a criação ou nascimento dinâmico de direitos em decorrência das necessidades dos seres humanos que, de tempos em tempos, uma vez conscientes de seus problemas, se articulavam por intermédio de um protagonista coletivo, que age reivindicando direitos ou limitação de poderes. Assim, com o enfrentamento entre o poder estabelecido e os novos atores, aparecem novos paradigmas do direito, que positivam novas demandas e transformam relações jurídicas anteriores". (Silveira; Rocasolano, 2010, p. 78).

Mas afinal, o que é o poder? Silveira e Rocasolano, explicam que:

> Rigorosamente falando o poder não existe; o que existe são práticas ou relações de poder. Trocando em miúdos, poder é algo que se exerce, se efetiva e funciona como uma maquinaria — uma máquina social que não está situado num lugar privilegiado ou exclusivo, mas se dissemina por toda a estrutura social. Não é um objeto, uma coisa, mas uma relação. Não é um lugar que se ocupa nem algo que se possui; ele se exerce, se disputa. (Silveira; Rocasolano, 2010, p. 31).

Pode, assim, o poder irradiar de toda parte, não apenas da soberania estatal, de onde emanava quase que exclusivamente toda a dominação na época do *Ancien Régime,* período em que ganha impulso a ideia dos *direitos do homem.* Daí, hoje, se falar em poder ideológico, político, jurídico, econômico, midiático, estatal.[4] Há múltiplos polos de emanação de poder de modo que a organização social se torna heterárquica, ou seja, não mais organizada exclusivamente de maneira verticalmente centralizada, o que, se por um lado torna a sociedade mais complexa pelas múltiplas possibilidades de arranjos de poder, por outro abre caminho à aplicação dos direitos humanos e fundamentais para além da esfera pública,[5] em resposta às manifestações de dominância dos poderes privados, notadamente o econômico, exponencialmente multiplicado pelos avanços tecnológicos das últimas décadas, a culminar no *capitalismo de vigilância.*

Nesse intrincado quadro, se a experiência histórica dos direitos fundamentais por um lado revela sua indispensabilidade material na cons-

[4] Sobre as noções desses diferentes tipos de poder, recomenda-se Silveira; Rocasolano, 2010, especialmente pp. 62-84.

[5] O Supremo Tribunal Federal (STF) já reconheceu a aplicação de direitos fundamentais às relações privadas no julgamento do Recurso Extraordinário nº 201.819/RJ. Essa aplicação, dita horizontal, dos direitos fundamentais, todavia, não pode prescindir do prudente alerta de Daniel Sarmento (2010, recurso eletrônico, p. 20): "[...] não incorrer no desvio de, sob o pretexto de estender plenamente a aplicação dos direitos fundamentais ao âmbito privado, acabar-se asfixiando a autonomia individual, criando uma atmosfera totalitária, quase orwelliana, na qual a multiplicação ao infinito de deveres constitucionais reduziria a bem pouco a liberdade humana. Destarte, se é certo que os direitos fundamentais se irradiam para as relações privadas, não é menos certo que a aplicação destes direitos no campo não estatal reveste-se de uma série de especificidades, que têm de ser devidamente consideradas".

trução de sociedades mais justas, tolerantes, democráticas e prósperas, por outro, não decorre como mero fruto sociológico dessas conquistas. Têm eles de ser assim juridicamente construídos e concebidos. Ou seja, para que dadas circunstâncias e embates sociais transformem-se em direitos fundamentais "É preciso que os direitos fundamentais sejam alçados ao 'lugar cimeiro das fontes do direito: as normas constitucionais'. Daí a afirmação de que, sem Constituição, não há direitos fundamentais" (Duarte, 2011, p. 12).

Cruz Villalon, citado por Canotilho, é, aliás, enfático ao dizer que:

> [...] onde não existir constituição não haverá direitos fundamentais. Existirão outras coisas, seguramente mais importantes, direitos humanos, dignidade da pessoa; existirão coisas parecidas, igualmente importantes, como as liberdades públicas francesas, os direitos subjectivos públicos dos alemães; haverá, enfim, coisas distintas como foros ou privilégios (Canotilho, 1998, p. 347).

Canotilho (1998, p. 347) é igualmente explícito em afirmar que o reconhecimento de direitos como fundamentais depende da constitucionalização, ou seja, de sua positivação no texto constitucional: "[...] direitos jurídico-***positivamente vigentes*** numa ordem constitucional" (Canotilho, 1998, p. 347, grifo nosso) e prossegue destacando que "[...] a positivação de direitos fundamentais significa a incorporação na ordem jurídica positiva dos direitos considerados 'naturais' e 'inalienáveis' do indivíduo" (Canotilho, 1998, p. 347).

O pressuposto a justificar essa exigência, não é dificultar o reconhecimento de um direito como fundamental, ao contrário, é justamente criar um mecanismo para impedir a supressão desses direitos pelo legislador ordinário [mais facilmente passível de cooptação pelas conjunturas políticas majoritárias], dele subtraindo "[...] seu reconhecimento e garantia à disponibilidade do legislador ordinário" (Canotilho, 1998, p. 348), tendo como mais notória consequência "[...] a proteção dos direitos fundamentais mediante o controlo jurisdicional da constitucionalidade dos actos normativos reguladores destes direitos" (Canotilho, 1998, p. 348).

Seria então possível identificar, como aventamos neste estudo, a hipótese de haver um direito fundamental assim não declarado na Constituição? Novamente a resposta não é simples. Jorge Miranda, ao dissertar sobre a dicotomia entre a constituição formal e material, lembra que:

> 1. Qualquer Constituição pressupõe um poder constituinte material como poder de auto-organização e auto-regulação do Estado. E este poder é um poder originário, expressão da soberania do Estado na ordem interna ou perante o seu próprio ordenamento (Miranda, 2002, p. 355 et seq.; 2003, p. 87 et seq.).
> Mas qualquer Constituição moderna implica também um poder constituinte formal como poder do Estado de atribuir às normas constitucionais uma forma adequada e de lhes atribuir uma força jurídica específica diante das demais normas. (Miranda, 2008, p. 155).

E conclui:

> O poder constituinte material precede o poder constituinte formal. Precede-o logicamente, porque a ideia de Direito precede a regra de Direito, o valor comanda a norma, a opção política fundamental a forma que elege para agir sobre os factos, a legitimidade a legalidade. E precede-o historicamente, porque há quase sempre dois tempos no processo constituinte, o do triunfo de certa ideia de Direito ou do nascimento de certo regime e o da formalização dessa ideia ou desse regime; e o que se diz da construção de um regime político vale também para a formação e a transformação de um Estado.
> Em segundo lugar, o poder constituinte material envolve o poder constituinte formal, porquanto (assim como a Constituição formal contém uma referência material) este é, por seu turno, não menos um poder criador de conteúdo valorável a essa luz. Não somente o poder constituinte formal complementa e especifica a ideia de Direito como é, sobretudo, através dele que se declara e firma a legitimidade em que agora assenta a ordem constitucional. Confere, pois, o poder constituinte formal estabilidade e garantia de permanência e de supremacia hierárquica ou sistemática ao princípio normativo inerente à Constituição material. Confere estabilidade, visto que a certeza do Direito exige o estatuto da regra. Confere garantia, visto que só a Constituição formal coloca o poder constituinte material (ou o resultado da sua acção) ao abrigo das vicissitudes da legislação e da prática quotidiana do Estado e das forças políticas. (Miranda, 2008, p. 157).

Como vimos, o poder, inclusive o jurídico, é uma relação de disputa dinâmica, multifacetada e, mesmo no processo constituinte, seja originário ou reformador, culmina com a edição de uma norma jurídica positivada num texto formal, pressupõe uma valoração material que lhe é anterior e que se predispôs a conceber e a tornar em norma formal. Não há constituição formal, sem uma constituição material que lhe seja anterior. De maneira mais geral, a norma jurídica formalmente editada, é o amálgama de um poder material e formal imbricados pelo processo constituinte ou legislativo.

Qualquer circunstância que eventualmente se inscrevesse artificiosamente na constituição como direito fundamental, e que, portanto, cumprisse a condição formal, certamente teria dificuldade em se concretizar como fundamental, se não fosse, ou de algum modo se tornasse, materialmente fundamental. Por outro giro, uma circunstância materialmente fundamental, como é a proteção de dados pessoais e seu tratamento na *sociedade em rede* marcada pelo *capitalismo de vigilância*, terá dificuldades em gerar todos os efeitos jurídicos que legitimamente dela se poderia esperar diante de alguma violação menos óbvia, sem sua formal enunciação como um direito fundamental na constituição, embora dela já implicitamente extraível, tal qual a própria LGPD buscou fazer, funcionalizando diversos outros direitos fundamentais já assim formalmente consagrados.

Se por um lado a fundamentalidade formal está associada à constitucionalização, a material evoca a ideia do conteúdo:

> [...] o conteúdo dos direitos fundamentais é decisivamente constitutivo das estruturas básicas do Estado e da sociedade. [...] A fundamentalização pode não estar associada à constituição escrita e à ideia de fundamentalidade formal como o demonstra a tradição inglesa das *Common -Law Liberties*. ***Por outro lado, só a ideia de fundamentalidade material pode fornecer suporte para: (1) a abertura da constituição a outros direitos, também fundamentais, mas não constitucionalizados, isto é, direitos materialmente mas não formalmente fundamentais*** (Canotilho, 1998, p. 349, grifos nossos).

Portanto, a fidedignidade da afirmação de um direito como integralmente fundamental, ou não, depende dessa dupla condição: uma material e outra formal. Um direito, para atingir o *status* de fundamentalidade há de ser materialmente fundamental, mas também tem de estar assim formalmente consagrado na constituição. Daí a lição de Alexy, citado por Canotilho (1998, p. 348), de a fundamentalidade dos direitos dizer respeito à forma e a materialidade.

Ainda que não aperfeiçoada pela enunciação constitucional formal da sua fundamentalidade, podemos, desde já, esboçar a confirmação da hipótese de que numa *sociedade em rede*, marcada pelo *capitalismo de vigilância*, a proteção de dados pessoais e seu tratamento já se revela *per se* fundamental.

Ao aqui sinalizarmos uma eventual necessidade de formal enunciação da proteção de dados e seu tratamento como um direito fundamental autônomo, não se olvida da advertência de Bobbio (2004, p. 25) de que "[...] o problema grave de nosso tempo, com relação aos direitos do homem, não era mais o de fundamentá-los, e sim o de protegê-los". Contudo, sendo a tradição jurídica nacional cunhada na *Civil Law*, essa expressa enunciação constitucional da proteção de dados pessoais e seu tratamento como direito fundamental, revela-se passo de primeira grandeza na concreção desse direito para hoje e para um futuro bastante próximo e mesmo mais adiante, haja vista que as disposições constitucionais definem-se "como um corpo de normas jurídicas. [...] consiste, antes de mais, em um plexo de regras de Direito. A Constituição não é um simples ideário. Não é apenas transformação de anseios, é a conversão de anseios e aspirações em regras impositivas" (Bandeira de Mello, 2015, p. 11), de modo que "[...] seria um equívoco supor que as normas ora cogitadas [as programáticas] não investem os interessados em direitos de qualquer espécie" (Bandeira de Mello, 2015, p. 15).

Em suma, o formal reconhecimento da proteção de dados pessoais e seu tratamento como um direito fundamental, aparelhará o sistema constitucional brasileiro com uma norma jurídica que já se figura indispensável ao reequilíbrio das dinâmicas do poder na sociedade do capitalismo em rede de vigilância.

Conclusões

Ao menos a título de conclusão provisória desta pesquisa, pode-se afirmar que a LGPD, no fundo, sinaliza que para além de uma ferramenta jurídica à proteção dos direitos fundamentais constitucionalmente assim declarados e por ela replicados (como o da liberdade, privacidade e o livre desenvolvimento), descreve ela o conteúdo de um direito autônomo novo, que, embora já obliquamente extraível como tal da Constituição justamente a partir desses outros direitos fundamentais que animizam seu conteúdo, já se revela fundamental *per se* sob uma dimensão material, dada a irrefutável existência de uma *sociedade em rede,* marcada pelo *capitalismo de vigilância.*

Todavia, não podendo a lei ordinária conceber formalmente um direito fundamental sob pena de subversão da hierarquia normativa, ainda ligada, e neste caso sem nenhum demérito, a uma concepção positivista do direito, a induvidosa afirmação da proteção de dados pessoais e seu tratamento como um direito fundamental autônomo pleno, a embasar, como tal, qualquer pretensão jurídica esperável de um direito desse jaez, inclusive em sua eficácia horizontal, o que parece inexorável na atualidade e mais ainda num futuro muito próximo que marcha à *Quarta Revolução Industrial,* depende de sua enunciação constitucional formal.

Evidentemente não se espera que apenas com isso ocorrerá um substancial e imediato reposicionamento da proteção de dados pessoais e seu tratamento como bem jurídico fundamental à ordem jurídica brasileira, mas, sendo a tradição jurídica brasileira filiada ao *Civil Law*, essa consagração constitucional formal revela-se um passo relevantíssimo na tradução dos direitos fundamentais, dentre elas o aqui proposto direito fundamental à proteção de dados pessoais e seu tratamento, em experiências cotidianamente concretas.

Referências

BANDEIRA DE MELLO, Celso Antônio. **Eficácia das normas constitucionais e direitos sociais**. 1ª ed. 4ª tiragem. São Paulo: Malheiros Editores. 2015.

BOBBIO, Norberto. **A era dos direitos**. Trad. Carlos Nelson Coutinho. Rio de Janeiro: Elsevier, 2004.

BRASIL. **Constituição da República Federativa do Brasil**. http://www.planalto.gov.br/ccivil_03/constituicao/constituicaocompilado.htm. Acesso em: 04 ago. 2021.

BRASIL. **Lei nº 13.709, de 14 de agosto de 2018. Lei Geral de Proteção de Dados Pessoais (LGPD)**. Disponível em: http://www.planalto.gov.br/ccivil_03/_ato2015-2018/2018/lei/l13709.htm. Acesso em: 04 ago. 2021.

BRASIL. **Lei nº 13.853, de 8 de julho de 2019**. Altera a Lei nº 13.709, de 14 de agosto de 2018, para dispor sobre a proteção de dados pessoais e para criar a

Autoridade Nacional de Proteção de Dados; e dá outras providências. Disponível em: http://www.planalto.gov.br/ccivil_03/_Ato2019-2022/2019/Lei/L13853.htm#art1. Acesso em: 04 ago. 2021.

BRASIL. Supremo Tribunal Federal. **Recurso Extraordinário nº 201.819/RJ**: União Brasileira de Compositores UBC x Arthur Rodrigues Vilarinho. Relatora: Ministra Ellen Gracie. Relator para acórdão: Ministro Gilmar Mendes. Data de Julgamento: 11 de outubro de 2005. Acórdão publicado no DJ de 27 de outubro de 2006.

CAMARGO, Caio Pacca Ferraz de; CAMARGO, Taysa Pacca Ferraz de. A Central de Informações do Registro Civil (CRC) e o imperativo da gestão pública eficiente às vésperas da Quarta Revolução Industrial In: MALINOWSKI, Carlos Eduardo; SOUZA, Fernando Machado de; DALLA CORTE, Thaís. (Org.) **Temas contemporâneos do direito**. Bauru: Spessotto, 2020. pp. 39-56.

CANOTILHO, J. J. Gomes. **Direito Constitucional e teoria da constituição**. 2ª ed. Coimbra: Almedina, 1998.

CASTELLS, Manuel. **A sociedade em rede**. 8ª ed. São Paulo: Paz e Terra, 1999. V. 1.

DEZEM, Renata Mota Maciel Madeira. O direito concorrencial nas Escolas de Chicago e de Freiburg. In: ADEODATO, João Maurício; JORGE, André Lemos; DEZEM, Renata Mota Maciel. (Org.). **Direito empresarial: estruturas e regulação**. 1ª ed. São Paulo: Uninove, 2018, v. 1, p. 97-121.

DUARTE, Leonardo de Farias. **Obstáculos econômicos à efetivação dos direitos fundamentais sociais**. Rio de Janeiro: Renovar, 2011.

GRAU, Eros Roberto. **A ordem econômica na Constituição de 1988: interpretação e crítica.** 14ª ed. São Paulo: Malheiros Editores, 2010.

MIRANDA, Jorge. A Constituição de 1988: Uma Constituição de esperança. **Revista de Informação Legislativa**. Brasília a. 45 n. 179 jul./set. 2008.

PACIFIC LEGAL FOUNDATION. Disponível em: https://pacificlegal.org/eternal-vigilance-the-price-of-freedom/. Acesso em 02 ago. 2021.

SARMENTO, Daniel. **Direitos Fundamentais e relações Privadas**. 2ª ed. Rio de Janeiro: Lumen Juris, 2010.

SCHWAB, Klaus. A quarta revolução industrial. Tradução Daniel Moreira Miranda. São Paulo: Edipro, 2016.

SILVEIRA, Vladmir Oliveira da; e ROCASOLANO, Maria Mendez. **Os direitos humanos: conceitos, significados e funções**. São Paulo: Saraiva, 2010.

ZUBOFF, Shoshana. **A Era do capitalismo de vigilância: a luta por um futuro humano na nova fronteira de poder**. 1ª ed. Rio de Janeiro: Intrínseca, 2021. Recurso eletrônico.

2.
AS VIOLAÇÕES DOS DIREITOS DA PERSONALIDADE NO CONTEXTO DO EPISÓDIO "CROCODILO", DE *BLACK MIRROR*

Gabriel Carvalho dos Santos
Laís Maria da Cunha Casagrande

Introdução

As inovações tecnológicas permeiam o desenvolvimento social e determinam transformações na manutenção social do ser humano. A sociedade da informação, por intermédio da revolução digital, ratifica o cenário em questão. O episódio "Crocodilo", da série *Black Mirror,* apresenta uma tecnologia que impacta o cotidiano social, especificamente, possui estruturas que desencadeia violações aos direitos da personalidade delineados no ordenamento pátrio.

O presente estudo, por consequência, tem por escopo a análise crítica do episódio supramencionado, utilizando os recursos proporcionados pela literatura para permear a seguinte problemática: quais são as violações dos direitos da personalidade no contexto do episódio "Crocodilo", de *Black Mirror*? Assim, estruturara-se as hipóteses de que, inicialmente, as inovações tecnológicas acarretam transformações sociais que podem acarretar violações aos direitos da personalidade. Sequencialmente, infere-se que o ordenamento jurídico busca caminhos para tutelar estas garantias. Por fim, tem-se a hipótese de que a sociedade da informação já apresenta tecnologias similares as apresentadas pelo episódio "Crocodilo".

A análise conjunta entre o Direito e Literatura permite justamente o alcance da criticidade em questão. A abordagem analítica do episódio supramencionado é essencial para compreender os impactos jurídicos que uma nova tecnologia pode ter na sociedade da informação, especialmente na tangente dos preceitos da Lei Geral de Proteção de Dados. Portanto, faz-se por imprescindível entender que a comunidade acadêmica deve estruturar debates capazes de desenvolver técnicas protetivas aos direitos da personalidade.

1. Breve análise do episódio "Crocodilo"

A série *Black Mirror* tornou-se mundialmente conhecida por sua criticidade tecnológica, e o episódio "Crocodilo", sendo o 3º da 4ª temporada da série, possui um teor crítico nesta vertente das influências da tecnologia na sociedade. O início do episódio apresenta um casal, Rob e Mia Nolan, viajando após uma festa, em que, por estarem distraídos cantando no carro, atropelam um ciclista que estava pedalando na rodovia. Ao descerem do carro e descobrirem que a vítima estava morta, Mia propõe ligar por ajuda, mas Rob a convence que isso o levaria para a cadeia e tem a ideia de jogar a vítima em um lago próximo à estrada (*CROCODILE*, 2017). Mia, relutante, ajuda Rob a colocar o corpo em um saco de dormir cheio de pedras e, então, jogam a vítima e a bicicleta no lago.

O episódio tem um avanço temporal e apresenta Mia como uma arquiteta bem-sucedida e com uma família formada por seu marido e um filho de 9 anos. Posteriormente o episódio apresenta a agente da seguradora Realm indo coletar informações de um acidente, e a personagem exibe uma credencial que a identifica como Shazia Akhand (*CROCODILE*, 2017). Especialmente, nesta cena se tem a primeira aparição do aparelho que se tornará a tecnologia chave do episódio, contudo, ainda não se tem maiores informações da sua utilização.

Sequencialmente, durante à noite, enquanto Mia estava em um hotel, esta recebe a visita do seu antigo parceiro Rob, e este começa a conversar sobre o momento do acidente com o ciclista, informando que saiu uma matéria sobre a mulher da vítima que nunca saiu da casa em que moravam, esperando a vítima voltar, porque nunca acharam o corpo

(*CROCODILE*, 2017). Ato contínuo, Rob informa que vai escrever uma carta anônima para contar a esposa o ocorrido, mas Mia desaprova a ideia por falar que vão rastrear a carta. Rob expõe que está arrependido pelo que fez, mas Mia fala que há 15 anos vive com a culpa, tem uma família, e que guardou segredo do ocorrido por causa do Rob (*CROCODILE*, 2017).

Em gravame, no momento que este informa que já se decidiu sobre o que irá fazer e se direciona para ir embora, Mia acaba empurrando Rob contra a parede e, por desequilíbrio, este bate com a cabeça no chão e Mia o asfixia até a morte. Após o ocorrido, a personagem vai até a janela e presencia um pedestre sendo atropelado por um veículo autônomo que fazia a entrega de pizzas. Sequencialmente, o episódio apresenta Mia tirando o corpo de Rob e o jogando em um duto de gás, localizado em um terreno em que tinha a execução de uma construção.

Em outra cena, tem-se a agente de seguros indo até a casa da vítima que foi atropelada pelo veículo autônomo que fazia entrega de pizzas. Após a convencer de entrar com um processo contra a proprietária do veículo, utiliza um aparelho denominado "relembrador", que coleta as memórias que a pessoa tem do ocorrido (*CROCODILE*, 2017). Especialmente, as personagens conversam que desde o ano passado (no sentido temporal do episódio) este recurso deixou de ser restrito à polícia e agora todos o utilizam (*CROCODILE*, 2017).

A cena demonstra um aparelho sendo colocado na lateral da testa, em que a agente de seguro informa que o objeto acessa engramas, que são as memórias do que aconteceu no ocorrido, mas expõe que elas são subjetivas, podem não ser precisas e tendem a ser emocionais (*CROCODILE*, 2017). Contudo, informa que coletando a memória da vítima e das testemunhas, pode-se chegar ao quadro corroborativo do incidente. Enquanto a vítima relatava o ocorrido, a agente de seguro podia ir vendo as lembranças na tela do aparelho, inclusive, podendo ouvir os sons do ambiente, como se fossem gravações do que foi vivenciado (*CROCODILE*, 2017). Ao relatar o ocorrido, a agente de seguro capta uma testemunha, sendo uma moça de casaco amarelo, que foi visualizada pela vítima, enquanto caminhava antes de ser atropelado.

Posteriormente, o episódio apresenta uma cena em que a agente de seguros coloca a foto do rosto da moça de casaco amarelo em um aplicativo, e esse consegue identificar quem é a pessoa, apresentando os dados pessoais (*CROCODILE*, 2017). Logo, a agente consegue descobrir o endereço e ir até o local em que a testemunha trabalha. Ao acessar as memórias desta personagem, a agente é levada a outra testemunha, um dentista que possui um escritório que fica em um prédio na frente do local do acidente.

Sequencialmente, a agente de seguros vai até o dentista, e por este estar apreensivo, informa que as memórias são confidenciais, exceto se indicarem que está machucando a si ou à outras pessoas (*CROCODILE*, 2017). Ao relatar suas lembranças, o dentista informa ter visto uma mulher na janela do hotel que ficava à frente do consultório. Shazia utiliza o aplicativo de reconhecimento facial e detecta que a mulher era Mia Nolan (*CROCODILE*, 2017).

A agente de seguros vai até a casa de Mia, e se apresenta como a Shazia, e informa estar investigando um acidente, e após a personagem estar relutante para responder perguntas sobre o ocorrido, a agente informa que relatar o que se lembra, quando testemunha um incidente, é uma exigência legal desde o ano passado (no período temporal da série) (*CROCODILE*, 2017). Inclusive, informa que quando a testemunha se recusa a falar, precisa notificar a polícia, e assim Mia permite a entrada da agente (*CROCODILE*, 2017).

A agente apresenta o uso do relembrador, e Mia continua relutante, mas Shazia informa que não perguntará nada do que a personagem estava fazendo, não abordando o particular (*CROCODILE*, 2017). Mia se submete ao relembrador, e vai repassando o que se lembrava, mas acaba revisitando as memórias do momento em que matou Rob, inclusive do acidente do ciclista apresentado no início do episódio. Ao encerrar atordoada, enquanto Shazia estava tentando ligar o seu carro para ir embora, Mia quebra a janela do veículo com uma pedra, e leva a agente de seguros para um depósito.

Nesta cena, Mia pergunta se a agente não contará o que viu no relembrador, e Shazia informa que já viu diversas coisas, inclusive segredos, e nunca contou nada, informando que seria ilegal falar qualquer coisa pessoal do que viu (*CROCODILE*, 2017). Contudo, Mia não acredita na agente de seguros e utiliza o relembrador para verificar as memórias de Shazia e identifica que a agente havia contado para seu marido que iria até a casa de Mia coletar informações sobre o ocorrido, logo, a arquiteta mata a agente de seguros com um pedaço de madeira.

Posteriormente, o episódio apresenta Mia verificando, no GPS do carro de Shazia, o endereço residencial desta última personagem. E então vai até a casa da agente de seguros e mata à marteladas seu o marido que estava na banheira. Ainda, quando estava saindo do banheiro, Mia ouve uma criança chorando e então a vê em um berço, e por isso também a mata, por medo de deixar uma testemunha (*CROCODILE*, 2017).

O episódio apresenta o seu término com a polícia investigando os homicídios que ocorreram na casa de Shazia, e então uma equipe de investigação utiliza o relembrador em um hamster que ficava no quarto do filho de Shazia (*CROCODILE*, 2017). Sequencialmente, a última cena apresenta a polícia chegando no local em que Mia assistia a uma apresentação de seu filho.

O episódio, por consequência, apresenta um aparelho altamente tecnológico, denominado por relembrador, permitindo a reflexão do impacto desta tecnologia na sociedade. Todavia, previamente à análise em questão, faz-se por essencial compreender detalhes que permeiam os direitos da personalidade. Especialmente, tem-se a necessidade de entender a contextualização destas garantias com a Lei Geral de Proteção de Dados.

2. Os direitos da personalidade e a Lei Geral de Proteção de Dados

Os direitos da personalidade são aqueles inerentes à natureza humana em função de sua estrutura física, mental e moral; eles possuem como objeto os diversos modos de ser da pessoa humana. Schreiber (2019, p. 13) afirma que os direitos da personalidade "consistem em atributos essenciais da pessoa humana, cujo reconhecimento jurídico resulta de uma contínua marcha de conquistas históricas". Há, no entanto, divergências doutrinárias quanto à sua natureza e conceituação.

Carlos Alberto Bittar (2014, p. 29-31) ensina que a denominação desses direitos é diferente de acordo com os vários doutrinadores e o enfoque dado a eles. Por exemplo, na esfera do Direito Internacional, os direitos relativos à personalidade são tratados com o nome de "direitos humanos". O Direito Civil examina esses direitos na perspectiva das relações privadas com a denominação de "direitos da personalidade". Quando se analisa sob o ponto de vista do direito público e do direito constitucional, no relacionamento da pessoa com o Estado, eles são nomeados de "direitos fundamentais". Bittar afirma (2014, p. 31):

> São, pois, os mesmos direitos, mas examinados em planos distintos: de uma pessoa em relação a outras, e diante do Estado. Separa-os, nesse passo, a perspectiva de estudo, anotando-se, outrossim, que, no campo dos direitos fundamentais, vem-se identificando também um conteúdo próprio, com o acréscimo dos direitos econômicos, sociais e culturais ao lado dos direitos civis e políticos.

Schreiber (2019), paralelamente, ensina que as designações diferentes se referem ao plano em que a personalidade humana se manifesta, ressaltando que todos esses planos merecem a devida proteção jurídica. Na esfera internacional, têm-se os direitos humanos; no direito constitucional positivado de um determinado Estado, no direito público, usa-se a expressão direitos fundamentais; e nas relações privadas, há o emprego do termo direitos da personalidade.

Para os naturalistas, responsáveis pela concepção da expressão, os direitos da personalidade são inatos, inerentes ao homem e ao Estado cabe apenas o seu reconhecimento e proteção, já que são preexistentes ao ordenamento jurídico. Conforme afirma Bittar (2014, p. 38): "(...) os naturalistas (como Limongi França) salientam que os direitos da personalidade correspondem às faculdades exercitadas normalmente pelo homem. São direitos que se relacionam com atributos inerentes à condição da pessoa humana.".

Os naturalistas entendem que não se pode reduzir, portanto, o direito que é inato e essencial a uma norma positivada; o ordenamento positivo, nesse contexto, deve servir ao homem e à sociedade e não o contrário. O positivismo, por sua vez, considera que são direitos da personalidade apenas aqueles que foram reconhecidos pelo Estado, refutando a noção de que se tratariam "apenas" de direitos inatos. Nodari (2016, p. 31-32) ensina que "o direito natural à autoconservação é fundamental, sagrado e inalterável"; nesse contexto, John Locke teria exercido papel fundamental na consolidação dos conceitos da política moderna por meio da defesa do direito à propriedade. Conforme explica Nodari, para Locke, o estado de natureza é a fonte dos direitos naturais e é a origem do poder político, e os direitos provenientes do estado de natureza, um estado de liberdade, são inalienáveis e protegidos/regulados pela razão, havendo uma íntima ligação entre a lei da natureza e a natureza humana racional. Ele afirma (2016, p. 33-34):

> O estado de natureza é a fonte dos direitos naturais e a origem do Poder Político. Embora não entremos pormenorizadamente na discussão sobre o uso da expressão estado de natureza, assume-se a postura de que Locke toma tal conceito para explicar a origem do poder político e as características específicas da sociedade civil (...)
> No estado de natureza, segundo Locke, os homens são dotados de razão e desfrutam da propriedade que, numa acepção generalizada e ampla designa simultaneamente a propriedade de sua pessoa, ações, vida, liberdade e bens, como direitos naturais fundamentais do homem, mas, numa acepção restrita e estreita designa especificamente a posse dos bens móveis ou imóveis.

Claudio Luiz Bueno de Godoy (2019, p. 7) aponta que os direitos da personalidade se direcionam a favor da liberdade e da autonomia da pessoa em guiar a sua própria existência. Ele mostra que esse é o direito que se relaciona à demonstração das potencialidades, individualidades e expressões humanas nas dimensões psicológica, física e social. Schereiber (2019, p. 6-8), em sentido similar, fala sobre a dignidade humana, que é o "valor-guia", o valor central e fundamento da liberdade na ordem jurídica. O autor dá alguns exemplos sobre o uso e a violação desse direito afirmando:

> A violação à honra no ambiente de trabalho é apenas uma das variadíssimas maneiras de se atingir a dignidade humana. O uso indevido de imagem, a discriminação genética, a invasão à privacidade, o furto de dados pessoais, a agressão física ou psicológica são exemplos de outros perigos que cercam a condição humana. Na prática jurídica, tais perigos dão ensejo a um conjunto amplo de impasses e conflitos que não podem ser enfrentados e resolvidos com uma simples alusão ao princípio da dignidade da pessoa humana. Faz-se necessário especificar, em cada situação concreta, o seu efetivo conteúdo. Foi com esse propósito que, em diversos países, a antiga doutrina dos direitos da personalidade passou a ser revisitada.

A Constituição Federal de 1988 em seu artigo 5º, inciso X, prevê a proteção desses direitos, que são fundamentais, estabelecendo a inviolabilidade da intimidade, da privacidade, da honra e da imagem das pessoas e assegurando indenização em casos de violação (BRASIL, 1988). O Código Civil de 2002 dedicou seu capítulo II (artigos 11 ao 21) a direitos da personalidade. Como mostra Schereiber, ali foi estabelecida a tutela de cinco direitos referentes à personalidade: o direito ao nome, ao corpo, à honra, à imagem e à privacidade. Esse rol, no entanto, não é taxativo. No artigo 11 do diploma civilista, o legislador determina que os direitos da personalidade são intransmissíveis e irrenunciáveis e não podem sofrer limitação voluntária, em evidente proteção do indivíduo em relação à sua própria vontade com o fim de zelar pela ordem pública (BRASIL, 2002).

Em relação ao nome, é direito do indivíduo, ao nascer, ser identificado civilmente por meio de prenome e sobrenome, conforme preceitua o artigo 16º do Código Civil (BRASIL, 2002). Especialmente, a garantia em questão pode ser compreendida como um direito da personalidade intrínseco ao ser humano, em virtude de carregar uma carga valorativa capaz de identificar o indivíduo. Portanto, a sua proteção integral é compreendida como essencial para permitir a tutela dos direitos da personalidade.

O direito ao corpo refere-se ao direito à integridade física e psíquica da pessoa, ou seja, objetiva-se proteger o corpo contra intervenções de terceiros, no que se inclui o Estado, o Poder Público, e qualquer outro particular, a fim de preservar a dignidade do indivíduo. A integridade psicofísica é um tema de grande complexidade e profundidade, percebeu-se a necessidade do controle judicial sobre o corpo, que deve ser protegido concretamente de riscos. O direito ao corpo envolve, também, por exemplo, questões relativas à modificação corporal, transfusão de sangue, aborto. Ensina Bittar (2014, p. 139) que:

> o corpo é o instrumento pelo qual a pessoa realiza a sua missão no mundo fático. Sendo a pessoa a união entre o elemento espiritual (alma) e o elemento material (corpo), exerce este a função natural de permitir-lhe a vida terrena: daí porque, em sua integridade, deve ser conservado e protegido na órbita jurídica.

A honra é o direito relativo à boa fama, respeitabilidade e reputação do indivíduo no meio social que ocupa. Sua proteção é reconhecida pela legislação, inclusive na esfera penal, com previsão de penalização para crimes de difamação, injúria e calúnia. O Código Penal distingue a honra objetiva e a honra subjetiva. A primeira refere-se à reputação da qual a pessoa desfruta na sociedade, e a segunda é relativa ao sentimento da pessoa sobre si mesma, sobre sua moral (BRASIL, 1940). Afirma Schreiber (2014, p. 76-77) que, no Código Civil, o direito à honra aparece em normas diversas, espalhadas pelo diploma, mas o tratamento dado a esse direito da personalidade tão importante merecia uma maior sistematização e atenção por parte do legislador, com um dispositivo próprio a fim de ter sua proteção separada dos demais atributos da pessoa humana e com fronteiras melhores definidas.

O direito à imagem tange a proteção referente à veiculação da imagem da pessoa nos diversos meios de comunicação, em que essa tutela está prevista no artigo 20 do Código Civil (BRASIL, 2002). A pessoa pode opor-se à utilização comercial ou não de sua imagem sem sua autorização ou se esse uso levar a situações vexatórias, que violem sua personalidade, sua honra, sua intimidade. Antonio Chaves (1972, p. 48), no artigo intitulado Direito à própria imagem, explica que esse direito não se refere ao impedimento de terceiros de conhecer a imagem de uma pessoa, mas ao impedimento de uso dela contra sua vontade, em casos não expressamente autorizados pela lei. Essa lesão é agravada, explica, quando há exploração dolosa, culposa, aproveitamento pecuniários e desdouro para o titular da imagem.

A privacidade, por fim, identifica-se com a proteção da vida íntima, familiar e pessoal e, atualmente, o direito ao controle dos dados e informações pessoais. O artigo 21 do Código Civil determina, de forma genérica, que a vida privada é inviolável (BRASIL, 2002). Afirmam Machado e Fujita (2018, p.262) "A sociedade da informação em si, quando estabelece uma interconectividade entre os espaços público e privado, de certo modo, compromete a privacidade de cada um de nós". Hoje, o uso intenso da internet na sociedade da informação trouxe ameaças à privacidade que antes da era digital não existiam e daí a necessidade de os juristas e profissionais do direito se aterem com mais atenção a essa tutela. Para a compreensão da noção de privacidade passa-se a ter a necessidade da observação de outras ciências a fim de se efetivar a proteção da privacidade, como a biotecnologia.

José Afonso da Silva (2017, p. 208-209) leciona que a terminologia a respeito desses direitos não é precisa e usa-se a expressão "direito à privacidade" num sentido mais genérico e amplos, abarcando todas as manifestações da esfera íntima, privada e da personalidade que o texto constitucional consagrou. A intimidade comporta uma distinção, no entanto, porque o inciso X do artigo 5º da magna carta separa-a das outras manifestações da privacidade. O significado da intimidade relaciona-se, então, à esfera da vida da pessoa que pode ser mantida secreta ou privativamente em relação aos demais, em outras palavras, seria o modo de ser de alguém que pode ser excluído do conhecimento das demais pessoas.

No contexto contemporâneo, em que há uma massificação do uso da tecnologia e dos meios digitais de comunicação e expressão, verificou-se a necessidade de uma maior proteção aos direitos da personalidade. Essa tutela concretizou-se por meio da Lei 13.709, de 14 de agosto de 2018, a Lei Geral de Proteção de Dados Pessoais, que disciplina o tratamento dos dados pessoais também nos meios digitais, conforme seu artigo 1º, tem por objetivo a proteção dos direitos fundamentais da liberdade, da privacidade e do livre desenvolvimento da personalidade da pessoa natural (BRASIL, 2018).

Sob a perspectiva dos usos das novas tecnologias de informação e comunicação, a privacidade aparece como um direito cuja proteção merece atenção na medida em que os dados pessoais são mais facilmente alcançados nas diversas plataformas digitais. Logo, o direito de manter algumas dimensões da personalidade em sigilo, fora do alcance público, precisa ser preservado e garantido nesse contexto. Maria Eugenia Finkelstein e Claudio Finkelstein (2019, p. 286) afirmam que a vida privada é aquilo que é particular ao indivíduo e o direito a essa privacidade serve de pilar à proteção do direito de personalidade, que "visa preservar e garantir o desenvolvimento do indivíduo, defendendo-o de agressões praticadas contra a sua identidade intelectual, física e moral".

Costa e Oliveira (2019, p. 26-27) mostram que a necessidade de vigilância da proteção da privacidade foi pensada por Michel Foucault, que estudava os mecanismos de controle social já em 1975, quando concebeu Vigiar e Punir. Esses autores apontam que os efeitos da sociedade da vigilância sobre nossas relações pessoais, sociais e de consumo criou a necessidade de uma resposta jurídica e de um entendimento sobre como a indústria de dados se constitui a partir de um ativo que não pertence a ela, os dados pessoais. Eles apontam que nossos dados podem ser captados de formas ilícitas, mascarados por uma intenção inverídica das empresas que os solicitam. Afirmam o seguinte (p. 27):

> os dados pessoais são os registros de nossas atividades sociais, de nossa personalidade e de nossa intimidade, ou seja, os dados pessoais são registros que nos identificam e que refletem o que somos. Assim, nos oferecemos enquanto moeda de troca nesse mercado digital e nos disponibilizamos a uma série de violações a direitos fundamentais

O uso intensificado da Internet e o tratamento que é dado aos dados e informações pessoais no ambiente cibernético são questões de relevância no momento; a proteção da privacidade pelo Estado e pela legislação passam por alterações a fim de acompanhar as modificações sociais. Sobre a utilização de informações pessoais na Internet, esses autores afirmam:

> Agora, a privacidade abrange novas dimensões relativas à coleta e tratamento de dados pessoais. Há, assim, uma necessidade de reformulação conceitual que deve ser acompanhada pelas modernas legislações. É nosso entendimento que a comercialização dos dados coletados pelos sites para outros fins, para empresas comerciais ou de prestação de serviços não coligadas à empresa que os coletou, merece maior atuação do Direito em defesa dos usuários e de sua privacidade. Este tipo de comércio é um claro caso de violação de privacidade, que caracteriza uma não observância aos direitos e garantias fundamentais da pessoa. Neste sentido e em resposta a esta necessidade, veio a Lei Geral de Proteção de Dados (LGPD). Conforme já mencionado, a cada vez que o usuário trafega na Rede, para que possa usufruir de seus benefícios, deverá preencher formulários virtuais, nos quais informa seus dados pessoais, seus hábitos de consumo e, às vezes, seus dados patrimoniais e preferências. Dessa forma, os sites que se dedicam ao comércio eletrônico organizam verdadeiros bancos de dados acerca de seus usuários, cuja utilização encontra-se numa zona cinzenta, uma vez que nem o usuário nem o Poder Público sabem exatamente a forma da utilização destas informações.

A Lei Geral de Proteção de Dados, em seu segundo artigo, dispõe sobre os fundamentos que disciplinam a proteção de dados pessoais. São eles: o respeito à privacidade, a autodeterminação informativa a liberdade de expressão, de informação, de comunicação e de opinião, a inviolabilidade da intimidade, da honra e da imagem; o desenvolvimento econômico e tecnológico e a inovação; a livre iniciativa, a livre concorrência e a defesa do consumidor; e os direitos humanos, o livre desenvolvimento da personalidade, a dignidade e o exercício da cidadania pelas pessoas naturais (BRASIL, 2018).

A dignidade da pessoa humana, valor fundamental constitucional, como pode ser visto, tem sua proteção também na Lei 13.709/2018. Conforme apontam Pacheco e Silva (2011, p. 563), o direito à vida privada é corolário do princípio da dignidade da pessoa humana (artigo 1º, III, Constituição Federal de 1988). O ordenamento jurídico é, portanto, pautado sobre esse princípio. Assevera Nunes Rizzatto (2018, p. 68-69) que a dignidade é "o primeiro fundamento de todo o sistema constitucional posto e o último arcabouço da guarida dos direitos individuais", ele afirma que a dignidade é "um valor supremo, construído pela razão jurídica" e a aplicação concreta desse princípio constitucional seria um dever social, já que se trata de um "verdadeiro supraprincípio, que ilumina todos os demais princípios e normas constitucionais e infraconstitucionais".

A dignidade da pessoa traduz-se na noção de que cada indivíduo possui intrinsecamente seu valor e lugar no mundo. Sarlet (2019, p. 70-71) a conceitua da seguinte forma:

> a qualidade intrínseca e distintiva reconhecida em cada ser humano que o faz merecedor do mesmo respeito e consideração por parte do Estado e da comunicada, implicando, nesse sentido, um complexo de direitos e deveres fundamentais que assegurem a pessoa tanto contra todo e qualquer ato de cunho degradante e desumano, como venham a lhe garantir as condições existenciais mínima para uma vida saudável, além de propiciar e promover sua participação ativa e corresponsável nos destinos da própria existência e da vida em comunhão com os demais seres humanos, mediante o devido respeito aos demais seres que integram a rede da vida.

O estudo dos direitos da personalidade também remete à Teoria dos Círculos Concêntricos, de Heinrich Hubmann e Heinrich Henkel, criada na Alemanha, na década de 1950. que identificou três esferas relativas à personalidade humana: (1) o segredo, que seria a camada mais profunda, onde ficam resguardadas as informações mais íntimas do ser humano e podem ser ali mantidas, em total distância da coletividade; (2) a intimidade, em que há restrições parciais das informações, com algum compartilhamento, conforme desejar a pessoa; e (3) a privacidade, que seriam as relações interpessoais rasas e superficiais, ou seja, não há uma divulgação ampla dos fatos e segredos da vida de alguém (Cunha; Filho, 2018). Nesse contexto, Mota e Tena (2020, p. 554) questionam como seria possível delimitar esses espaços para a intimidade, o sigilo e a vida privada, numa sociedade que é globalizada e congestionada em seu ciberespaço, e ainda sustentam que (p. 556):

> Dentro da Sociedade de Informação, imaginemos que os círculos não são estáticos, mas em contínuo e sútil movimento a fim de se moldarem ao tempo. Nesses círculos existem dados e informações que integram a personalidade do indivíduo e por essa razão ordenamentos tentam protegê-los. Contudo, tais dados não são importantes apenas para a pessoa, que é a sua proprietária, outros segmentos perceberam que seria possível lucrar com informações relativas a personalidade da pessoa. Estados vislumbraram por exemplo, que com informações precisas a criação de políticas públicas goza de eficiência e vigilância sob os cidadãos pode passar despercebida.

Para os autores, o avanço tecnológico já invadiu a privacidade das pessoas e a intenção da Lei Geral de Proteção de Dados é justamente tentar reverter o problema para que os dados e a privacidade sejam preservados, diante da vulnerabilidade técnica dos usuários das novas tecnologias ainda muito presente na sociedade da informação.

3. A contextualização do episódio "Crocodilo" na sociedade da informação

A sociedade da informação possui uma intrínseca relação com a crítica apresentada pelo episódio "Crocodilo", especialmente na tangente dos impactos da tecnologia na contemporaneidade. Conceitualmente, faz-se por importante compreender que:

> O conceito de Sociedade da Informação surgiu nos trabalhos de Alain Touraine (1969) e Daniel Bell (1973) sobre as influências dos avanços tecnológicos nas relações de poder, identificando a informação como

> ponto central da sociedade contemporânea. A definição de Sociedade da Informação deve ser considerada tomando diferentes perspectivas. (Takahashi, 2000, p. 31).

A sociedade da informação, por consequência, amolda-se na constante transformação social proporcionadas pelas inovações tecnológicas, e neste teor Castells apresenta a incidência da revolução digital. Especificamente, segundo o autor (2001, p. 21), tem-se que a: "(...) sociedade contemporânea atravessa uma verdadeira revolução digital em que são dissolvidas as fronteiras entre telecomunicações, meios de comunicação de massa e informática.". Complementarmente, tem-se o ensinamento de Siqueira Júnior (2007, p. 2), em que:

> A sociedade da informação é aquela em que o desenvolvimento encontra-se calcado em bens imateriais, como os dados, informação e conhecimento. O conceito de sociedade da informação é amplo, e não se reduz ao aspecto tecnológico, abrangendo qualquer tratamento e transmissão da informação, que passa a possuir valor econômico.

A sociedade da informação, nestes termos, tem a sua estruturação na valoração da utilização dos dados, da informação e do próprio conhecimento, estes que são delineados como bens que possuem valor econômico para a sociedade. O entendimento em questão pode ser compreendido em aspectos contemporâneos, conforme o ensinamento de Barreto Júnior (2007, p. 5):

> Uma análise mais contemporânea deve incorporar ao conceito a discussão sobre o conteúdo das comunicações que se materializam através da informatização, assim como atentar para questões ligadas à progressiva integração econômica e tecnológica de setores há pouco tempo distintos e independentes, o que se convencionou a nomear de convergência tecnológica. Esse novo fenômeno é reflexo de algumas das principais características observáveis na sociedade contemporânea que atravessa uma verdadeira revolução digital em que são dissolvidas as fronteiras entre telecomunicações, meios de comunicação de massa e informática.

A interação econômica em questão, alicerçada sob os moldes da revolução digital, pode ser compreendida nas modulações do episódio

"Crocodilo", especialmente na apresentação do aparelho denominado por "relembrador". Inicialmente, o episódio demonstra que a inovação tecnológica deixou de ser uma ferramenta privativa das autoridades legais e passa a ser utilizada pela sociedade em geral (*CROCODILE,* 2017). Especificamente, tem-se a certificação de que o relembrador é um recurso para que a agente de seguros (Shazia) consiga resolver casos de forma eficaz, em virtude de conseguir acessar as memórias das vítimas e testemunhas sobre o que aconteceu em determinado incidente.

O episódio apresenta a crítica no sentido de que as testemunhas de incidentes são condicionadas à utilização do relembrador, em que Shazia apresenta argumentos no sentido de que não perguntará detalhes particulares e que as memórias são confidenciais, exceto se indicarem que está machucando a si ou à outras pessoas (*CROCODILE,* 2017). Todavia, no término do episódio se tem a demonstração de uma equipe de investigação utilizando o relembrador em um hamster que ficava no carto do filho de Shazia (*CROCODILE,* 2017). Portanto, tem-se a demonstração que o recurso pode ser utilizado em qualquer ser vivo capaz de visualizar ocorrências e guardá-las na memória.

A tecnologia em questão, por consequência, proporciona a revalidação da importância dos dados para a identificação de testemunhas e agentes responsáveis por um incidente, alcançando a disposição econômica dos dados na sociedade da informação. Contudo, o relembrador estrutura a possibilidade de violações aos direitos da personalidade, nos termos da análise do capítulo anterior, especificamente na tangente da inviolabilidade da intimidade, da privacidade, da honra e da imagem das pessoas. Em verdade, tem-se a violação dos preceitos estruturados na Lei Geral de Proteção de Dados.

As violações em relação a inviolabilidade da intimidade e da privacidade podem ser verificadas de forma latente nas cenas que apresentam as memórias no relembrador. Especificamente, esta tecnologia permite a identificação de memórias visuais vivenciadas pelo usuário. Por consequência, o episódio demonstra violações da intimidade e da privacidade em cenas que ações particulares de terceiros podem ser repassadas no relembrador. Em exemplificação, o dentista, que foi elencado como possível testemunha do incidente do carro de pizza que atropelou um pedestre, estava tirando uma fotografia de um homem despido, que visualizou pela janela, e a agente de seguros pôde ter acesso à estas memórias (*CROCODILE,* 2017).

A problemática em questão estrutura uma cristalina violação aos direitos da intimidade, da própria honra e imagem da pessoa, em virtude de transgredir um direito da personalidade de alguém que não imaginava estar sendo vigiado. Na mesma tangente, o episódio demonstra outra perspectiva do relembrador, em que a "moça de casaco amarelo" pode ser identificada pela agente de seguros, em virtude desta identificar a moça nas memórias da vítima do acidente e depois colocar a imagem da mulher em um aplicativo de busca de informações pessoais, assim encontrando o seu endereço profissional.

Por conseguinte, tem-se uma sucessão de violações aos direitos da personalidade, inicialmente pela transgressão da imagem da moça apresentada no relembrador, em virtude da revisitação das memórias da vítima, e sequencialmente pela violação da privacidade da moça que teve seus dados pessoais identificados em um aplicativo de identificação facial. Neste sentido, percebe-se uma violação ao próprio nome do indivíduo, que passa a ser identificável por um aplicativo e permite o acesso popular.

O direito ao corpo também se apresenta abalroado na realidade do episódio, em virtude de as testemunhas serem coagidas a utilizarem a relembrador. Especificamente, a integridade física e, especialmente, a psíquica, eram violadas, por se sujeitarem as intervenções de terceiros. Em outras palavras, a agente de seguros foi categórica ao afirmar que quando alguém era testemunha de um incidente precisava relatar o que presenciou, tal circunstância condicionava à utilização do relembrador e, por consequência, permitia-se que a Shazia tivesse acesso às memórias do indivíduo, violando a sua integridade física e psíquica.

No contexto da Lei Geral de Proteção de Dados, compreende-se que a premissa de proteção da liberdade, da privacidade e do livre desenvolvimento da personalidade também se encontra violada nos termos da realidade apresentada pelo episódio. Especialmente, este demonstra uma latente violação a privacidade dos dados pessoais, em virtude das transgressões da intimidade, imagem, honra, nome e integridade das pessoas condicionadas as determinações do relembrador. Por consequência, a tecnologia em questão apresenta a facilidade de coleta dos dados pessoais, inclusive pautada em fins econômicos, como era o caso da agente de seguros que buscava resolver o caso com agilidade para conseguir o bônus de eficiência (*CROCODILE,* 2017).

A própria dignidade se apresenta fragilizada no contexto do episódio, a exemplo da utilização do relembrador no hamster para identificar que Mia foi a responsável pelos homicídios ocorridos na casa de Shazia. Portanto, as autoridades utilizaram a tecnologia em um ser vivo que não podia expressar sua vontade em ser submetido ao relembrador. Em gravame, o mesmo ocorreria se o filho de Shazia, no episódio demosntrado como um bebê, estivesse vivo, em que seria submetido à tecnologia sem poder expressar a sua vontade, havendo então a violação do crucial direito da personalidade que é a dignidade humana, conforme assevera Nunes Rizzatto (2018, p. 68-69).

O avanço tecnológico representado pelo episódio "Crocodilo" parece distante da contemporaneidade, contudo elementos práticos da sociedade da informação já permitem a visualização de elementos similares ao relembrador. Especificamente, um indivíduo que porta um celular com o recurso de gravação por câmera consegue captar situações da realidade e, em momento futuro, ter acesso as ocorrências daquele incidente contido na gravação. Nestes termos, o recurso proporcionado pelo celular permite a mesma captação de intercorrências cotidianas que o relembrador apresenta na realidade do episódio e, em gravame, a tecnologia em questão permite o compartilhamento instantâneo do conteúdo.

As gravações do celular, em específico, permitem a captura de imagens e sons de todos que estiverem envolvidos no momento que a gravação for efetuada. Portanto, um indivíduo pode realizar um vídeo de uma pessoa que esteja passando na rua, sem que esta perceba ou autorize. Da mesma forma, um indivíduo pode realizar a gravação da vida privada de uma pessoa que não imagina estar sendo vigiada (Cruz; Ferraz, 2018, p. 3). Logo, percebe-se a mesma violação à intimidade, da privacidade, da imagem e da integridade dos indivíduos que são captados pelas filmagens, aproximando-se da realidade elencada pelo episódio aqui analisado. Neste sentido, tem-se que:

> Destarte, embora o desenvolvimento tecnológico seja capaz de exponencialmente melhorar a qualidade de vida humana, não se pode deixar de observar e refletir sobre seus aspectos negativos, em especial, a uso de dispositivos tecnológicos como ferramenta de vigilância e consequente controle sobre outros indivíduos de forma ilimitada. Por fim, é imprescindível, sobretudo, o maior alcance do conhecimento por toda

> a sociedade de quais sãos seus direitos e garantias fundamentais, e de quais são os princípios fundamentais que sustentam o ordenamento jurídico e por consequência, o meio social, para que estes possam ser preservados e não destruídos em um provável futuro altamente tecnológico. (Baia, 2021, p. 311-312).

Os avanços tecnológicos, por consequência, estruturam violações aos direitos da personalidade quando são utilizados incoerentemente. Em verdade, transgridem direitos fundamentais sem permitir que os indivíduos envolvidos possam imaginar que estão sendo vigiados. Por consequência, estruturas como a Lei Geral de Proteção de Dados são essenciais para permitir a tutela destas garantias pessoais e buscar, quando necessário, medidas punitivas para mitigar as violações sofridas pelos indivíduos transgredidos pelas novas tecnologias na sociedade da informação.

Conclusões

Os direitos da personalidade gozam de proteção constitucional, tratando-se de garantias fundamentais, englobando, por exemplo, o direito ao nome, ao corpo, à honra, à imagem à privacidade e outros. Portanto, esses direitos são considerados no ordenamento jurídico pátrio devido à sua importância, especialmente no que tange ao valor maior, primeiro fundamento da Constituição Federal, a dignidade humana.

No ano de 2018 é publicada a Lei 13.709, a Lei Geral de Proteção de Dados Pessoais, que tem como finalidade garantir a proteção dos direitos da liberdade, privacidade e livre desenvolvimento da personalidade da pessoa natural. Por considerar essas peculiaridades, pretende preservar a dimensão da personalidade que deve ser mantida em sigilo, dando o devido tratamento aos dados pessoais e a devida proteção aos direitos da personalidade, defendendo o desenvolvimento da pessoa e assegurando a proteção da identidade e integridade física, psíquica e moral do ser humano.

Na sociedade contemporânea, em que há uso intenso das tecnologias, que impõem novas formas de comunicação, a proteção dos dados pessoais torna-se cada vez mais complexa. O episódio "Crocodilo", da séria *Black Mirror*, esta que ficou muito conhecida por suas visões críticas das novas tecnologias, mostra como essa proteção à personalidade e aos direitos da pessoa tem se colocado cada vez mais no limiar entre a liberdade, a proteção e invasão dos direitos.

O episódio permite a reflexão sobre os impactos das tecnologias no que concerne os direitos relativos à privacidade, à intimidade, à honra, à imagem da pessoa e a violação deles dada a grande exposição a que nos sujeita o ambiente digital. Conclui-se, então, que, diante do contexto atual de extrema vulnerabilidade pela massificação do uso da tecnologia, os direitos da personalidade na sociedade da informação precisam de proteção específica e daí a importância da Lei Geral de Proteção de Dados, que viabiliza a efetiva preservação de tais direitos. Especialmente, proporciona a transmissão do conhecimento dos direitos à população, permitindo que a sociedade da informação possa se desenvolver nas novas tecnologias.

Referências

BAIA, Lhais Silva. A Tecnologia como Ferramenta de Vigilância e Controle Ilimitados no Episódio "*Arkangel*" a Série *Black Mirror*. *In:* MELLO, Roger Goulart *(org.)*. **Pesquisa e atuação em direito**: volume 1. Rio de Janeiro: e-Publicar, p. 305-313, 2021.

BARRETO JÚNIOR, Irineu Francisco. Atualidade do Conceito Sociedade da Informação para a pesquisa jurídica. *In*: PAESANI, Liliana Minardi (coord.). **O Direito na Sociedade da Informação**. São Paulo: Atlas, 2007.

BITTAR, Carlos Alberto. **Os Direitos da Personalidade. 8ª edição. São Paulo:** Saraiva, 2014.

BRASIL. **Constituição da República Federativa do Brasil**. 1988. Disponível em: http://www.planalto.gov.br/ccivil_03/constituicao/constituicao.htm. Acesso em: 29 jun. 2021.

BRASIL. **Decreto-Lei nº 2.848, de 7 de dezembro de 1940.** Código Penal. 1940. Disponível em: http://www.planalto.gov.br/ccivil_03/decreto-lei/del2848compilado.htm. Acesso em: 29. jun. 2021.

BRASIL. **Lei nº 10.406, de 10 de janeiro de 2002**. Código Civil. 2002. Disponível em: http://www.planalto.gov.br/ccivil_03/leis/2002/l10406compilada.htm. Acesso em: 29 jun. 2021.

BRASIL. **Lei nº 13.709, de 14 de agosto de 2018**. Lei Geral de Proteção de Dados. 2018. Disponível em: <http://www.planalto.gov.br/ccivil_03/_ato2015-2018/2018/lei/l13709.htm>. Acesso em: 29 jun. 2021.

CASTELLS, Manuel. **A Era da Informação**: economia, sociedade e cultura. Volume I, a sociedade em rede. 5 ed. São Paulo: Paz e Terra, 2001.

CHAVES, Antônio. Direito à própria imagem. **Revista da Faculdade de Direito, Universidade de São Paulo**, v. 67, p. 45-75, 1972.

COSTA, Ramon Silva; OLIVEIRA, Samuel Rodrigues de. Os direitos da personalidade frente à sociedade de vigilância: privacidade, proteção de dados pessoais e consentimento nas redes sociais. **Revista Brasileira de Direito Civil em Perspectiva, Belém**, v. 5, n. 2, p. 22-41, 2019.

CROCODILE (Temporada 4, ep. 3). *Black Mirror* [seriado]. Direção: John Hillcoat. Produção: Charlie Brooker, Ian Hogan, Annabel Jones, Chris Lahr, Sanne Wohlenberg. Londres: 2017. (59 min.), ***son., color.***

CRUZ, Lucia Santa; FERRAZ, Talitha. Vigiar, Lembrar e Punir: notas sobre os episódios Toda a sua história e Crocodilo, de Black Mirror. **XXVII Encontro Anual da Compós**, p. 1-23, 2018.

CUNHA, Tiago Barros; FILHO, Adalberto Simão. A Teoria dos Círculos Concêntricos e a Preservação da Privacidade Humana no Registro Civil das Pessoas Naturais. **Anais do Congresso Brasileiro de Processo Coletivo e Cidadania**, 2018. Disponível em: https://revistas.unaerp.br/cbpcc/article/view/971. Acesso em: 29 jun. 2021.

FINKELSTEIN, Maria Eugenia; FINKELSTEIN, Claudio. Privacidade e lei geral de proteção de dados pessoais. **Revista de Direito Brasileira**, v. 23, n. 9, p. 284-301, 2020.

GODOY, Claudio Luiz Bueno de. 2019. Desafios atuais dos direitos da personalidade. **In**: MALUF, Adriana Caldas do Rego Freitas Dabus. **Direitos da personalidade: a contribuição de Silmara J. A. Chinellato**. Barueri: Manole, 2019.

MACHADO, Ronny Max; FUJITA, Jorge Shiguemitsu. Os impactos da sociedade da informação no direito à privacidade da pessoa natural e da pessoa jurídica. **Revista Thesis Juris**, v. 7, n. 2, p. 1-21, 2018.

NODARI, Paulo César. O jusnaturalismo em Locke — Os direitos naturais inalienáveis do indivíduo. **Ética e Direitos Humanos**. Cleide Calgaro, Luis Fernando Biasoli e Cesar Augusto Ertha (*orgs*). Caxias do Sul: Educs, 2016, p. 30-51.

NUNES, Rizzatto. **O princípio constitucional da dignidade da pessoa humana: doutrina e jurisprudência**. São Paulo: Saraiva, 2018.

SARLET, Ingo Wolfgang. **Dignidade da Pessoa Humana e os Direitos Fundamentais na Constituição Federal de 1988**. 10ª ed. Porto Alegre: Livraria do Advogado. 2019.

SCHREIBER, Anderson. **Direitos da Personalidade: Revista e Atualizada.** *3ª edição*. São Paulo: Grupo GEN, 2014.

SILVA, José Afonso. **Curso de direito constitucional positivo**. 40. Ed. Revista e atualizada até a Emenda Constitucional n.95 de 15.12.2016. São Paulo: Malheiros, 2017.

SIQUEIRA JÚNIOR, Paulo Hamilton. Direito Informacional: Direito da sociedade da informação. **Revista dos Tribunais**, vol. 859/2007, p. 743 — 759, maio, 2007.

TAKAHASHI, Tadao. **Sociedade da informação no Brasil**: livro verde. Brasília: Ministério da Ciência e Tecnologia, 2000.

TENA, Lucimara Plaza *et al.* Fundamentos da LGPD: círculos concêntricos e sociedade de informação no contexto de direitos da personalidade. **Revista Juridica**, v. 2, n. 59, p. 538-576, 2020.

3.
A PRESERVAÇÃO DO DIREITO À PRIVACIDADE E A LEI GERAL DE PROTEÇÃO DE DADOS: A DISCUTIBILIDADE DA (NÃO) APLICAÇÃO AOS CONDOMÍNIOS EDILÍCIOS

Bianca Bonadiman Abrão
Carolina Penteado Gerace Bouix

Introdução

A Lei Geral de Proteção de Dados Pessoais, que foi promulgada em 14 de agosto de 2018 e que entrou em vigor na data de 18 de setembro de 2020, veio a regulamentar o tratamento de dados pessoais, com o objetivo de proteger os direitos fundamentais de liberdade e de privacidade, conforme previsto em seu art. 1º.

A preocupação primordial desta lei é garantir o direito à privacidade, questão que sempre gerou grandes inquietações sociais, dada a sua pertinência e relevância, e que acabou ganhando especial relevância jurídica nos Estados Unidos, no final do século XIX.

Tendo como marco inicial este movimento jurídico, que primeiro se observou nos Estados Unidos, será feita uma breve digressão sobre como o direito à privacidade foi sendo tratado no mundo e, especialmente, pela legislação brasileira, que passou a dar atenção ao tema com a promulgação da Constituição Federal de 1988, que elevou o direito à privacidade ao status de direito fundamental, previsto no art. 5º, inciso X, além de, em 2002, ter sido positivado no Código Civil, em seu art. 21, a inviolabilidade da vida privada, igualmente salvaguardando a relevância deste direito fundamental.

Todavia, as normas que passaram a tratar mais especificamente das violações da privacidade vieram somente anos depois, com o advento da Lei nº 12.737/2012 (Lei "Carolina Dieckmann"), tratando dos aspectos penais advindos dos crimes cibernéticos e, posteriormente, com a entrada em vigor da Lei nº 12.965/2014, que estabeleceu o Marco Civil da Internet, que que criou princípios, garantias, direitos e deveres regulando o uso da Internet no Brasil.

Já em 2018, foi promulgada a LGPD, que veio a atender à já mencionada omissão legislativa relativa à proteção de dados, lei esta que gerou uma ampla gama de debates, mormente no que tange à quais seriam os seus destinatários. Nesta seara é que passou-se a discutir a aplicação, ou não, da LGPD aos condomínios edilícios.

Tal polêmica originou-se no fato de que a LGPD expressamente consigna que os seus ditames devem ser observados por pessoas jurídicas de direito privado, nos termos da redação do art. 3º. Ademais, o art. 4º, ao tratar sobre a inaplicabilidade da lei, não excluiu o condomínio edilício de sua aplicação, gerando a percepção de que, embora tais entes não sejam, por definição legal, pessoas jurídicas, a eles recai a obrigação de seguir os ditames estabelecidos na LGPD.

Outra questão que suscitou o debate foi o art. 5º, inciso X da LGPD, que, ao especificar quem seria o controlador, ou seja, aquele a quem compete às decisões referentes ao tratamento de dados pessoais, estabelece apenas que seria a pessoa natural ou jurídica, de direito público ou privado, igualmente gerando a incerteza sobre se o condomínio edilício se enquadraria nesta definição.

Tais pontos serão analisados em contraponto com a natureza jurídica dos condomínios edilícios e, sob tal ótica, se estes entes são considerados como destinatários das regras estabelecidas na LGPD e, ainda, como adequar as regras que, aparentemente, não são possíveis de serem aplicadas aos condomínios edilícios, dada a sua forma de organização e funcionamento.

Portanto, a abordagem que será realizada levará em consideração o conceito de pessoa jurídica previsto na LGPD, a sua aplicação aos entes não enquadrados como tal, mas que desenvolvem atividades que são regulamentadas pela lei, a natureza jurídica dos condomínios edilício e, por fim, se é cabível ou não a aplicação da LGPD a tais entes.

1. Direito à privacidade e a Lei Geral de Proteção de Dados Pessoais

O direito à privacidade — como figura jurídica, teve seu marco inicial nos Estados Unidos, em um artigo de 15 de dezembro de 1890 publicado na *Harvard Law Review*, escrito pelo advogado Samuel D. Warren — O Direito à Privacidade (*The Right To Privacy*) — pela Suprema Corte de Justiça através de Louis Brandeis. Warren e Brandeis escreveram que a privacidade é o "direito de ser deixado em paz" e é focada na proteção dos direitos das pessoas. Este artigo foi uma resposta aos avanços tecnológicos da época, como a fotografia e o jornalismo sensacionalista, e por questões óbvias, referido direito encontrava-se atrelado ao corpo físico.

Com a chegada do século XX, incomensuráveis foram os avanços tecnológicos, e com isso passou-se a adotar um valor econômico para as informações dos cidadãos, surgiu a *internet*.

Cabe apenas ressaltar importante acontecimento histórico ocorrido ainda no século XX, referente à invasão da privacidade de dados, que foram os ataques engendrados por Adolf Hitler aos bancos de dados da Alemanha, quando o regime nazista passou a ter acesso aos dados sobre a religião das pessoas lá cadastradas, o que fomentou a perseguição direcionada a determinados grupos religiosos.

No que concerne os avanços tecnológicos e os desdobramentos causados pelo fenômeno da globalização, temos diferentes posicionamentos, porém, para o presente estudo adotaremos a abordagem teórica de Manuel Castells (1999, p. 21) quando o mesmo estabelece que a revolução tecnológica deu origem ao informacionalismo, em que a tecnologia da informação torna-se uma ferramenta instrumentalizadora quando da manipulação da informação e construção do conhecimento pelos indivíduos, pois "a geração, processamento e transmissão de informação torna-se a principal fonte de produtividade e poder" (Castells, 1999, p. 21).

Em 1948, o direito à privacidade é elevado ao status de direito fundamental reconhecido assim pela Declaração Universal dos Direitos Humanos, sendo inerente a todo e qualquer cidadão.

No Brasil, quando da elaboração da Carta Magna em 1988 e posteriormente do Código Civil em 2002, os termos utilizados pelos legisladores foram: vida privada e intimidade, conforme previsto no art. 5º, inciso X da Constituição Federal e art. 21 do Código Civil, não os conceituando, o que provocou diversas interpretações, prevalecendo que o direito à privacidade trata-se de uma ramificação decorrente dos direitos da personalidade, assim como o direito à vida privada, por exemplo.

Como já mencionado, no Brasil, o direito à privacidade foi incorporado em nossa Constituição Federal, perfazendo-se na necessidade de tutelar os indivíduos de invasões de terceiros na sua esfera íntima e pessoal. Importante ressaltar que o tratamento dos dados pessoais (desde sua coleta até a sua eliminação) não é uma consequência da sociedade da informação, visto que quando tal medida é tomada sem o consentimento e/ou autorização dos mesmos (salvo hipóteses legalmente autorizadoras), torna-se uma invasão, passível de sanções, sejam elas administrativas e/ou judiciais.

Além disso, temos a necessidade de assegurar aos titulares de dados o direito à autodeterminação informativa ou informacional que constitui-se num direito intrinsecamente ligado ao direito à privacidade, perfazendo-se na faculdade de que toda pessoa natural detém de controlar a utilização e limites do tratamento por terceiros de seus próprios dados pessoais, ressalvando-se as hipóteses em que seu consentimento é dispensável, sob pena da aplicabilidade de sanções administrativas e/ou decorrentes de ações judiciais quando da não conformidade com a nova Lei Geral de Proteção de Dados Pessoais.

Assim, importante destacar que com todos os avanços que nos norteiam, o direito à privacidade vem auferindo novos delineamentos e como consequência podemos citar o entendimento de Paesani (2014, p. 43), "direito reconhecido ao indivíduo de exercer o controle sobre o uso dos próprios dados pessoais inseridos num arquivo eletrônico".

Com o advento da Internet e a valoração das informações, modifica-se a forma de interação mundial e o acesso às informações privadas e eventual divulgação das mesmas passa a ser transfronteiriças. Os avanços tecnológicos certamente trouxeram incontáveis benefícios para a sociedade, entretanto, a problemática reside na questão dos abusos e de seu desvirtuamento.

Diante deste cenário, de desvirtuamento e vulnerabilidade, foi necessário que se criassem novas normas, a fim de adequar as normas já existes no direito, com as novas tecnologias — como por exemplo — as garantias constitucionais do direito à privacidade e à segurança jurídica. E com a Lei Geral de Proteção de Dados Pessoais, os titulares de dados passam a ser "os monarcas de seus próprios dados", ou seja, eles passam a exercer o seu direito à autodeterminação informativa, de modo que eles passam a poder decidir até que ponto a sua própria privacidade poderá ser compartilhada, armazenada, tratada.

2. Lei Geral de Proteção de Dados Pessoais — Lei nº 13.709/2018

A preocupação com a proteção dos dados pessoais no Brasil não é um assunto novo. Fazendo uma breve retrospectiva, a proteção dos dados pessoais teve como primeiras iniciativas de discussões e debates por volta da década de 2010. E em 2011, surgiu a Lei do Acesso à Informação (Lei nº 12.527/2011), a qual regulou o acesso às informações pessoais, estabelecendo que o tratamento deste deve se dar de forma transparente e com respeito à intimidade, à vida privada, honra e imagem das pessoas, bem como garantindo a observância das liberdades e garantias individuais. Também em 2011 foi promulgada a Lei do Cadastro Positivo (Lei nº 12.414/2011), que regulamentou a formação e consulta a bancos de dados com informações de adimplemento para formação de histórico de crédito, que, já em 2019, sofreu consideráveis alterações pela Lei Complementar de nº 166/2019.

Em 2012, com a Lei da Carolina Dieckmann (Lei nº 12.737/2012), passam a existir no ordenamento as primeiras tipificações criminais ligadas aos delitos informáticos. Em 2014, temos o advento do Marco Civil da Internet (Lei nº 12.965/2014), consistindo em uma lei bastante relevante para o ordenamento jurídico que criou princípios, garantias, direitos e deveres regulando o uso da Internet no Brasil.

No entanto, a percepção doutrinária sobre as já mencionadas legislações era de que "esse arcabouço regulatório mostrava-se pouco preciso e não oferecia garantias adequadas às partes, o que, além de gerar insegurança jurídica, acabava tornando o país menos competitivo no contexto de uma sociedade cada vez mais movida a dados." (Tepedino, 2020, p. 32).

E finalmente, no ano de 2018, foi sancionada a Lei Geral de Proteção de Dados Pessoais, tornando-se a legislação brasileira que regula as atividades de tratamento de dados pessoais, tendo por base o respeito à privacidade e à autodeterminação informativa ou informacional, integridade e transparência.

No tocante à autodeterminação informativa, é certo que as evoluções tecnológicas trazem inúmeros benefícios, em sua contraposição há a problemática paradoxal da consequência da promoção de uma maior exposição dos dados pessoais, gerando assim constante violação no que concerne às informações pessoais dos indivíduos. E é neste cenário que surge o direito à autodeterminação informativa ou informacional, traduzindo-se como um desmembramento do direito à privacidade, visando essencialmente tutelar de forma efetiva os dados/informações pessoais das pessoas naturais garantindo-lhes o controle sob eles, sendo, portanto, imperiosa a necessidade de seu reconhecimento como um novo direito fundamental.

Importante ainda afirmar que a cultura da proteção dos dados, especificamente no Brasil, pautava-se na proteção dos dados ligados às empresas de um modo geral, uma vez o que se buscava-se majoritariamente proteger eram os segredos industriais, as marcas, patentes. Com a recente lei, surge a necessidade de adequação dessa perspectiva. O titular de dados — pessoa física — passa a ser "o rei de seus dados", adquirindo direitos que devem ser observados pelas empresas que coletam dados de pessoas físicas brasileiras, independentemente de sua origem (se empresas estrangeiras ou não), independentemente de seu porte (pequena, média ou grande empresa), independentemente se seu banco de dados se dá por meio físico ou digital e independentemente do seu segmento econômico, sob pena de sofrer sanções e serem responsabilizadas civilmente em casos de não conformidade.

Assim, com a edição e sanção da Lei Geral de Proteção de Dados Pessoais (Lei nº 13.709/2018), especificamente às empresas, surge a necessidade de estar em conformidade com a referida lei. E por consequência, surgem os novos obstáculos, posto que a Lei Geral de Proteção de Dados Pessoais trata-se de uma norma recente, prevendo conceitos jamais vistos no nosso ordenamento jurídico. Tratando-se na verdade de um "transplante da Lei Europeia (General Data Protection Regulation — GDPR)" com suas adaptações e incorporada pelo ordenamento jurídico brasileiro.

3. (Não) aplicação da LGPD aos condomínios edilícios

Dentre os diversos pontos importantes da nova legislação, iremos nos ater à questão relacionada especialmente ao sujeito passivo, ou seja, a quem efetivamente a lei se destina. Neste sentido temos os artigos 3º e 4º da LGPD (BRASIL, 2018):

> Art. 3º Esta Lei aplica-se a qualquer operação de tratamento realizada por pessoa natural ou por pessoa jurídica de direito público ou privado, independentemente do meio, do país de sua sede ou do país onde estejam localizados os dados, desde que: I — a operação de tratamento seja realizada no território nacional; II — a atividade de tratamento tenha por objetivo a oferta ou o fornecimento de bens ou serviços ou o tratamento de dados de indivíduos localizados no território nacional; ou III — os dados pessoais objeto do tratamento tenham sido coletados no território nacional. § 1º Consideram-se coletados no território nacional os dados pessoais cujo titular nele se encontre no momento da coleta. § 2º Excetua-se do disposto no inciso I deste artigo o tratamento de dados previsto no inciso IV do caput do art. 4º desta Lei.
> Art. 4º Esta Lei não se aplica ao tratamento de dados pessoais: I — realizado por pessoa natural para fins exclusivamente particulares e não econômicos; II — realizado para fins exclusivamente: a) jornalístico e artísticos; ou b) acadêmicos, aplicando-se a esta hipótese os arts. 7º e 11 desta Lei; III — realizado para fins exclusivos de: a) segurança pública; b) defesa nacional; c) segurança do Estado; ou d) atividades de investigação e repressão de infrações penais; ou IV — provenientes de fora do território nacional e que não sejam objeto de comunicação, uso compartilhado de dados com agentes de tratamento brasileiros ou objeto de transferência internacional de dados com outro país que não o de proveniência, desde que o país de proveniência proporcione grau de proteção de dados pessoais adequado ao previsto nesta Lei. § 1º O tratamento de dados pessoais previsto no inciso III será regido por legislação específica, que deverá prever medidas proporcionais e estritamente necessárias ao atendimento do interesse público, observados o devido processo legal, os princípios gerais de proteção e os direitos do titular previstos nesta Lei. § 2º É vedado o tratamento dos dados a que se refere o inciso III do caput deste artigo por pessoa de direito privado, exceto em procedimentos sob tutela de pessoa jurídica de direito público, que serão objeto de informe específico à autoridade nacional e que deverão observar a limitação imposta no § 4º deste artigo. § 3º A autoridade nacional emitirá opiniões técnicas ou recomendações referentes às exceções previstas no

> inciso III do caput deste artigo e deverá solicitar aos responsáveis relatórios de impacto à proteção de dados pessoais. § 4º Em nenhum caso a totalidade dos dados pessoais de banco de dados de que trata o inciso III do caput deste artigo poderá ser tratada por pessoa de direito privado, salvo por aquela que possua capital integralmente constituído pelo poder público.

Ademais, deve ser analisado o conceito de controlador, que está previsto no art. 5º, VI da LGPD, que o define como "pessoa natural ou jurídica, de direito público ou privado, a quem competem as decisões referentes ao tratamento de dados pessoais" (BRASIL, 2018).

A legislação é clara quando prevê a sua aplicabilidade destinada àquelas pessoas naturais ou pessoas jurídicas de direito público ou privado, independentemente do meio, do país de sua sede ou do país onde estejam localizados os dados, devendo sua orientação ser interpretada de forma taxativa. Porém, o que se pretende discutir e investigar com o presente estudo é sobre a aplicabilidade ou não da Lei Geral de Proteção de Dados Pessoais aos condomínios edilícios.

O instituto do condomínio edilício está previsto em nosso ordenamento jurídico no Código Civil Brasileiro de 2002, mais precisamente nos artigos 1.331 a 1.358. Maria Helena Diniz (Diniz, 2007, p. 187) conceitua o condomínio edilício da seguinte forma:

> É uma combinação de propriedade individual e condomínio, caracterizando-se juridicamente pela justaposição de propriedades distintas e exclusivas ao lado do condomínio de partes do edifício forçosamente comuns, como o solo em que está construído o prédio, suas fundações, pilastras, área de lazer, vestíbulos, pórticos, escadas, elevadores, corredores, pátios, jardim, porão, aquecimento central, morada do zelador, etc." (Diniz, 2007, p. 187).

A questão da aplicabilidade ou não da Lei Geral de Proteção de dados em relação aos condomínios edilícios versa sobre o fato de que a LGPD é clara ao dispor quem são os sujeitos passivos, excluindo-se o condomínio edilício uma vez que este não é dotado de personalidade jurídica, senão vejamos.

O artigo 44 do Código Civil Brasileiro traz em seu bojo o rol taxativamente previsto que define quem são as pessoas jurídicas de direito privado, perfazendo-se tão somente nas associações, sociedades, fundações, organizações religiosas, excluindo-se claramente a figura do condomínio.

No que concerne a natureza jurídica do condomínio, este é considerado um ente despersonalizado, ou ente formal, que é constituído por unidades autônomas e áreas comuns. Assim, não detém das características de uma empresa em sentido estrito uma vez que não exerce atividade econômica, perfazendo-se num instituto sem fins lucrativos. Na lição de Caio Mário da Silva Pereira *in verbis*:

> A reunião dos condôminos é destituída de personalidade. Falta completamente a 'affectio societatis'. E, se um vínculo jurídico os congrega, não é, certamente, pessoal, mas real, representados os direitos dos condôminos pelos atributos dominiais sobre a unidade e uma copropriedade indivisa, indissociável daqueles, sobre as coisas comuns.

Embora não possuam personalidade jurídica, os condomínios edilícios são sujeitos de direito, sendo representados pelo administrador ou pelo síndico, a teor do que prevê o art. 1.348, II do Código Civil e art. 75, XI do Código de Processo Civil. Em verdade, conforme percepção doutrinária, o que se observa é que, mesmo sem que haja a expressa previsão legal, o condomínio edilício se trata de uma pessoa jurídica, sob o fundamento de que "o rol das pessoas jurídicas de Direito Privado, constante do art. 44 do CC, é exemplificativo (Tartuce, 2020). Tal situação, inclusive, foi reconhecida no Enunciado de nº 246 das Jornadas de Direito Civil, que tem a seguinte redação: "Deve ser reconhecida a personalidade jurídica ao condomínio edilício".

No entanto, a discussão acerca da aplicação da LGPD aos condomínios tangencia a discussão sobre ser o condomínio edilício uma verdadeira pessoa jurídica ou não. A situação de relevo é que tais entes são sujeitos de direito, que podem ser titulares de relações jurídicas.

Ademais, deve ser considerado que a discussão em tela envolve direito à privacidade, vinculado à tutela da personalidade, não envolvendo, *prima facie,* questão patrimonial, que é o principal motivo que leva à constituição de uma pessoa jurídica, tal seja, a separação do patrimônio dos sócios e da pessoa jurídica propriamente dita.

O que se observa é que os condomínios, residenciais ou comerciais, coletam dados pessoais não só dos moradores, mas dos visitantes, entregadores, prestadores de serviços, dentre outros. Realizam controle de entrada e saída das suas dependências, que não raras as vezes envolvem a coleta de dados pessoais sensíveis, como número do CPF, imagem fotográfica e audiovisual e dados biométricos.

A questão que diz respeito à aplicabilidade da LGPD aos condomínios envolve a preservação dos dados pessoais que são tratados, ainda que apenas para ambiente de preservação de segurança dos moradores, mas que podem eventualmente ser utilizados por empresas terceiras ou até mesmo em solicitações por condôminos dentro de condomínios. A simples coleta e armazenamento dos dados pessoais por estas implica na exigência de adotar os cuidados previstos na norma.

A análise e interpretação da lei deve ser feita de forma sistemática e levando em conta a vontade do legislador. A ideia é preservar os dados das pessoas, qualquer que seja o responsável pelo tratamento. Não faria sentido, nesse aspecto, isentar os condomínios dessa obrigação, ainda que haja uma pequena imprecisão no texto legislativo. Vale lembrar que a LGPD foi aprovada em complemento ao que diz o Marco Civil da Internet (Lei 12.956/2014), que "estabelece princípios, garantias, direitos e deveres para o uso da Internet no Brasil" e em seu artigo 3º, que estabelece os princípios, menciona ser um deles a "proteção de dados pessoais, na forma da Lei".

Nesse sentido, a própria legislação no artigo 4º, traz um rol restrito das hipóteses que excluem a sua aplicabilidade ao tratamento de dados pessoais realizados por pessoa natural para fins exclusivamente particulares e não econômicos, o que se encaixaria aos condomínios. A lei também traz de forma taxativa as hipóteses de exclusão da sua aplicação (Art. 7º) e, dentre elas, não se observa qualquer menção ao condomínio edilício.

Por outro lado, a despeito da discussão já mencionada, sobre o fato do condomínio edilício ter ou não uma verdadeira natureza de pessoa jurídica, a aplicação das normas da LGPD não podem se restringir apenas às pessoas jurídicas formais, mas também deve abarcar os entes despersonalizados, devendo o conceito de pessoa jurídica estabelecido na referida lei ser interpretado de forma sistemática.

Tanto o condomínio como as empresas que lhe prestam serviços e que necessariamente possuem dados dos moradores em seu cadastro, tais como: empresas terceirizadas de portaria física ou remota, prestadores de serviços, empresas de sindicância profissional, administradoras de condomínios, entre outros, serão responsáveis pelo sigilo e se submeterão Lei Geral de Proteção de Dados — Lei 13.709/18, conforme a expressa previsão do artigo 3º:

> Art. 3º Esta Lei aplica-se a qualquer operação de tratamento realizada por pessoa natural ou por pessoa jurídica de direito público ou privado, independentemente do meio, do país de sua sede ou do país onde estejam localizados os dados (...).

O tratamento de dados previsto na LGPD inclui toda operação realizada com dados pessoais, como: a coleta, produção, recepção, classificação, utilização, acesso, reprodução, transmissão, distribuição, processamento, arquivamento, armazenamento, eliminação, avaliação ou controle da informação, modificação, comunicação, transferência, difusão ou extração (artigo 5º, X, da LGPD).

Portanto, estando os condomínios edilícios inseridos na sistemática do tratamento dos dados pessoais, sejam eles dos moradores, e/ou visitantes e prestadores de serviços, não há como excluí-los da necessidade de observar as regras previstas na LGDP.

Conclusões

A Lei Geral de Proteção de Dados Pessoais objetiva regular o uso e tratamento dos dados pessoais, tendo como fundamentos, dentre outros, a proteção à privacidade, a autodeterminação informativa e a inviolabilidade da intimidade, da honra e da imagem.

A legislação expressamente definiu, em seu art. 3º, que as regras da LGPD se aplicam à operação de tratamento de dados realizada por pessoa jurídica de direito privado, o que, em uma primeira análise, excluiria os condomínios edilícios, que não estão previsto no rol do art. 44 do Código Civil como sendo pessoa jurídica de direito privado.

Por outro lado, o art. 4º, ao especificar a quem a lei não se aplica, não há menção ao condomínio, o que levaria, também em uma análise perfunctória, à constatação de que poderia ser aventada a sujeição destes dos condomínios à LGPD, por não estarem expressamente excluídos do âmbito de sua aplicação.

Observou-se que a discussão analisada no presente artigo é suscitada pelo fato de que os condomínios edilícios se tratam de entes despersonalizados, embora haja aceitação, entre os doutrinadores pátrios, de que os condomínios sejam de fato pessoas jurídicas e, ainda, que o rol previsto no art. 44 do Código Civil seja apenas exemplificativo. Tal situação, inclusive, levou ser criado um enunciado, na III Jornada de Direito Civil, expressamente reconhecendo que "deve ser reconhecida personalidade jurídica ao condomínio edilício" — Enunciado de nº 246.

Ademais, apesar de serem entes despersonalizados, os condomínios edilícios são sujeitos de direito, que são representados ativa e passivamente pelo administrador ou pelo síndico (art. 1.348, II do Código Civil).

Para fins de aplicação da LGPD, deve ser realizada uma intepretação sistemática do conceito de pessoa jurídica previsto no art. 3º, já que a ideia central da LGPD é a de preservar os dados pessoais que estejam em poder de terceiros, qualquer que seja o responsável pelo tratamento.

Deve ser observado que, atualmente, muitos condomínios ficam na posse de dados pessoais sensíveis, como número do CPF, imagem fotográfica e audiovisual, além de muitas vezes também possuírem dados biométricos, que são exigidos para o cadastro da pessoa que circula pelo condomínio, não só dos moradores, mas também dos visitantes e prestadores de serviços, de modo que a aplicação da LGPD é imperiosa, já que a legislação visa justamente estabelecer normas para a utilização de tais dados, visando tutelar o direito à privacidade das pessoas que fornecem os seus dados pessoais.

A conclusão que chegamos, portanto, é de que os condomínios edilícios estão sujeitos às normas da Lei Geral de Proteção de Dados Pessoais, mesmo não sendo definido como uma pessoa jurídica, tal como previsto no art. 44 do Código Civil.

Entender de modo diverso seria excluir parcela relevante da sociedade, principalmente dos grandes centros urbanos, representada pelos diversos condomínios edilícios espalhados pelo país, de cumprir com a normas estabelecidas pela LGPD, uma legislação que tutela o tratamento de dados sensíveis, intimamente atrelados à dignidade da pessoa humana, sendo, portanto, de extrema pertinência e relevância na sociedade atual que todos os entes que detenham dados pessoais de terceiros, formalmente constituídos ou não, sejam sujeitos à referida legislação.

Referências

ALVES, Fabrício da Mota. **Avaliação de impacto sobre a proteção de dados**. In: MALDONADO, Viviane Nóbrega; BLUM, Renato Ópice, Comentários ao GDPR. São Paulo. Thomson Reuters. 2018.

BIONI, Bruno Ricardo. **Proteção de dados pessoais: a função e os limites do consentimento**. 2. ed. Rio de Janeiro. Forense, 2020.

BIONI, Bruno Ricardo; MONTEIRO, Renato Leite; GOMES, Maria Cecília Oliveira.

BRASIL. **Constituição da República Federativa do Brasil.** Disponível em: http://www.planalto.gov.br/ccivil_03/constituicao/constituicao.htm. Acesso em: 04 de jun. 2021.

BRASIL. **Lei nº 12.527, de 18 de novembro de 2011**. Lei do Acesso à Informação. Disponível em: http://www.planalto.gov.br/ccivil_03/_ato2011-2014/2011/lei/l12527.htm. Acesso em 20 abr. 2021.

BRASIL. **Lei nº 12.737, de 30 de novembro de 2012**. Dispõe sobre a tipificação criminal de delitos informáticos. Disponível em: http://www.planalto.gov.br/ccivil_03/_ato2011-2014/2012/lei/l12737.htm. Acesso em 22 abr. 2021.

BRASIL. **Lei nº 13.709, de 14 de agosto de 2018**. Lei Geral de Proteção de Dados Pessoais (LGPD). Disponível em: http://www.planalto.gov.br/ccivil_03/_ato2015-2018/2018/lei/l13709.htm. Acesso em 09 abr. 2021.

CASTELLS, Manuel. **Sociedade em Rede: A era da informação: economia, sociedade e cultura**; v. 1. 6. ed. Tradução de Roneide Venancio Majer. São Paulo: Paz e Terra, 1999.

DINIZ, Maria Helena. **Curso de Direito Civil Brasileiro: direito das obrigações.** Saraiva, 2007.

DONEDA, Danilo. **A proteção dos dados pessoais como um direito fundamental**. In: Espaço Jurídico, Joaçaba, v. 12, n. 2, jul./dez. 2011.

DONEDA, Danilo. **Da privacidade à proteção dos dados pessoais.** Rio de Janeiro: Renovar, 2006.

FARIAS, Cristiano Chaves de. NETTO BRAGA, Felipe. ROSENVALD. Nelson. **Manual de direito civil** — volume único. 3. ed. rev, atual. e ampl. Salvador: Ed. Juspodium, 2018.

FINKELSTEIN, Maria Eugenia; FINKELSTEIN Claudio. PRIVACIDADE e LEI GERAL DE PROTEÇÃO DE DADOS PESSOAIS. **Revista de Direito Brasileira**, 2019.

GDPR matchup: Brazil's General Data Protection Law. 2018. Disponível em: https://iapp.org/news/a/gdpr-matchup-brazils-general-data-protection-law/. Acesso em: 31 out. 2018.

MARQUES, Claudia Lima. **Confiança no comércio eletrônico e a proteção do consumidor: um estudo dos negócios jurídicos de consumo no comércio eletrônico.** São Paulo: Editora Revista dos Tribunais.

ORGANIZAÇÃO DAS NAÇÕES UNIDAS. **Declaração Universal dos Direitos Humanos, 1948**. Disponível em: https://www.unicef.org/brazil/declaracao-universal-dos-direitos-humanos. Acesso em: 12 dez. 2020.

ORGANIZAÇÃO DAS NAÇÕES UNIDAS. **Declaração Universal dos Direitos Humanos, 1948**. Disponível em: https://www.unicef.org/brazil/declaracao-universal-dos-direitos-humanos. Acesso em: 12 jun. 2020.

PAESANI, Liliana Minardi. **Direito e Internet: liberdade de informação, privacidade e responsabilidade civil**. 6. ed. São Paulo: Atlas. 2013.

PEREIRA, Caio Mário da Silva. **Condomínio e Incorporações**. 11 ed. Rio de Janeiro. Forense, 2014.

REALE, Miguel. **Lições preliminares de Direito**. 27. ed. São Paulo: Saraiva, 2013.

TARTUCE, Flavio. **Manual de direito civil**: volume único. 10 ed. Rio de Janeiro: Forense, 2020.

TEPEDINO, Gustavo. **Desafios da Lei Geral de Proteção de Dados (LGPD).** Revista Brasileira de Direito Civil — RBDCivil. Belo Horizonte, v. 26, p. 11-15, out./dez. 2020. Disponível em: https://rbdcivil.ibdcivil.org.br/rbdc/article/view/689/416. Acesso em: 04 abr. 2021.

TEPEDINO, Gustavo. TEFFÉ, Chiara Spadaccini de. **O consentimento na circulação de dados pessoais**. Revista Brasileira de Direito Civil — RBDCivil. Belo Horizonte, v. 25, p. 83-116, jul./set. 2020. Disponível em: https://rbdcivil.ibdcivil.org.br/rbdc/article/view/521. Acesso em 04 abr. 2021.

WARREN, Samuel D.; BRANDEIS, Louis D. **The right to privacy**. Harvard law review: http://louisville.edu/law/library/special-collections/the-louis-d.-brandeis-collection/the-right-to-privacy. Acesso em 27 de março de 2021.

YOSHIDA, Victoria Melo. **Autodeterminação informativa, riscos cibernéticos e proteção de dados pessoais: a emergência de um novo compliance**. In Revista do curso de direito da Unifacs. Porto Alegre. Paixão Editores. V. 19, 2019.

4.

TRATAMENTO DE DADOS DAS CRIANÇAS E ADOLESCENTES CONFORME A LEI Nº 13.709/2018: UMA ANÁLISE SOB A PERSPECTIVA DA PROTEÇÃO INTEGRAL[1]

Devanildo de Amorim Souza
Stéphany Cindy Costa Baptistelli
Luiz Eduardo Alves de Siqueira

Introdução

Atualmente, com a expansão da tecnologia, acesso à Internet e predominância do meio digital, vive-se uma nova era que tem por escopo o acesso extremamente rápido à comunicação, ao entretenimento, à informação, ao consumo etc. Consequentemente, há a difusão de dados em nível mundial.

Aquilo que outrora corria o risco de ficar exposto a um bairro ou cidade, hodiernamente, com alguns cliques ou toques, pode tomar proporções globais e irreversíveis.

A evolução digital, a cada dia mais, ganha espaço no dia-a-dia dos indivíduos com a procura e utilização das páginas de Internet, redes

[1] Artigo em homenagem ao professor Luiz Eduardo Alves de Siqueira.

sociais, jogos virtuais, aplicativos, plataformas para compra e venda, dentre outros.

Os aplicativos, jogos virtuais e redes sociais são potencialmente utilizados por milhares de crianças e adolescentes, com rotineira necessidade de disponibilização de dados pessoais para conseguir acesso às ferramentas.

Partindo da premissa do ganho exponencial da popularização do virtual, quando se pensa no acesso à Internet por crianças e adolescentes, há que analisar a exposição desse grupo de pessoas a situação de vulnerabilidade em relação a disposição dos seus dados *online*.

Se, por um lado, o ambiente virtual possibilita inúmeras oportunidades, doutro lado, oferece diversos riscos. É cediço que o grupo que envolve as crianças e adolescentes necessita do empenho de outros setores para que tenham acesso e exerçam alguns direitos, pois, muito embora possuam capacidade de direito — inerente a todo ser humano que nasça com vida —, não detêm capacidade de fato, ou seja, a prerrogativa de exercerem por si só os atos da vida civil.

À vista dessa problemática, o presente trabalho visou abordar o tratamento de dados das crianças e dos adolescentes com o advento da Lei nº 13.709/2018, traçando um paralelo com as premissas basilares estabelecidas pelo Texto Magno brasileiro de 1988.

Para tanto, este trabalho teve como substrato a consulta da literatura científica especializada e livros concernentes ao tema. Com base na análise bibliográfica, avaliou-se a consistência das informações e dos dados apresentados através do método indutivo.

1. Proteção de dados da criança e do adolescente

Com a advento da Constituição República Federativa do Brasil de 1988 (CRFB/88), o ordenamento jurídico pátrio assumiu o modelo denominado de Estado Democrático de Direito que cominou na escolha ideológica de fixada no texto magno.

A terminologia até então empregada — conhecida como Direito do menor —, fora suplantada por uma nova forma de tratamento fundada na proteção integral da infância e da juventude que fora positivada no artigo 227 da CRFB/88.

Em detrimento da doutrina denominada de "situação irregular" — corrente de pensamento dominante até aquele momento por estar positivada no Lei nº 6.697, de 10 de outubro de 1979 (Código de Menores) que só veio a ser expressamente derrogada pela Lei nº 8.069, de 1990 (Estatuto da Criança e do Adolescente — ECA) —, o poder constituinte ordinário da CRFB/88 reformulou o modelo de proteção da criança e do adolescente.

O modelo atual, no que pese o fato de não ser uma criação brasileira, pois fora inicialmente fomentado em 1924 pela então Liga da Nações por meio da Declaração dos Direitos das Crianças (GUERRA; BOLEIRO, 2014, p. 13) —, diferentemente do modelo da situação irregular, revela-se compatível com modelo constitucional vigente, pois está assentado na ideia de dignidade humana, igualdade material, proteção eficiente e efetividade dos direitos da infância e da juventude.

Uma das principais conquistas da proteção integral da infância e da juventude é o reconhecimento da vulnerabilidade do menor por se encontrarem ainda em situação de desenvolvimento.

Além do mais, na forma do artigo 227, da CRFB/88, consagra-se o entendimento de que é dever da família, da sociedade e do Estado assegurar à criança, ao adolescente e ao jovem, com absoluta prioridade, de toda forma de negligência, discriminação, exploração, violência, crueldade e opressão.

A diretiva proposta pelo modelo constitucional da CRFB/88 visa, por meio da preservação dos direitos e garantias fundamentais, a valorizar a dignidade da humana a protegendo democraticamente.

A premissa constitucional Brasileira de 1988, ao estabelecer o sistema da proteção integral da criança e do adolescente, notavelmente elege a vertente deontológica kantiana como ponto norteador do instituto.

Emanuel Kant — no segundo capítulo intitulado "O dever do homem para consigo mesmo meramente enquanto um ser moral", no item III, denominado "Do servilismo" —, no livro "A metafísica dos costumes" afirma que:

> [...] um ser humano considerado como uma pessoa, isto é, como o sujeito de uma razão moralmente, prática é guindado acima de qualquer preço, pois como pessoa (homo noumenon) não é para ser valorado meramente como um meio para o fim de outros ou mesmo para seus próprios fins, mas como um fim em si mesmo, isto é, ele possui uma dignidade (um valor interno absoluto) através do qual cobra respeito por si mesmo

> de todos os outros seres racionais do mundo. Pode avaliar a si mesmo conjuntamente a todos os outros seres desta espécie e valorar-se em pé de igualdade com eles (Kant, 2003, p. 277).

Cumpre elucidar que os demais textos positivados, desde a legislação com *status* de supralegal, ordinária e infralegal seguiram a diretiva em questão como premissa basilar da matéria.

O Decreto nº 99.710/90 teve o condão de incorporar a Convenção Internacional sobre os Direitos da Criança que dispõe no artigo 1º que "para efeitos da presente convenção considera-se como criança todo ser humano com menos de dezoito anos de idade, a não ser que, em conformidade com a lei aplicável à criança, a maioridade seja alcançada antes".

E impõe a observância ao interesse maior da criança e adolescente estabelecido no artigo 18.1 do decreto supra que dispõe que:

> Os Estados Partes envidarão os seus melhores esforços a fim de assegurar o reconhecimento do princípio de que ambos os pais têm obrigações comuns com relação à educação e ao desenvolvimento da criança. Caberá aos pais ou, quando for o caso, aos representantes legais, a responsabilidade primordial pela educação e pelo desenvolvimento da criança. Sua preocupação fundamental visará ao interesse maior da criança.

Com isso, a inserção dessas crianças e adolescentes no ambiente virtual requer proteção específica e adequada, uma vez que o excesso de exposição nessas mídias sociais comina na mitigação da privacidade e hiperexposição dos dados pessoais, especialmente desse grupo considerado vulnerável. Nesse sentido:

> (...) os algoritmos fazem parte da construção da identidade de alguém. Eles determinam como essa pessoa será apresentada e compreendidas por um número incalculável de outras pessoas. Algoritmos são feitos e operados por pessoas, logo, falham e podem ter intenções ilícitas. A coleta e o uso indevido de dados pessoais de crianças e adolescentes podem causar danos ao seu desenvolvimento, os quais podem ser de difícil reparação ou irreparáveis (Amaral, 2020, p. 164).

Dado o fato inquestionável da relevância de se regular o tratamento dos dados pessoais, a Lei nº 13.709/2018 (Lei Geral de Proteção de

Dados — LGPD), em seu artigo 1º, "com o objetivo de proteger os direitos fundamentais de liberdade e de privacidade e o livre desenvolvimento da personalidade da pessoa natural" regula "o tratamento de dados pessoais, inclusive nos meios digitais, por pessoa natural ou por pessoa jurídica de direito público ou privado".

O referido diploma legal, em seu artigo 5º, II, conceitua o dado pessoal sensível aquele "dado pessoal sobre origem racial ou étnica, convicção religiosa, opinião política, filiação a sindicato".

Ainda o artigo 5º, II, *in fine*, afirma que também é dado pessoal aquele sobre a "organização de caráter religioso, filosófico ou político, dado referente à saúde ou à vida sexual, dado genético ou biométrico, quando vinculado a uma pessoa natural".

Ainda na mesma linha, no âmbito federal, o Decreto 10.046/2019 "estabelece as normas e as diretrizes para o compartilhamento de dados entre os órgãos e as entidades da administração pública federal direta, autárquica e fundacional e os demais Poderes da União"

O artigo 2º do Decreto detalha supra detalha, entre outras coisas, o que são atributos biográficos (I), atributos biométricos (II), dados cadastrais (III) atributos genéticos (IV) compartilhamento de dados (VIII).

Na atualizada, desde o uso de sensores e outros dispositivos inteligentes para obter dados, evidencia-se que hodiernamente o público hiper vulnerável estão sujeitos aos mecanismos de vigilância, exposição, controle e induzimento.

Assim, desde a captura o reconhecimento facial ou detecção facial, sem que seja possível a identificação concreta do indivíduo, mas com acesso à sua imagem e face, enquadra-se no conceito de dado biométrico da Lei nº 13.709/2018, sendo, por conseguinte legalmente considerado como dado pessoal sensível.

Assim, inegável a imprescindibilidade de proteção dos dados das crianças e adolescentes em todas as esferas, principalmente, na nova dimensão digital.

Nessa linha, com a promulgação da Lei nº 13.709/2018 (Lei Geral de Proteção de Dados — LGPD), dentre outros fatores, cuidou de salvaguardar o tratamento dos dados pessoais das crianças e dos adolescentes em capítulo específico (capítulo III, seção III) e, acerca do assunto, delineou:

> Art. 14. O tratamento de dados pessoais de crianças e de adolescentes deverá ser realizado em seu melhor interesse, nos termos deste artigo e da legislação pertinente.
> § 1º O tratamento de dados pessoais de crianças deverá ser realizado com o consentimento específico e em destaque dado por pelo menos um dos pais ou pelo responsável legal.

Como se depreende do texto legal, o legislador exige o consentimento específico pelo responsável legal quando se tratar de dados pessoais de crianças. Antes de adentrar na questão do consentimento do responsável, é adequado traçar a definição legal de criança e adolescente.

Segundo o artigo 2º da Lei nº 8.069/1990 (Estatuto da Criança e do Adolescente — ECA), criança é a pessoa até doze anos de idade incompletos e adolescente é aquela pessoa entre doze e dezoito anos de idade.

Em um primeiro momento, o sentido literal da legislação nos leva a pensar que o consentimento parental previsto na LGPD é exclusivamente para os menores de doze anos, de forma que os demais teriam capacidade para dispor sobre seus dados pessoais.

Com base nessa linha de pensamento, há evidente fragilização do instrumento regulatório, pois os requisitos para tratamento de dados estatuídos nos parágrafos 1º ao 5º, se lidos de modo açodado — desapegado da melhor técnica hermenêutica —, faz leva a pensar que não foram contemplados no diploma legal supra os adolescentes em razão do silêncio legislativo. Acerca desse ponto, o autor Cláudio do Prado Amaral dispõe:

> A leitura do art. 14 pode levar a grave confusão. Isso se deve ao fato de que o caput do referido artigo se refere a crianças e adolescentes, sendo que os seis parágrafos que se seguem referem-se apenas a crianças. Isso poderia gerar a impressão que o procedimento protetivo previsto nos parágrafos não se aplicaria a adolescentes. Uma vez que o caput afirma que o tratamento de dados pessoais de crianças e de adolescentes deverá ser realizado em seu melhor interesse, nos termos deste artigo e da legislação pertinente, e considerando que o artigo é um todo, composto por partes que se dividem em caput, parágrafos, incisos, alíneas e itens, não se podem excluir os adolescentes do procedimento previsto nos parágrafos (AMARAL, 2020, p. 176).

Um dos pontos que faz com que o autor defenda esse posicionamento é justamente a leitura interpretativa do instituto, fazendo menção, inclusive, a sistematização prevista na Lei Complementar nº 95/1998 que prevê em seu artigo 10 diretrizes acerca da articulação e redação das leis.

Ora, de fato, admitir que os menores de dezesseis e maiores de doze anos de idade possuem capacidade de consentimento acerca da disposição dos seus dados na esfera civil vai contra a Teoria das Capacidades decorrentes do Código Civil, o qual prevê no artigo 3° a incapacidade absoluta daqueles que estão nessa faixa etária.

Muito embora haja essa disparidade aparente, cumpre-nos mencionar o Enunciado nº 138 do Conselho da Justiça Federal, aprovado na III Jornada de Direito Civil que expressa que "a vontade dos absolutamente incapazes", na hipótese do inciso I do artigo 3º da Lei n. 10.406/2002 (Código Civil de 2002 — CC/02), "é juridicamente relevante na concretização de situações existenciais a eles concernentes, desde que demonstrem discernimento bastante para tanto".

Em que pese o enunciado ilustrado acima, acredita-se que o fornecimento de dados pessoais em redes digitais não se relaciona diretamente com situações existenciais, razão pela qual, não se vê plausabilidade para flexibilização nos casos de exposição de dados, principalmente, nesse atual momento de mudanças constantes e predominância da tecnologia.

É defensável que, na verdade, o silêncio do legislador em relação aos adolescentes tenha sido um equívoco de espelhamento legislativo. É que a elaboração da LGPD tem reflexos da União Europeia que dispõe em sua Lei Geral de Proteção de Dados, *General Data Protection Regulation (GDPR), Regulation (EU) 2016/679*, que "[...] o consentimento dos pais ou responsáveis até a faixa etária limite de 16 (dezesseis) anos".

Como se sabe, as legislações europeias quando tratam da matéria de infância e adolescência, utilizam o substantivo "child", ou seja, "criança", indiscriminadamente entre esses dois grupos.

É certo que a legislação referente a regulamentação da criança e do adolescente, em muitos casos, demonstra a diferença de tratamento protetivo baseada no estágio de desenvolvimento de cada um. No entanto, é assegurado aos menores de dezoito anos proteção integral como garantia fundamental, mormente quando se trata de assunto sequer dominado socialmente, haja vista que as revoluções tecnológicas serem novidades constantes, intensas e vorazes.

2. Acesso à informação e o risco da proteção ineficiente

Na atualidade, o simples fato de uma pessoa estar conectada à rede mundial de computadores, por si só, é motivo para algumas preocupações. A título de exemplo, com a pandemia da covid 19, evidenciou-se um aumento exponencial do uso da rede mundial de computadores. Essa maior exposição dos usuários cominou, por sua vez, segundo os Indicadores da Central Nacional de Denúncias de Crimes Cibernéticos (Safernet, 2020), no aumento do número de denúncias anônimas relatando crimes cometidos pela internet.

Segundo o levantamento supra, enquanto no ano de 2019 ocorreram 75.428 queixas de ilícitos perpetrados por meio do ciberespaço, de janeiro a dezembro do ano de 2020 foram evidenciadas 156.692 denúncias anônimas relatando a ocorrência desse tipo de delito.

Tal fato, além de demonstrar que o ambiente virtual pode representar riscos para usuário plenamente capaz, traz à baila diversas problemáticas referentes ao público reconhecidamente vulnerável e ainda em fase de desenvolvimento cognitivo, justamente pelo maior risco de violação aos direitos e garantias fundamentais das crianças e dos adolescentes.

Também é sabido e relatado pela comunidade acadêmica o risco de ocorrer o uso e tratamento desmesurado dos dados pelos provedores (araújo, 2021, p. 9) — seja pela utilização deliberadamente escolhida para atender determinado fim (vantagem econômica, direcionamento de notícias fraudulentas ou induzimento das escolhas do internauta) —, seja pelo desconhecimento do potencial lesivo que a escolha realizada pelo provedor pode gerar a terceiros ou pelo risco perene de ocorrer o vazamento de dados.

Por abusividade deliberada compreende-se a situação em que um ou mais agente deliberadamente transgride uma ou mais norma jurídica com o intuito de auferir vantagem por compreender que o custo-benefício de descumprir uma norma jurídica é muito mais vantajoso do que acatá-la, pois, para esse agente, leva-se em conta a morosidade do processual; as possíveis vantagens que se pode chegar por meio de um acordo; e a possibilidade de o lesionado se quer "optar" em litigar (Salama; Carlotti; Yeung, 2019, pp. 7-8) (Souza; Marqueze, 2020, p. 86).

Uma outra preocupação é o risco de se utilizar da tecnologia *big data*[2] para se estabelecer predições em relação a grupos de pessoas. Na atualidade se entende que dados referentes as crianças e adolescentes não podem ser utilizados por meio de *big data*, ou seja, tais dados não podem ser utilizados por espécies de linguagem de programação complexas com aplicação de algoritmos ou fórmulas matemáticas de análise de dados com o intuito de processamento de dados em massa (Da Silva; Mazin; Do Carmo, 2020, p. 93).

Ademais, a facilidade de acesso aos dados pessoais por agentes que podem atualizá-los para indeterminadas finalidades, somando-se à velocidade do acesso, da transmissão e do cruzamento de tais dados, viabiliza-se a possibilidade de se afetar direitos fundamentais da pessoa (Sarlet; Marinoni; Mitidiero, 2017. p. 472), pois o fato de se conhecer seus gostos, tendências ideológicas, entre tantas outras situações, podem contribuir para o controle de informações sobre a sua vida pessoal, privada e social de qualquer citadino inserido ao ciberespaço.

A título de exemplo, no campo do Esporte eletrônico[3], o governo sul-coreano, preocupado com a salvaguarda da exposição do menor à rede mundial de computadores, aprovou uma lei conhecida como *Shutdown Law*, no qual proíbe menores de 16 anos de participarem de jogos online entre o horário de meia noite às seis da manhã (Araújo, 2021, p. 9), pois pesquisas já apontam que a curto prazo alguns jogos trazem malefícios como ansiedade e aumento da agressividade (Baptista, 2019).

Concernente ao tema proteção de vulneráveis, em 2021, a República Portuguesa aprovou Carta Portuguesa de Direitos Humanos na Era Digital por meio do decreto nº 136/XIV. O referido documento lusitano, em seu artigo 3º, 2, h, positiva diretivas para prover o direito de acesso ao ambiente digital visando a adoção de medidas e ações que assegurem uma melhor acessibilidade e uma utilização mais avisada,

[2] Big Data é uma gama de informações digitais "controladas por empresas, autoridades e outras organizações, e que estão sujeitas a extensas análises baseadas no uso de algoritmos. Não é uma tecnologia em si, mas sim uma abordagem de trabalho para obter valor e benefícios como resultado do tratamento dos grandes volumes de dados" (González, 2016, p. 17).

[3] eSport é uma área de atividades esportivas em que as pessoas desenvolvem e treinam habilidades mentais ou físicas no uso das tecnologias de informação e comunicação (Wagner, 2006, 438).

que contrarie os comportamentos aditivos e proteja os consumidores digitalmente vulneráveis.

Portanto, no tocante a proteção da criança e do adolescente no âmbito digital, não basta haver um mero consentimento resumido em um simples "*I agree*" ou "eu aceito", pois, como sabido, se deve atentar-se para os mecanismos de abusividade deliberada dos agentes que condicionam o acesso de um determinado produto ou serviço a um modelo de aceite irracional ou coativo, pois, em caso de o usuário discordar dos termos de adesão, só lhes caberá optar por não utilizar o produto ou serviço ofertado.

A prática supra, revela-se abusiva e, por conseguinte, ofende os postulados da boa-fé contratual, bem como contraria o disposto no artigo 6º, inciso IV combinado com o artigo 39, ambos do Código de Defesa do Consumidor — Lei nº 8.078, de 11 de setembro de 1990.

Conforme se extrai do artigo 6º, I da LGPD, a finalidade do tratamento deve ter propósitos legítimos, específicos, explícitos e informados ao titular, sendo vedado, por conseguinte, a burla ao sistema protetivo por meio de tratamento posterior de forma incompatível com essas finalidades.

Em caso de não ocorrer o estipulado supra, vislumbra-se a hipótese de violação à garantia do acesso à informação clara e adequada sobre os produtos e serviços, especialmente por envolver, na forma do artigo 5º, X da CRFB/88, os direitos fundamentais à intimidade, à privacidade, à imagem e à honra.

Ademais, havendo relação de consumo, o artigo 6º, III e IV do Código de Defesa do Consumidor, veda a publicidade enganosa e abusiva, pois demonstram-se como práticas comerciais coercitivas ou desleais. Portanto, em observância aos artigos 4º, "caput" e 6º, III e IV, ambos do Código de Defesa do Consumidor, os dados não podem ser coletados e analisados sem seu consentimento do titular do direito e, com maior razão, sem o seu conhecimento.

No mesmo sentido, o artigo 17 do ECA assegura à criança e ao adolescente "inviolabilidade da integridade física, psíquica e moral da criança e do adolescente, abrangendo a preservação da imagem, da identidade, da autonomia, dos valores, ideias e crenças, dos espaços e objetos pessoais".

O artigo 37, §2ª do Código de Defesa do Consumidor dispõe que é considerado prática abusiva, "dentre outras a publicidade discriminatória de qualquer natureza, a que se aproveite da deficiência de julgamento e experiência da criança" ou a "que seja capaz de induzir o consumidor a se comportar de forma prejudicial ou perigosa à sua saúde ou segurança".

Assim, os mecanismos de captura compulsória de coleta de dados revelam-se demasiadamente gravoso e manifestamente ilegal.

Por sua vez, o artigo 31 do Código de Defesa do Consumidor estabelece que "A oferta e apresentação de produtos ou serviços devem assegurar informações corretas, claras, precisas, ostensivas e em língua portuguesa", coibindo, por conseguinte, publicidade sorrateira.

Nesse ponto, para conter a abusividade deliberada — friamente calculada, conforme mencionado inicialmente —, no tocante a proteção da criança e do adolescente, o sistema de garantias, composto pelo Juiz, Ministério Público, Conselho de Direitos, Conselho Tutelar, Administração Pública — através de seus órgãos (segurança pública, saúde etc.) —, Defensoria Pública, Advocacia e entidades privadas, na forma do artigo 70 do ECA, devem prevenir a ocorrência de ameaça ou violação dos direitos da criança e do adolescente.

Nessa linha, com base na ideia da "prevenção", estampada no artigo 5º, XXXV, CRFB/88, potencializa-se o sistema de garantia, pois, conforme expressa o referido dispositivo constitucional, reconhecidamente cláusula pétrea, a lei não pode excluir da apreciação do Poder Judiciário lesão ou ameaça a direito.

Ratificado a diretiva constitucional, o sistema de garantias, por meio do dever da prevenção, volta a ser salvaguardado no artigo 70, "caput", do ECA, ao afirmar que "é dever de todos prevenir a ocorrência de ameaça ou violação dos direitos da criança e do adolescente".

Assim, visando atender a condição peculiar de pessoa em desenvolvimento, o artigo 71 do ECA ratifica que a criança e o adolescente têm direito à informação, cultura, lazer, esportes, diversões, espetáculos e produtos e serviços que respeitem sua condição peculiar de pessoa em desenvolvimento.

Nesse sentido, independentemente de censura e licença, o artigo 5º, inciso IX, e artigo 220, caput e § 2º, ambos da CRFB/88, afirmam que é livre a expressão da atividade intelectual, artística, científica e de comunicação. Ademais, de acordo com o artigo 21, inciso XVI, e artigo 220, § 3º, da CRFB/88, compete à União exercer a classificação, para efeito indicativo, de diversões e espetáculos públicos e de programas de rádio e televisão.

Regulamentando a questão, o artigo 2º da Portaria nº 368, de 11 de fevereiro de 2014 do Conselho Nacional de Justiça regula as regras relativas ao processo de classificação indicativa.

É cediço que a Internet está ao alcance de muitas pessoas e é intensamente utilizada, em especial das crianças e por adolescente que, por sua vez, são presumidamente vulneráveis e que estão expostas a concordarem com os termos de uso de maneira não racional.

Conhecedor dessa vulnerabilidade, o artigo 98 do ECA é claro ao narrar medidas de proteção à criança e ao adolescente. Elas, por sua vez, são aplicáveis sempre que os direitos reconhecidos pelo estatuto forem ameaçados ou violados, seja pela ação ou omissão da sociedade; do Estado; por falta, omissão ou abuso dos pais ou responsável ou em razão da conduta do próprio vulnerável.

Nessa linha, ganha relevância o papel do processo coletivo brasileiro, pois, por meio do artigo 1º da Lei nº 7.347, de 24 de julho de 1985 (Lei da Ação Civil Pública) se faz possível resguardar os direitos e garantias fundamentais desse grupo especial.

Assim, os legitimados previstos no artigo 5º da lei supra — Ministério Público (I), Defensoria Pública (II), associação com finalidades institucionais que visem a proteção desses direitos (V), entre outros (III e IV) —, podem representar o interesse de grupos vulneráveis pleiteando a defesa e a efetivação de seus direitos em juízo.

No campo dos direitos coletivos, o dano moral indenizável, encontra suporte legal no artigo 6º, VI e VII, do Código de Defesa do Consumidor, bem como no artigo 1º de Lei de Ação Civil Pública. Além do mais, quanto à proteção especial conferida à criança e adolescente que é prioridade absoluta do Estado, conforme disposto no artigo 227 da Constituição Federal e artigo 14 do ECA é medida de rigor o divido tratamento dos dados pessoais das crianças e dos adolescentes, respeitando-se o melhor interesse do menor, conforme as premissas do referido Estatuto e demais legislações concernentes ao tema.

Destarte, infere-se que ordenamento jurídico alargou as possibilidades de efetivação dos direitos e garantia fundamentais, tanto pela via constitucional como ordinário, pois sistematizou e disciplinou os meios processuais para a tutela judicial e extrajudicial dos interesses transindividuais (difuso, coletivo stricto sensu e individuais homogêneos) (Benjamin; Marques; Bessa, 2013. p. 473).

Assim, aspirando a efetivação dos direitos e garantia fundamentais e objetivando valorar o ser homem como um fim em si mesmo, mitigando, por conseguinte, o processo de coisificação do ser humano, ampliou-se os mecanismos de defesa da tutela difusa e coletiva em matéria: ambiental (lesão à qualidade de vida e saúde da coletividade); consumerista (lesões aos direitos dos consumidores); ordem e urbanismo (danos ao patrimônio histórico e artístico) (Mello, 2014 p. 1); bem como a qualquer outro interesse difuso ou coletivo.

À vista disso, no que pese o conceito de dano moral individual ser diferente do conceito dano moral coletivo, a reparação moral coletiva, mesmo após resistência jurisprudencial, tornou admissível como forma de reparação dos danos sofridos pela coletividade (Mello, 2014, p. 8)

Importante ressaltar que os danos individuais homogêneos, por serem provenientes de um único fato gerador de diversas pretensões indenizatórias (Mello, 2014, p. 3) não se confunde com danos coletivos, sendo completamente possível a coexistência das duas espécies de danos.

Quando se fala em dano moral coletivo, está se fazendo menção ao fato de que o patrimônio valorativo de uma certa comunidade (maior ou menor), idealmente considerado, foi agredido de maneira absolutamente injustificável do ponto de vista jurídico" (Bittar Filho, 1994, p. 55).

Portanto, por dano moral coletivo se compreende a violação antijurídica de um determinado círculo de valores coletivos (Bittar Filho, 1994, p. 55).

Tal violação legitima a indenização com caráter de pena que deve ser aplicada quando o comprovado ilícito foi praticado de forma deliberada, ou, ao menos, com dolo eventual, fato que caracteriza o desprezo ou indiferença pelo direito alheio (Andrade, 2009, p. 265).

Portanto, visando promover a repressão aos mecanismos de abusividade deliberada, "o dano extrapatrimonial coletivo prescinde da comprovação de dor, de sofrimento e de abalo psicológico, suscetíveis de apreciação na esfera do indivíduo, mas inaplicável aos interesses difusos e coletivos" (Bittar Filho, 1994, p. 55).

Porém, segundo o Superior Tribunal de Justiça, no Recurso Especial (REsp) nº 1.221.756/RJ[4], não é qualquer atentado aos interesses dos consumidores que pode acarretar dano moral difuso.

Segundo o entendimento do julgado supra é preciso que o fato violador seja de razoável significância e destoe os limites da aceitabilidade social. De outro modo, "ele deve ser grave o suficiente para produzir verdadeiros sofrimentos, intranquilidade social e alterações relevantes na ordem extrapatrimonial coletiva".

Porém, segundo o Superior Tribunal de Justiça, no Agravo Regimental no Recurso Especial (AgRg no REsp) nº 1283434/GO[5], restando demonstrado a razoável potencialidade lesiva do ilícito, desde que ultrapasse os limites da tolerabilidade, entende-se prescindível a demonstração do dano efetivo.

De modo similar, a Súmula 403 do Superior Tribunal de Justiça afirma que "Independe de prova do prejuízo a indenização pela publicação não autorizada de imagem de pessoa com fins econômicos ou comerciais"[6].

Em consonância com a possibilidade da admissibilidade do dano moral coletivo, o artigo 20 do Código Civil de 2002, enuncia que:

> Salvo se autorizadas, ou se necessárias à administração da justiça ou à manutenção da ordem pública, a divulgação de escritos, a transmissão da palavra, ou a publicação, a exposição ou a utilização da imagem de uma pessoa poderão ser proibidas, a seu requerimento e sem prejuízo da indenização que couber, se lhe atingirem a honra, a boa fama ou a respeitabilidade, ou se se destinarem a fins comerciais.

Tal meio de proteção da tutela coletiva, com maior razão, deve servir para coibir e reparar danos a intimidade, imagem ou outras garantias

[4] BRASIL. Superior Tribunal de Justiça. **REsp 1.221.756/RJ**. 2012. Disponível em: https://scon.stj.jus.br/SCON/GetInteiroTeorDoAcordao?num_registro=201001970766&dt_publicacao=10/02/2012. Acesso em: 22 jun. 2021.

[5] BRASIL. Superior Tribunal de Justiça. **AgRg no REsp 1283434/GO**. 2016. Disponível em: https://scon.stj.jus.br/SCON/GetInteiroTeorDoAcordao?num_registro=201100993965&dt_publicacao=15/04/2016. Acesso em: 22 jun. 2021.

6 BRASIL. Superior Tribunal de Justiça. **Súmula 403**, SEGUNDA SEÇÃO, julgado em 28/10/2009, DJe 24/11/2009. Disponível em: https://scon.stj.jus.br/SCON/GetInteiroTeorDoAcordao?num_registro=201100993965&dt_publicacao=15/04/2016. Acesso em: 22 jun. 2021.

reservadas as crianças e aos adolescentes, já que tais garantias, nos termos do artigo 17 do ECA e demais deposições constitucionais, supralegal e infralegal concernente ao tema, gozam de maior e notória proteção.

Importante ressaltar que a fixação do valor indenizatório do dano moral coletivo carece de regulação legal, pois, ausente critérios legais específicos, coube a jurisprudência delinear parâmetros mínimos que se baseiam na razoável significância do fato transgressor e na repulsa social que desborde os limites da tolerabilidade. Em síntese, a dosimetria da punição na atualidade tem por base os limites subjetivos estabelecidos no AgRg no REsp 1283434/GO.

Nessa linha, além do papel importante desempenhado pela figura do *amicus curiae*, associações, Ministério público e a defensoria pública, está última por meio do artigo 4°, XI da Lei Complementar nº 80, de 12 de janeiro de 1994, com redação dada pela Lei Complementar nº 132, de 2009, possem o papel de exercer a defesa dos interesses individuais e coletivos da criança e do adolescente e de outros grupos sociais vulneráveis que mereçam proteção especial.

Com efeito, mesmo sabendo que a própria ideia de multiparentalidade, por se amoldar a nova conformação social, formula a possibilidade de a criança circular de maneira ainda mais descentralizada que, por sua vez, contribui para a alternância informacional que esta pode receber em seus domicílios, em tese, os órgãos de defesa coletiva podem pleitear a defesa da criança e do adolescente mesmo contra a aceitação deste ou de seus representantes legais.

Ratificando as medidas de proteção, o ECA, no artigo 100, prevê que: são resguardados a proteção integral e prioritária da criança e do adolescente (artigo 100, II); a responsabilidade primária e solidária do poder público na efetivação dos direitos assegurados a crianças e a adolescentes pelo ECA e pela CRFB/88 (artigo 100, III); o respeito à intimidade, proteção e direito à imagem e reserva da sua vida privada (artigo 100, IV); a responsabilidade parental; e o respeitado a seu estágio de desenvolvimento e capacidade de compreensão (artigo 100, XI).

3. O sistema de garantias e o regime da proteção integral frente a proteção da criança e do adolescente na Ciberdemocracia

Conforme abordado no decorrer do trabalho, a proteção especial da criança e do adolescente como sujeitos de direito tem reconhecimento constitucional com projeção nas suas vulnerabilidades carecedora de proteção específica. Na mesma toada, a Lei Geral de Proteção de Dados trouxe regras direcionadas para esse grupo de pessoas, pois "Os dados relacionados a menores de idade estão classificados em uma categoria de dados especiais" (Pinheiro, 2019, p. 74).

Logo, a proteção integral que perpassa pelas crianças e adolescentes são decorrentes do princípio da proteção integral, se moldando ao complexo protetivo existente, tanto no plano externo como no interno. Assim, imperioso a observância ao tratamento de dados, visando o melhor interesse da criança e do adolescente, promovendo a potencialização dos direitos fundamentais a eles inerentes, já que mesmo com a instituição do princípio da proteção integral da criança e do adolescente, no plano fático, encontra-se dificuldades em diversos setores. Acerca do tema:

> Como se vê, a proteção integral, que já enfrenta dificuldades em sua efetividade na satisfação de direitos básicos, no cotidiano, se depara com desafio ainda maior na sociedade informacional. O problema ganha maior complexidade porque muitos atores encarregados de promover a proteção integral, como pais e responsáveis, não percebem os riscos a que estão expostos os infantes e adolescentes. Estes, por sua vez, ainda que saibam da exposição que realizam, por vezes ficam tão seduzidos pelas vantagens decorrentes do uso das tecnologias que não se atém diante dos riscos. E conforme explicitado por Silva, ainda que as tecnologias revelem oportunidades e riscos, as primeiras parecem exercer maior fascínio sobre os internautas. (Hermes; Sutel; Silva, 2019, pp. 8-9).

Nesse sentido, deve ser analisado que, em razão da condição de vulnerabilidade natural de crianças e adolescentes, a sua cognição e compreensão acerca do uso e consequências decorrentes da exposição dos seus dados pessoais é mitigada. É que o nível de desenvolvimento intelectual desse grupo não lhes possibilita uma percepção cristalina das implicações que poderão advir da ausência de tratamento adequado dos seus dados pessoais quando veiculados em redes sociais, jogos dentre outras interações online.

É cediço que diversos dispositivos eletrônicos têm trazido armadilhas para captura de dados, pois agem de maneira discreta, sutil e sem avisos prévios. Esse tipo de comportamento invasivo do "mercado" virtual ocorre, especialmente, porque os provedores de rede e autoridades não observam a dimensão da invasão que os operadores cibernéticos promovem por meio da operabilidade de linguagens e programações de uso de algoritmos complexos.

Chega-se ao ponto crucial do que se pretende regulamentar com a instituição da LGPD, no que tange às crianças e adolescentes, quando em seu paradigmático artigo 14 dispõe: "O tratamento de dados pessoais de crianças e de adolescentes deverá ser realizado em seu melhor interesse, nos termos deste artigo e da legislação pertinente". É fato que ao aceitar termos e políticas de uso e privacidade dos dados pessoais as crianças e adolescentes não entendem plenamente ao que se refere àquele consentimento que está sendo dado, o que ocorre pela nova sociedade que almeja tudo "aqui e agora", e, em parte pela linguagem sofisticada utilizada nesses termos. Ao conceder a concordância "solicitada" passam a ter coletados os seus dados e informações, permitindo aos operadores que as armazenam realizarem a manipulação e pareamento dos dados, com fito de direcionar aquilo que é buscado pelo usuário, daí a imprescindibilidade da extensão da necessidade de consentimento do responsável legal para o adolescente, bem como, a vigilância rígida em relação ao consentimento dos responsáveis em relação às crianças. Nesse sentido:

> [...] pois na condição de nativos digitais cresceram sob influências das tecnologias da informação e comunicação, em especial da Internet e, por conseguinte, bastante expostos a toda a sorte de anúncios publicitários, que lhes chega tanto por e-mail, quanto se encontra presente nos sites que frequentam. A maciça exposição, muitas vezes desacompanhada de qualquer orientação ou controle, acaba por interferir na formação de vontades desses seres em desenvolvimento, criando-lhes necessidades de consumo novas, que os tornam reféns do mercado. Outro problema relacionado ao tema, conforme já visto, é o fato de as informações serem recolhidas, tratadas (montagem do perfil do usuário) e muitas vezes negociadas entre as empresas sem que o titular dos dados possa sequer ter conhecimento dos elementos recolhidos para a montagem do seu perfil, o que lhe subtrai a oportunidade de promover as alterações necessárias. (Silva, 2009, p. 105).

Assim, é necessário enfrentar adequadamente a massiva vigilância em rede que permeia a sociedade contemporânea e, consequentemente, a democracia, violando direitos fundamentais desse grupo reconhecidamente vulnerável. Nessa esteira, sem exceção, é necessário que se prevaleça a proteção no tratamento de dados das crianças e adolescentes em detrimento ao "mercado digital", exigindo-se sempre que houver armazenamento e/ou coleta de dados a comprovação de que foram precedidos de consentimento dos responsáveis. Relativizar essa forma de resguardo e proteção estabelecida pela nova legislação, seria equivalente a expor à risco os direitos fundamentais das crianças e adolescentes.

Conclusões

Hodiernamente, a tecnologia encanta com a sua capacidade de facilitar a vida do homem em sociedade, mas, por outro lado, espanta com o potencial tendente a supressão de direitos e garantias fundamentais.

Mas, claro, o problema não consiste no uso da tecnologia em si, e, sim, o que os humanos decidem fazer com ela, pois a mesma tecnologia que pode auxiliar os humanos a salvar vidas, também, em uso pernicioso, com um simples programa de computador, pode servir para segregar pessoas ou grupos vulneráveis e, por conseguinte, pode culminar na perpetuação ou aumento da desigualdade social já existente.

Concernente à proteção da criança e do adolescente, a Constituição da República Federativa do Brasil 1988, por meio da adoção do regime da proteção integral, promoveu um importante avanço visando promover a sua proteção, pois, embasou-se na ideia de dignidade humana, igualdade material, proteção eficiente e efetividade dos direitos da infância e da juventude para tratar materialmente um grupo que ganhara o status de vulnerável ou hipervulnerável por se encontrar em situação de desenvolvimento.

Destarte, aspirando coibir abusos deliberados dos agentes econômicos e até mesmo abusos do poder familiar, Estatal ou do próprio infante contra si próprio a legislação pátria já oferece embasamento legal e doutrinário para se defender de forma mais efetiva esse grupo de vulneráveis.

O processo coletivo brasileiro, por meio do artigo 1º da Lei nº 7.347, de 24 de julho de 1985 (Lei da Ação Civil Pública) possui o potencial de resguardar os direitos e garantias fundamentais desse grupo especial por meio de seus legitimados.

A legislação pátria poderia até mesmo fomentar a formação de ação civil pública voltada para o campo virtual justamente para melhor atentar-se as necessidades desse campo, pois, conforme abordado, a característica da imediadade no campo do ciberespaço e a facilidade de acesso aos dados pessoais por agentes que podem atualizá-los para fins indeterminados conjuntamente com a capacidade de transmissão e do cruzamento de tais dados exige respostas rápidas e efetivas, coisa que o atual modelo de processo ainda deixa a desejar.

Nesse sentido, deve ser ponderada a condição de vulnerabilidade natural das crianças e adolescentes, pois, como visto, estes ainda se encontram em fase de formação cognitiva.

Por outro lado, o aprimoramento das tecnologias pode trazer para vida em sociedade infindáveis benefícios — desde resolução de demandas mais simples até a gestão mais eficiente de recursos públicos para atender grupos vulneráveis.

É de rigor que se garanta a sociedade e as autoridades responsáveis o constante acesso aos rumos desse ou daquele modelo tecnológico. Dessa maneira, os programadores e os demais membros da sociedade poderão participar do processo de construção dessas ferramentas e, por conseguinte, poderão contribuí para maximização dos riscos de tomadas de decisões equivocas por parte de seus responsáveis.

Por todo o exposto, não se pode classificar a tecnologia como algo bom ou algo ruim, pois está, por si só, conforme o referencial kantiano, não carrega consigo a e ideia de fim em si mesma. Portanto, ela é apenas uma ferramenta que pode ser empregada para x ou para y finalidade. Assim, pelo menos no estado atual da técnica, é o ser humanos o responsável por dar a ela a finalidade que ele deseja.

Referências

AMARAL, Cláudio do Prado. Proteção de Dados Pessoais de Crianças e de Adolescentes. (coord.) LIMA, Cíntia Rosa Pereira de. **Comentários à Lei Geral de Proteção de Dados**. São Paulo: Almedina, 2020.

ANDRADE, André Gustavo. **Dano moral e indenização punitiva**. 2. ed. Rio de Janeiro: Lumen Juris, 2009.

ARAÚJO, Bruna de Sá. Desafios jurídicos e regulatórios do e-sport no brasil. **Revista eletrônica do Tribunal Regional do Trabalho da 9ª Região**. V. 10, n. 98. 2021.

BAPTISTA, Rodrigo. **E-sports: projeto de regulamentação encontra resistência do setor Fonte: Agência Senado**. 2019. Disponível em: https://www12.senado.

leg.br/noticias/materias/2019/11/07/e-sports-projeto-de-regulamentacao-encontra-resistencia-do-setor. Acesso em: 14 jun. 2021.

Benjamin, Antonio Herman V.; Marques, Claudia Lima; Bessa, Leonardo Roscoe. **Manual de direito do consumidor**. 5. ed. São Paulo: Ed. RT, 2013.

Bittar Filho, Carlos Alberto. Do dano moral coletivo no atual contexto jurídico brasileiro. **Revista de Direito do Consumidor**, vol. 12, 1994.

BRASIL. Conselho da Justiça Federal. **Enunciado 138**. 2016. Disponível em: https://www.cjf.jus.br/enunciados/enunciado/215. Acesso em 02 mai. 2021.

BRASIL. **Constituição da República Federativa do Brasil de 1988.** 1988. Disponível em: http://www.planalto.gov.br/ccivil_03/constituicao/constituicaocompilado.htm. Acesso em: 05 mai. 2021.

BRASIL. **Decreto nº 99.710, de 21 de novembro de 1990**. 1990. Disponível em: http://www.planalto.gov.br/ccivil_03/decreto/1990-1994/d99710.htm. Acesso em: 03 mai. 2021.

BRASIL. **Lei Complementar nº 80, de 12 de janeiro de 1994.** 1994. Disponível em: http://www.planalto.gov.br/ccivil_03/leis/lcp/lcp80.htm. Acesso em: 21 mai. 2021.

BRASIL. **Lei Complementar nº 95, de 26 de fevereiro de 1998.** 1998. Disponível em: http://www.planalto.gov.br/ccivil_03/leis/lcp/lcp95.htm. Acesso em: 21 mai. 2021.

BRASIL. **Lei nº 10.406, de 10 de janeiro de 2002**. 2002. Disponível em: http://www.planalto.gov.br/ccivil_03/leis/2002/l10406compilada.htm. Acesso em: 03 mai. 2021.

BRASIL. **Lei nº 13.709, de 14 de agosto de 2018**. 2018. Disponível em: http://www.planalto.gov.br/ccivil_03/_ato2015- 2018/2018/lei/L13709.htm. Acesso em: 08 mai. 2021.

BRASIL. **Lei nº 8.069, de 13 de julho de 1990**. 1990. Disponível em: http://www.planalto.gov.br/ccivil_03/leis/l8069.htm. Acesso em: 11 mai. 2021.

BRASIL. **Lei nº 8.078, de 11 de setembro de 1990**. 1990. Disponível em: http://www.planalto.gov.br/ccivil_03/leis/l8078compilado.htm. Acesso em: 11 mai. 2021.

BRASIL. Superior Tribunal de Justiça. **AgRg no REsp 1283434/GO**. 2016. Disponível em: https://scon.stj.jus.br/SCON/GetInteiroTeorDoAcordao?num_registro=201100993965&dt_publicacao=15/04/2016. Acesso em: 22 jun. 2021.

BRASIL. Superior Tribunal de Justiça. **REsp 1.221.756/RJ. 2012**. Disponível em: https://scon.stj.jus.br/SCON/GetInteiroTeorDoAcordao?num_registro=201001970766&dt_publicacao=10/02/2012. Acesso em: 22 jun. 2021.

Da Silva, Laura Regina Echeverria da; Mazin, Marcelo; Do Carmo, Valter Moura. O tratamento de dados das crianças e adolescentes conforme a lei nº 13.709/2018 e a problemática dos brinquedos conectados. **Revista de Direito, Governança e Novas Tecnologias**, v. 6, n. 1, p. 80-100, 2020.

GONZÁLEZ, Elena Gil. **Big data, privacidad y protección de datos**. Madrid: Agencia Estatal Boletín Oficial del Estado, 2016.

GUERRA, Paulo; BOLEIRO, Helena. **A Criança e a família: uma questão de direito(s)**. Coimbra: Editora Coimbra, 2014.

HERMES. Pedro Henrique; SUTEL. Roberta de Oliveira; e SILVA. Rosane Leal da. **A vigilância dos dados pessoais de crianças e adolescentes frente à lei geral de proteção de dados pessoais e a doutrina da proteção integral**. 2019. Disponível em: https://www.ufsm.br/app/uploads/sites/563/2019/09/11.5.pdf. Acesso em: 12 jun. 2021.

HIGÍDIO, José. **Metrô paulistano viaQuatro deve indenizar por implantar sistema de detecção facial nas estações**. 2021. Disponível em: https://www.conjur.com.br/2021-mai-10/viaquatro-indenizar-implantar-sistema-deteccao-facial. Acesso em: 21 mai. 2021.

KANT, Immanuel. **A metafísica dos costumes**. Tradução: Edson Bini. 1. ed. São Paulo: Edipro, 2008.

LEAL, Livia Teixeira. Internet of toys: os brinquedos conectados à internet e o direito da criança e do adolescente. **Revista Brasileira de Direito Civil — RBDCivil**, Belo Horizonte, vol. 12, 2017.

MELLO, Fernando de Paula Batista. O dano não patrimonial transindividual. **Revista de Direito do Consumidor**, São Paulo, v. 23, n. 96, 2014.

PINHEIRO, Patricia Peck. **Proteção de dados pessoais: comentários à Lei n. 13.709/2018 (LGPD)**. São Paulo: Saraiva, 2019.

REPÚBLICA PORTUGUESA. **Carta Portuguesa de Direitos Humanos na Era Digital**. 2021. Disponível em: https://app.parlamento.pt/webutils/docs/doc.pdf?path=6148523063446f764c324679626d56304c334e706447567a4c31684a566b786c5a79394562324e3162575677447397a51574e3061585a705a47466b5a564268636d786862575675644746794c7a46685a6a597a5a5759324c546b7759574d744e4441325a4331695954677774c5467314f574d314d7a41304f546869596935b62324e34&fich=1af63ef6-90ac-406d-ba80-859c530498bb.docx&Inline=true. Acesso em: 05 mai. 2021.

SAFERNET. **Indicadores da Central Nacional de Denúncias de Crimes Cibernéticos**. 2020. Disponível em: https://indicadores.safernet.org.br/. Acesso em: 04 jun. 2021.

SALAMA, Bruno; CARLOTTI, Danilo; YEUNG, Luciana. **Quando litigar vale mais a pena do que fazer acordo: os grandes litigantes na Justiça Trabalhista**. 2019. Disponível: https://direitosp.fgv.br/sites/direitosp.fgv.br/files/arquivos/relatorio_2_-_litigancia_jt_final_-_fgv.pdf. Acesso em: 02 jul 2020.

SARLET, Ingo Wolfgang; MARINONI, Luiz Guilherme; MITIDIERO, Daniel. **Curso de Direito Constitucional**. 6. Ed. São Paulo: Saraiva, 2017.

SILVA, Rosane Leal da. **A proteção integral dos adolescentes internautas: limites e possibilidades em face dos riscos no ciberespaço**. Tese (Doutorado em Direito) — Programa de Pós-Graduação em Direito pela Universidade Federal de Santa Catarina, Florianópolis, 2009.

SOUZA, Devanildo de Amorim; MARQUEZE, Felipe Lauriano Rocha. A morosidade na prestação jurisdicional como mecanismo de frustração dos direitos humanos movido pela inefetividade da entrega da tutela jurisdicional. In: Ricardo Libel Waldman; Irineu Francisco Barreto Junior. (Org.). **Direitos humanos, ética e democracia na sociedade da informação**. 1. ed. São Paulo: Irineu Francisco Barreto Junior, 2020.

WAGNER, Michel G. **On the scientific relevance of eSport**. International Conference on Internet Computing and Conference on Computer Game Development, CSREA Press, Las Vegas, Nevada, 2006.

5.
OS DADOS DE CRIANÇAS E ADOLESCENTES NA INTERNET: UMA ANÁLISE DO DISPOSITIVO DA LEI GERAL DE PROTEÇÃO DE DADOS

Adrielly Letícia Silva Oliveira
Alessandra Pangoni Balbino Santos

Introdução

A criança e o adolescente são sujeitos de direitos. Deste modo, são detentoras de direitos e não somente de deveres, sendo que estes buscam adaptar-se ao seu estágio mental, uma vez que crianças e adolescentes não possuem construído totalmente sua capacidade cognitiva.

O Estatuto da Criança e do Adolescente foi criado com base na doutrina da proteção integral. Segundo Karina Sposato, a doutrina de proteção integral de crianças e adolescentes possui seis aspectos:

> O reconhecimento de crianças e adolescentes como sujeitos de direitos em condição peculiar de desenvolvimento;
> A institucionalização da participação comunitária por intermédio dos Conselhos de Direitos, com participação paritária e deliberativa para traçar as diretrizes das políticas de atenção direta à infância e juventude;
> A hierarquização da função judicial, com a transferência de competência aos Conselhos Tutelares para agir diante da ameaça ou violação de

> direitos da criança no âmbito municipal; a municipalização da política de atendimento;
> A eliminação de internações não vinculadas ao cometimento (devidamente comprovado) de delitos ou contravenções;
> A incorporação explícita de princípios constitucionais em casos de infração penal, prevendo-se a presença obrigatória de advogado e do Ministério Público na função de controle e contrapeso[1].

O Estatuto da Criança e do Adolescente é uma legislação específica que buscar reger, como um todo, os direitos infantis. Ainda, preocupa-se tal Lei com possíveis violação aos direitos de imagem, identidade etc., conforme versa em seu Artigo 17:

> Art. 17. O direito ao respeito consiste na inviolabilidade da integridade física, psíquica e moral da criança e do adolescente, abrangendo a preservação da imagem, da identidade, da autonomia, dos valores, ideias e crenças, dos espaços e objetos pessoais[2].

Para além do Estatuto da Criança e do Adolescente, temos outros regramentos específicos que tratam acerca do direito da criança e do adolescente, sendo que o objeto de tratativa deste presente artigo será o tratamento de dados de crianças e adolescentes perante a Lei Geral de Proteção de Dados.

Os dados pessoais sensíveis são taxativamente trazidos pela lei, que também prevê o consentimento do titular para que a empresa possa tratar esses dados, com algumas exceções também expressas no texto legal.

Conforme visto, existe uma preocupação especial do legislador em tutelar a criança e do adolescente, assim a Lei geral de proteção de dados não poderia deixar de fora uma previsão especial para esse grupo de usuários.

O Artigo 14º da lei contém os parágrafos com as previsões legislativas acerca do tratamento de dados pessoais de crianças e adolescentes.

[1] Sposato, Karyna Batista. O direito penal juvenil. São Paulo: Editora Revista dos Tribunais, 2006.

[2] BRASIL. Lei 8068/1990. Estatuto da Criança e do Adolescente. Disponível em: http://www.planalto.gov.br/ccivil_03/Leis/L8069.htm. Acesso em: 22.07.2021.

A criança deve ser tratada com base em seu melhor interesse e, portanto, com respeito às leis específicas que tratam dos seus desenvolvimentos cognitivos mentais.

Segundo dados da pesquisa TIC KIDS 89% da população de 9 a 17 anos é usuária de Internet no Brasil, o que corresponde a 24,3 milhões de indivíduos conectados, e a pesquisa trouxe informações relevantes acerca do crescimento de usuários nesta faixa etária:

> Segundo os resultados da TIC Kids Online Brasil, a frequência de uso da Internet por crianças e adolescentes de 9 a 17 anos é crescente no país. A proporção daqueles que utilizaram a rede todos os dias ou quase todos os dias passou de 47%, em 2021, para 88%, em 2018. Também foi observado um aumento nos últimos anos na proporção daqueles que utilizaram a Internet mais de uma vez por dia, a qual passou de 68%, em 2015, para 75%, em 2018 que necessita de uma atenção do legislador acerca desse tipo de usuário.[3]

Assim sendo, é de suma importância a existência de regramentos específicos que versem sobre crianças e adolescentes, principalmente no que tange a internet, vez que são esses indivíduos que mais utilizam a internet e que mais estão expostos a perigos na internet.

A metodologia deste artigo elege a linha jurídico-dogmática, que entende o direito como autossuficiente e trabalha com os elementos da área jurídica.

Ainda, utiliza-se da linha Jurídico Sociológica, como forma de compreender o fenômeno jurídico dentro do contexto social. Assim, preocupa-se com relações do direito dentro de um contexto social, uma vez que crianças e adolescentes são sujeitos de direitos e, dado a não completude de seus estágios cognitivos mentais, mais expostos a todos os tipos de perigos.

1. Evolução histórica do Direito da Criança e do Adolescente

O direito da criança e do adolescente passou por diversas mudanças ao longo dos anos. A doutrina da proteção integral, da forma como é apli-

[3] TIC KIDS. Pesquisa sobre o uso da Internet por crianças e adolescentes no Brasil. Novembro de 2019. Disponível em: <https://cetic.br/publicacao/pesquisa-sobre-o-uso-da-internet-por-criancas-e-adolescentes-no-brasil-tic-kids-online-brasil-2018/> Acesso: 24.07.2021.

cada nos dias de hoje, era totalmente impensável de existir no direito há alguns anos.

Antigamente, entre os séculos 16 ao 19, as crianças eram tratadas como seres insignificantes. Deste modo, não eram vistas como sujeito de direito, uma vez que sua existência era totalmente insignificante.

Segundo, as crianças e adolescentes eram vistas apenas como coisas. Foi o lecionado:

> Até o final do século XIX [...], a criança foi vista como um instrumento de poder e de domínio exclusivo da Igreja. Somente no início do século XX, a medicina, a psiquiatria, o direito e a pedagogia contribuem para a formação de uma nova mentalidade de atendimento à criança, abrindo espaços para uma concepção de reeducação, baseada não somente nas concepções religiosas, mas também científicas[4].

Quando falamos do Brasil Colônia, os direitos de crianças e adolescentes sequer existiam ou eram considerados como algo importante. Isso porque muitas crianças vieram ao Brasil como órfãos do rei, e, portanto, eram consideradas como um nada. É o lecionado:

> As primeiras crianças chegadas ao Brasil (mesmo antes de seu descobrimento oficial) vieram na condição de órfãs do Rei, como grumetes ou pajens, com a incumbência de casar-se com os súditos da Coroa. Nas embarcações, além de "obrigadas a aceitar abusos sexuais de marujos rudes e violentos", eram deixadas de lado em caso de naufrágio[5].

Já no século 20, as crianças e adolescentes deixaram de ser considerados seres insignificantes e passaram a ser objeto de controle jurídico paterno e estatal. Os direitos legais da criança e do adolescente eram direitos reflexos ao do pai, e, portanto, não havia interesse em criar uma certa autonomia para esses seres.

[4] DAY et. Al., 2003 apud BARROS, Nivia Valença. Violência intrafamiliar contra criança e adolescente. Trajetória histórica, políticas sociais, práticas e proteção social. Rio de Janeiro, 2005. 248f. Tese de Doutorado — Departamento de Psicologia, Pontifícia Universidade Católica do Rio de Janeiro apud JUNIOR, João Paulo Roberti. Evolução Jurídica do Direito da Criança e do Adolescente no Brasil. Disponível em: https://periodicos.unifebe.edu.br/index.php/revistaeletronicadaunifebe/article/viewFile/7/6. Acesso em: 04.08.2021.

[5] Idem.

Quando analisamos os direitos das crianças e adolescentes em uma perspectiva internacional, auferimos que a primeira manifestação dos direitos desses seres surgiu em 1919, com a criação do Comitê de Proteção a Infância.

João Paulo Roberti leciona que:

> Nesse período, a primeira manifestação dos direitos infantojuvenis ocorreu em 1919, quando foi criado o Comitê de Proteção da Infância, consolidando no Direito Internacional as obrigações coletivas em relação às crianças. Com isso, o reconhecimento da titularidade de proteção dessa população, deixa de ser o Estado o único detentor sobre a matéria. Mais tarde, surge a primeira Declaração dos Direitos da Criança que veio recomendar que os Estados filiados devessem ter suas próprias legislações em defesa aos direitos das crianças e da juventude[6].

Ainda, em relação a ordem cronológica dos direitos infanto-juvenis, temos a seguinte tabela:

> 1946 — é recomendada pelo Conselho Econômico e Social das Nações Unidas a adoção da Declaração de Genebra. Logo após a II Guerra Mundial um movimento internacional se manifesta a favor da criação do Fundo Internacional de Emergência das Nações Unidas para a Infância — UNICEF.
>
> 1948 — em 10 de dezembro de 1948 a Assembleia das Nações Unidas proclama a Declaração Universal dos Direitos Humanos. Nela os direitos e liberdades das crianças e adolescentes estão implicitamente incluídos, nomeadamente no art. XXV, item II, que consubstancia que a maternidade e a infância têm direito a cuidados e assistência especiais, bem como que a todas as crianças nascidas dentro ou fora do matrimônio é assegurado o direito a mesma proteção social.
>
> 1959 — adota-se por unanimidade a Declaração dos Direitos da Criança, embora que este texto não seja de cumprimento obrigatório para os estados-membros.

[6] JUNIOR, João Paulo Roberti. Evolução Jurídica do Direito da Criança e do Adolescente no Brasil. Disponível em: https://periodicos.unifebe.edu.br/index.php/revistaeletronicadaunifebe/article/viewFile/7/6. Acesso em: 04.08.2021.

> 1969 — É adotada e aberta à assinatura na Conferência Especializada Interamericana sobre Direitos Humanos, em San José de Costa Rica, em 22/11/1969. Neste documento o art. 193 estabelece que todas as crianças têm direito às medidas de proteção que a sua condição de menor requer, tanto por parte da sua família, como da sociedade e do Estado.
> 1989 — A Convenção Internacional relativa aos Direitos da Criança — CDC é adotada pela Assembléia Geral da ONU e aberta à subscrição e ratificação pelos Estados. A Convenção Internacional sobre os Direitos da Criança foi o marco internacional na concepção de proteção social â infância e adolescência e que deu as bases para a Doutrina da proteção integral, que fundamentou o Estatuto da Criança e do Adolescente (ECA Lei nº 8.069, de 13.07.1990).
> 1990 — É celebrada a Cúpula Mundial de Presidentes em favor da infância, onde se aprova o Plano de Ação para o decênio 1990-2000, o qual serve de marco de referência para os Planos Nacionais de Ação para cada Estado parte da Convenção.
> 1992 — É instituído no Brasil o Decreto nº 678, de seis de novembro de 1992, que Promulga a Convenção Americana sobre Direitos Humanos (Pacto de São José da Costa Rica), de 22 de novembro de 1969.
> 1996 — São instituídas as Regras Mínimas das Nações Unidas para a proteção dos Jovens Privados de Liberdade e o Tratado da União Européia, sobre a exploração sexual de crianças[7].

No Brasil, em 12 de outubro de 1927, ficou constituído o Código de Menores. Essa lei consolidava a assistência e proteção a menores. Entretanto, essa proteção não era integral aos menores. Isso porque a lei falava especificamente que o seu objeto seria a proteção do menor abandonado ou delinquente. Dispunha o Artigo 1º de tal lei:

> O menor, de um ou outro sexo, abandonado ou delinquente, que tiver menos de 18 anos de idade, será submetido pela autoridade competente as medidas de assistência e proteção contidas neste Código[8].

[7] Tavares, 2001; Bitencourt, 2009, p. 37-38; Tomás, 2009 apud Junior, João Paulo Roberti. Evolução Jurídica do Direito da Criança e do Adolescente no Brasil. Disponível em: https://periodicos.unifebe.edu.br/index.php/revistaeletronicadaunifebe/article/viewFile/7/6. Acesso em: 04.08.2021.

[8] BRASIL. Decreto 17.943-A/1927. Código de Menores. Disponível em: http://www.planalto.gov.br/ccivil_03/decreto/1910-1929/D17943A.htm.

Acerca do conceito de menor abandonado ou delinquente, leciona Dornelles:

> Os menores em situação irregular seriam aqueles que se encontrassem em condições de privação no que se refere à subsistência, saúde, instrução etc.;
> vítimas de maus-tratos impostos pelos pais ou responsável; se encontrassem em ambientes que ferem os bons costumes; que apresentassem condutas desviantes, incluindo-se os autores de infrações penais. A utilização da expressão "menor em situação irregular", pressupunha uma anormalidade que passava a identificar a criança e o adolescente com categorias de indivíduos estranhos, problemáticos ou perigosos[9].

Ainda, o Código de Menores entendia como menor abandonado, delinquente, vadio ou libertino:

> Art. 26. Consideram-se abandonados os menores de 18 anos:
> I. que não tenham habitação certa, nem meios de subsistência, por serem seus pais falecidos, desaparecidos ou desconhecidos ou por não terem tutor ou pessoa sob cuja, guarda vivam;
> II. que se encontrem eventualmente sem habitação certa, nem meios de subsistência, devido a indigência, enfermidade, ausência ou prisão dos pais. tutor ou pessoa encarregada de sua guarda;
> III, que tenham pai, mãe ou tutor ou encarregado de sua guarda reconhecidamente impossibilitado ou incapaz de cumprir os seus deveres para, com o filho ou pupilo ou protegido;
> IV, que vivam em companhia de pai, mãe, tutor ou pessoa que se entregue a prática de atos contrários a moral e aos bons costumes;
> V, que se encontrem em estado habitual de vadiagem, mendicidade ou libertinagem;
> VI, que frequentem lugares de jogo ou de moralidade duvidosa, ou andem na companhia de gente viciosa ou de má vida.
> VII, que, devido a crueldade, abuso de autoridade, negligência ou exploração dos pais, tutor ou encarregado de sua guarda, sejam:
> a) vítimas de mãos tratos físicos habituais ou castigos imoderados;

[9] DORNELLES, 1992, p. 127 apud JUNIOR, João Paulo Roberti. Evolução Jurídica do Direito da Criança e do Adolescente no Brasil. Disponível em: https://periodicos.unifebe.edu.br/index.php/revistaeletronicadaunifebe/article/viewFile/7/6. Acesso em: 04.08.2021.

b) privados habitualmente dos alimentos ou dos cuidados indispensáveis a saúde;
c) empregados em ocupações proibidas ou manifestamente contrarias a moral e aos bons costumes, ou que lhes ponham em risco a vida ou a saúde;
d) excitados habitualmente para a gatunice, mendicidade ou libertinagem;
VIII, que tenham pai, mãe ou tutor, ou pessoa encarregada de sua guarda, condenado por sentença irrecorrível;
a) a mais de dois anos de prisão por qualquer crime;
b) a qualquer pena como coautor, cumplice, encobridor ou receptador de crime cometido por filho, pupilo ou menor sob sua guarda, ou por crime contra estes.
Art. 28. São vadios os menores que:
a) vivem em casa dos pais ou tutor ou guarda, porém, se mostram refratários a receber instrução ou entregar-se a trabalho sério e útil, vagando habitualmente pelas ruas e Logradouros públicos;
b) tendo deixado sem causa legitima o domicílio do pai, mãe ou tutor ou guarda, ou os lugares onde se achavam colocados por aquele a cuja autoridade estavam submetidos ou confiados, ou não tendo domicílio nem alguém por si, são encontrados habitualmente a vagar pelas ruas ou logradouros públicos, sem que tenham meio de vida regular, ou tirando seus recursos de ocupação imoral ou proibida.
Art. 29. São mendigos os menores que habitualmente pedem esmola para si ou para outrem, ainda que este seja seu pai ou sua mãe, ou pedem donativo sob pretexto de venda ou oferecimento de objetos.
Art. 30. São libertinos os menores que habitualmente:
a) na via pública perseguem ou convidam companheiros ou transeuntes para a prática de atos obscenos;
b) se entregam a prostituição em seu próprio domicílio, ou vivem em casa de prostituta, ou frequentam casa de tolerância, para praticar atos obscenos;
c) forem encontrados em qualquer casa, ou logar não destinado a prostituição, praticando atos obscenos com outrem;
d) vivem da prostituição de outrem.[10]

[10] BRASIL. Decreto 17.943-A/1927. Código de Menores. Disponível em: http://www.planalto.gov.br/ccivil_03/decreto/1910-1929/D17943A.htm.

Podemos auferir, assim, que o Código de Menores apenas se importava com os menores abandonos, mas não trazia uma proteção completa as crianças e adolescentes como um todo. Entretanto, já nessa época, existiam algumas situações que permitiam a perda do pátrio poder. Era o disposto pela Lei:

> Art. 31. Nos casos em que a provada negligência, a incapacidade, o abuso de poder, os maus exemplos, a crueldade, a exploração, a perversidade, ou o crime do pai, mãe ou tutor podem comprometer a saúde, segurança ou moralidade do filho ou pupilo, a autoridade competente decretará a suspensão ou a perda do pátrio poder ou a destituição da tutela, como no caso couber.
> Art. 32. Perde o pátrio poder o pai ou a mãe:
> I, condenado por crime contra a segurança da honra a honestidade das famílias, nos termos dos arts. 273 parágrafo único e 277 parágrafo único do Código Penal;
> II, condenado a qualquer pena como coautor, cumplice, encobridor ou receptador de crime perpetrado pelo filho, ou por crime contra este (lei n. 4.242, de 5 de janeiro de 1921, art. 3º,§ 1º, n. VII, Ietra b):
> III, que castigar imoderadamente o filho (Código Civil, art. 395, n. 1);
> IV, que o deixar em completo abandono (Código Civil, art. 395, n. lI);
> V, que praticar atos contrários á moral e aos bons costumes (Código Civil, art. 395, n. III)[11].

Essa Lei foi revogada, posteriormente, pela Lei nº 6.697/1979, que continuou a se chamar Código de Menores. Essa Lei, diferente do antigo código, que apenas aplicava-se aos menores que estivessem desamparados, aplicava-se a todos os menores, que, a depender do caso em concreto, seria considerado menor até os 21 anos de idade. Era o disposto por esse Código:

> Art. 1º Este Código dispõe sobre assistência, proteção e vigilância a menores:
> I — até dezoito anos de idade, que se encontrem em situação irregular;
> II — entre dezoito e vinte e um anos, nos casos expressos em lei.

[11] BRASIL. Decreto 17.943-A/1927. Código de Menores. Disponível em: http://www.planalto.gov.br/ccivil_03/decreto/1910-1929/D17943A.htm.

> Parágrafo único — As medidas de caráter preventivo aplicam-se a todo menor de dezoito anos, independentemente de sua situação[12].

Deste modo, podemos auferir que tal código começou a trazer uma certa proteção aos menores como um todo, iniciando-se, assim, o entendimento de que eles não seriam seres apenas objeto de controle paterno e estatal. Essa lei restou revogada pelo Estatuto da Criança e do Adolescente, que surgiu em 1990, e segue em vigência até os dias atuais.

Deste modo, temos, brevemente, a evolução histórica do direito da criança e adolescente até o momento atual, em que se aplica a doutrina da proteção integral.

2. O Estatuto da Criança e do Adolescente e a doutrina da proteção integral ao menor

O Estatuto da Criança e do Adolescente, lei que revogou o antigo Código de Menores e resta vigente até os dias atuais, dispõe acerca da proteção integral a criança e ao adolescente. Deste modo, desde 13 de julho de 1990, data em que a lei foi promulgada, o menor de idade é considerado sujeito de direitos e, portanto, detentor não somente de deveres, mas também de direitos.

Tal estatuto surgiu após a promulgação da Constituição Federal de 1988, que previa o direito a proteção integral da criança e do adolescente. Deste modo, a lei surgiu como forma de efetivar esse direito já previsto constitucionalmente.

A criança é um sujeito de direitos e, portanto, detentora de direitos e garantias fundamentais. Por conta das particularidades existentes do seu estágio cognitivo mental, o direito preocupa-se em trazer regramentos específicos que as abarquem, como forma de tratamento equânime.

Nesse diapasão, surgiu o Estatuto da Criança e do Adolescente, como forma de reger os direitos destes indivíduos, analisando as suas peculiaridades, de forma a quebrar os antigos modelos repressivos. Ainda, o Estatuto procurou diferenciar o conceito de criança para o de adolescente, definindo que:

[12] BRASIL. Lei nº 6.697/1979. Código de Menores. Disponível em: http://www.planalto.gov.br/ccivil_03/LEIS/1970-1979/L6697.htm.

> Art. 2º Considera-se criança, para os efeitos desta Lei, a pessoa até doze anos de idade incompletos, e adolescente aquela entre doze e dezoito anos de idade.

Essa diferenciação é importante quando analisamos as leis penais que se aplicam a crianças e adolescentes, uma vez que crianças apenas são submetidas a medidas socioeducativas e adolescentes são submetidos a atos infracionais, passível de internação na Fundação Casa.

Tal Estatuto foi criado com base na doutrina da proteção integral. Segundo Karina Sposato, a doutrina de proteção integral de crianças e adolescentes possui seis aspectos:

> O reconhecimento de crianças e adolescentes como sujeitos de direitos em condição peculiar de desenvolvimento;
> A institucionalização da participação comunitária por intermédio dos Conselhos de Direitos, com participação paritária e deliberativa para traçar as diretrizes das políticas de atenção direta à infância e juventude;
> A hierarquização da função judicial, com a transferência de competência aos Conselhos Tutelares para agir diante da ameaça ou violação de direitos da criança no âmbito municipal; a municipalização da política de atendimento;
> A eliminação de internações não vinculadas ao cometimento (devidamente comprovado) de delitos ou contravenções;
> A incorporação explícita de princípios constitucionais em casos de infração penal, prevendo-se a presença obrigatória de advogado e do Ministério Público na função de controle e contrapeso[13].

Podemos compreender, portanto, o Estatuto da Criança e do Adolescente como um código deontológico que rege tais indivíduos. Acerca do tema, leciona Mário Luiz Ramidoff:

> Já há algum tempo tenho afirmado que o Estatuto da Criança e do Adolescente — Lei Federal 8.069, de 13/07/1990 — é o novo código deontológico protetivo das crianças e adolescentes, no Brasil. Código, porque consolida normativamente as estratégias e o instrumental operacional

[13] SPOSATO, Karyna Batista. O direito penal juvenil. São Paulo: Editora Revista dos Tribunais, 2006.

> mínimo à implementação dos direitos e garantias fundamentais pertinentes a esta nova totalidade subjetiva, então, constituída por crianças e adolescentes. Deontológico, precisamente, porque estabelece o regulamento indispensável e necessário para a constituição das diversas formas de relação em que possam se encontrar estas novas subjetividades, isto é, busca transformar culturalmente tanto a opinião pública, quanto o senso comum jurídico, através de novos valores assumidos e convencionados, agora, em fórmulas de tratativas e inéditas pautas até então apenas presentes nos compromissos pactuados internacionalmente. E, protetivo, haja vista que se orientam todas estas proposições legislativas através do novel primado constitucional estabelecido pela Doutrina da Proteção Integral, enquanto vertente da diretriz internacional dos Direitos Humanos, especificamente, voltados para a criança e o adolescente[14].

Deste modo, podemos auferir que o Estatuto da Criança e do Adolescente é uma legislação específica que buscar reger, como um todo, os direitos infantis. Ainda, preocupa-se tal Lei com possíveis violação aos direitos de imagem, identidade etc., conforme versa em seu Artigo 17:

> Art. 17. O direito ao respeito consiste na inviolabilidade da integridade física, psíquica e moral da criança e do adolescente, abrangendo a preservação da imagem, da identidade, da autonomia, dos valores, ideias e crenças, dos espaços e objetos pessoais[15].

Nesse diapasão, resta claro que o Estatuto da Criança e do Adolescente busca reger todo e qualquer direito das crianças e adolescentes, de forma que a sua integridade psicológica e o respeito aos estágios de seu desenvolvimento mental sejam sempre colocados em primeiro lugar. A criança deixa de ser vista, portanto, como um ser inútil, incapaz e sem quaisquer direitos, e passa a ser visto como um ser humano como qualquer outro, detentor de garantias, que devem ser respeitadas de acordo com seus estágios cognitivos.

[14] RAMIDOFF, Mário Luiz. Lições de direito da criança e do adolescente. Curitiba: Juruá, 2006.

[15] BRASIL. Lei 8068/1990. Estatuto da Criança e do Adolescente. Disponível em: http://www.planalto.gov.br/ccivil_03/Leis/L8069.htm. Acesso em: 22.07.2021.

3. Demais regramentos sobre Crianças e Adolescentes

Para além da disposição do Estatuto da Criança e do Adolescente, o Brasil possui legislações esparsas e específicas que versam sobre os direitos desses indivíduos. Deste modo, realizaremos a análise de algum destes regramentos, antes de adentrarmos especificamente acerca da proteção na Lei Geral de Proteção de Dados.

3.1. Decreto nº 99.710/90 — Convenção das Nações Unidas sobre os direitos das crianças

Em 21 de novembro de 1990, foi aprovada a Convenção das Nações Unidas sobre os Direitos das Crianças. Tal convenção possui por intuito principal fomentar o bem-estar das crianças, considerando que a criança deve estar plenamente preparada para uma vida independente na sociedade e deve ser educada de acordo com os ideais proclamados na Cartas das Nações Unidas, especialmente com espírito de paz, dignidade, tolerância, liberdade, igualdade e solidariedade.

Essa Convenção, diferente do Estatuto da Criança e do Adolescente, considera como criança todo e qualquer indivíduo que ainda não possua 18 (dezoito) anos. É o disposto no Artigo 1º da referida convenção:

> Para efeitos da presente Convenção considera-se como criança todo ser humano com menos de dezoito anos de idade, a não ser que, em conformidade com a lei aplicável à criança, a maioridade seja alcançada antes[16].

Tal convenção possui, por intuito principal, trazer regramentos que garantam uma boa qualidade de vida para as crianças.

Deste modo, a presente convenção traz regramentos que impedem agressão em crianças e que permitam o seu melhor desenvolvimento físico e mental.

3.2. Lei 8078/1990 — Código de Defesa do Consumidor

A Lei 8078/1990 é a lei que instituiu o Código de Defesa do Consumidor. Apesar dessa lei versar especificamente acerca das relações consumeristas

[16] BRASIL. Decreto nº 99.710/1990. Convenção sobre os Direitos da Criança. Disponível em: http://www.planalto.gov.br/ccivil_03/decreto/1990-1994/D99710.htm. Aceso em 22.07.2021.

e não sobre direitos infantis, portanto, dada a peculiaridade do estágio mental em que as crianças estão inseridas, esse código traz um artigo que informa ser abusiva a publicidade que se aproveite do julgamento da criança.

É o disposto no Artigo 37:

> Art. 37. É proibida toda publicidade enganosa ou abusiva.
> § 2º É abusiva, dentre outras a publicidade discriminatória de qualquer natureza, a que incite à violência, explore o medo ou a superstição, se aproveite da deficiência de julgamento e experiência da criança, desrespeita valores ambientais, ou que seja capaz de induzir o consumidor a se comportar de forma prejudicial ou perigosa à sua saúde ou segurança.

Deste modo, podemos auferir que é preocupação do legislador que crianças não sejam levadas a falsas propagandas que se aproveite do seu estágio mental, uma vez que essas não possuem os estágios mentais completos e, portanto, são vulneráveis perante a sociedade.

3.3. Resolução nº 163/14 — Conselho Nacional dos Direitos da Criança e do Adolescente

Atualmente, as ferramentas usadas pelas empresas para direcionar sua publicidade e propaganda são alvo de diversos debates, pois cada dia mais são criados mecanismos de divulgação.

Desde 2014, o estado trouxe normas acerca da propaganda direcionada à criança e ao adolescente, a resolução 163/14, publicada pelo CONANDA — Conselho Nacional dos Direitos da Criança e do Adolescente, dispõe sobre a abusividade do direcionamento de publicidade e de comunicação mercadológica à criança e ao adolescente, em conformidade com a política nacional de atendimento da criança e do adolescente.

Esta resolução traz a definição do que é considerado publicidade à criança, trazendo uma grande abrangência de características em seu artigo 2º, conforme:

> Art. 2º Considera-se abusiva, em razão da política nacional de atendimento da criança e do adolescente, a prática do direcionamento de publicidade e de comunicação mercadológica à criança, com a intenção de

persuadi-la para o consumo de qualquer produto ou serviço e utilizando-se, dentre outros, dos seguintes aspectos:
I — linguagem infantil, efeitos especiais e excesso de cores;
II — trilhas sonoras de músicas infantis ou cantadas por vozes de criança;
III — representação de criança;
IV — pessoas ou celebridades com apelo ao público infantil;
V — personagens ou apresentadores infantis;
VI — desenho animado ou de animação;
VII — bonecos ou similares;
VIII — promoção com distribuição de prêmios ou de brindes colecionáveis ou com apelos ao público infantil; e
IX — promoção com competições ou jogos com apelo ao público infantil.

Assim, o Conanda restringiu as propagandas que podem se encaixar na definição trazida pela resolução e estipulou princípios gerais que devem ser seguidos no momento de elaboração e divulgação da propaganda, que estão estabelecidos em seu artigo 3º.

Os critérios estabelecidos, levam em consideração o público-alvo o qual a propaganda se destina e procurar evitar que as propagandas induzam o público adolescente a qualquer forma de violência, atividade ilegal, degradação ao meio ambiente, ofensa ou discriminação.

Também há a preocupação acerca de propagandas que estimulam os menores de idade a constrangerem seus pais ou responsáveis a realizar a aquisição do produto, a resolução também proíbe isso, mostrando que a proteção aos indivíduos também se estende ao restante dos componentes familiares.

Com o crescente uso da internet na vida pessoal, é normal que a maioria das crianças passem a ter a plataforma do Youtube como principal fonte de entretenimento, com diversos conteúdos direcionados a este público crescendo cada vez mais e sendo utilizado como forma de estratégia mercadológica por empresas anunciantes.

Além disso, também surgem profissionais que criam conteúdo diretamente voltado ao público infantil, criando bonecos e personagens que rapidamente fazem sucesso na internet e geram uma série de produtos a serem vendidos e anunciados durante os vídeos postados nas plataformas digitais.

Com a pandemia do vírus Covid-19 no ano de 2020, a internet ficou ainda mais presente na vida das pessoas, inclusive para a realização da educação básica.

As compras passaram a ser realizadas exclusivamente pela internet, assim o foco das publicidades, propagandas e estratégias mercadológicas foram concentradas no meio virtual.

A pesquisa TIC KIDS analisou diversos aspectos do uso da internet por crianças e adolescentes, inclusive trouxe dados acerca da propaganda direcionada a este público:

> A exposição a conteúdos de divulgação de produtos ou marcas foi expressiva entre crianças e adolescentes de 11 a 17 anos. A pesquisa também passou a investigar o acesso a vídeos, fotos ou textos com pessoas ensinando a usar algum produto (55%), abrindo a embalagem de um produto (49%) e mostrando produtos que alguma marca deu para elas (48%). Adolescentes de 15 a 17 anos residentes de áreas urbanas e pertencentes às classes mais altas reportaram o contato com esses conteúdos em maiores proporções.[17]

Portanto, as normas e padrões estabelecidas pelo CONANDA são aplicadas também em comerciais vinculados na internet, em todas as plataformas digitais.

É de conhecimento geral que as empresas vêm usando e tratando os dados pessoais que os usuários deixam nos sites de buscas, compras e vendas disponibilizados na rede mundial de computadores e que, muitas vezes, esses dados são de crianças e adolescentes que passam a usar a internet mesmo com idade muito nova.

Assim, a Lei Geral de Proteção de Dados trouxe um capítulo inteiro que discorre sobre o tratamento e o armazenamento de dados coletados de usuários menores de idade.

[17] TIC KIDS. Pesquisa sobre o uso da Internet por crianças e adolescentes no Brasil. Novembro de 2019. Disponível em: <https://cetic.br/publicacao/pesquisa-sobre-o-uso-da-internet-por-criancas-e-adolescentes-no-brasil-tic-kids-online-brasil-2018/> Acesso: 24.07.2021.

4. Da Lei Geral de proteção de dados e a proteção ao vazamento de dados infantis

A Lei Geral de Proteção de dados foi criada no ano de 2018 e a maioria de seus artigos só passaram a ter vigência 24 meses depois, no mês de agosto de 2020. As mudanças foram inúmeras, diversas empresas tiveram que se adaptar aos novos artigos e previsões e, esta lei representa uma revolução para o tratamento de dados no país.

Após uma série de ocorrências mundiais, em que milhares de pessoas tiveram dados pessoais vazados por empresas, surgiu na Europa a GRPD (General Data Protection Regulation), lei que serviu de base para a criação da LGPD aqui no Brasil.

Apesar de suas diferenças, o assunto de ambas as leis é o mesmo: Tratamento de dados. Sem uma regulamentação, cada empresa tinha sua própria política para armazenar e usar dados coletados em aplicativos e sites, na maioria das vezes, sem o consentimento do usuário.

Alguns aplicativos coletavam esses dados e repassavam para empresas de publicidade, e essas empresas de publicidade repassava os dados recebidos para outras empresas parceiras, assim, o usuário não tinha conhecimento de até onde seus dados eram transmitidos e repassados, o que poderia gerar diversos incômodos, como o caso do aplicativo Grindr que compartilhava com outras empresas usuários que tinham testado positivo para o vírus HIV.[18]

Inicialmente, a LGPD traz o conceito inovador de dados sensíveis. Em seu artigo 5ª há o conceito de dado pessoal, dado sensível e dado anonimizado, conforme texto *in verbis:*

> Art. 5º Para os fins desta Lei, considera-se:
> I — dado pessoal: informação relacionada a pessoa natural identificada ou identificável;
> II — dado pessoal sensível: dado pessoal sobre origem racial ou étnica, convicção religiosa, opinião política, filiação a sindicato ou a organização de caráter religioso, filosófico ou político, dado referente à saúde ou à vida sexual, dado genético ou biométrico, quando vinculado a uma pessoa natural;

[18] Muller, leo. Grindr compartilha status de HIV de usuários com outras empresas. Tecmundo. 2018. Disponível em: https://www.tecmundo.com.br/seguranca/128870-grindr-compartilha-status-hiv-usuarios-outras-empresas.htm Acesso em 24.07.2021.

> III — dado anonimizado: dado relativo à titular que não possa ser identificado, considerando a utilização de meios técnicos razoáveis e disponíveis na ocasião de seu tratamento.

Os dados pessoais sensíveis são taxativamente trazidos pela lei, que também prevê o consentimento do titular para que a empresa possa tratar esses dados, com algumas exceções também expressas no texto legal.

Conforme visto, existe uma preocupação especial do legislador em tutelar a criança e o adolescente, assim a Lei geral de proteção de dados não poderia deixar de fora uma previsão especial para esse grupo de usuários.

O Artigo 14º da lei contém os parágrafos com as previsões legislativas acerca do tratamento de dados pessoais de crianças e adolescentes.

A criança deve ser tratada com base em seu melhor interesse e, portanto, com respeito às leis específicas que tratam dos seus desenvolvimentos cognitivos mentais.

Segundo dados da pesquisa TIC KIDS 89% da população de 9 a 17 anos é usuária de Internet no Brasil, o que corresponde a 24,3 milhões de indivíduos conectados, e a pesquisa trouxe informações relevantes acerca do crescimento de usuários nesta faixa etária:

> Segundo os resultados da TIC Kids Online Brasil, a frequência de uso da Internet por crianças e adolescentes de 9 a 17 anos é crescente no país. A proporção daqueles que utilizaram a rede todos os dias ou quase todos os dias passou de 47%, em 20121, para 88%, em 2018. Também foi observado um aumento nos últimos anos na proporção daqueles que utilizaram a Internet mais de uma vez por dia, a qual passou de 68%, em 2015, para 75%, em 2018 que necessita de uma atenção do legislador acerca desse tipo de usuário.[19]

Deste modo, o número de indivíduos deste grupo é significante e cresce cada vez mais, portanto a LGPD não poderia deixar de trazer previsões para eles. No âmbito do tratamento de dados, tal proteção não seria feita de forma diferente, que já no *caput* do artigo 14, traz a

[19] TIC KIDS. Pesquisa sobre o uso da Internet por crianças e adolescentes no Brasil. Novembro de 2019. Disponível em: <https://cetic.br/publicacao/pesquisa-sobre-o-uso-da-internet-por-criancas-e-adolescentes-no-brasil-tic-kids-online-brasil-2018/> Acesso: 24.07.2021.

previsão deste princípio. Não há definição taxativa acerca de quais hipóteses seriam consideradas "melhor interesse" da criança e do adolescente, permitindo uma abordagem discricionária para aplicação, visando adequar à lei a cada caso concreto que irá chegar até o Poder judiciário durante a vigência da lei.

Este conceito está previsto na Convenção Internacional dos Direitos da Criança e do Adolescente, devidamente ratificado e inserido no ordenamento jurídico aqui no Brasil:

> Artigo 3
>
> 1. Todas as ações relativas às crianças, levadas a efeito por instituições públicas ou privadas de bem-estar social, tribunais, autoridades administrativas ou órgãos legislativos, devem considerar, primordialmente, o interesse maior da criança.[20]

Seguindo no artigo, o parágrafo primeiro estipula que o consentimento para o tratamento dos dados, deve ser realizado por um dos pais ou responsáveis do menor.

Há a possibilidade da coleta sem o consentimento, apenas nos casos em que for necessário identificar os pais ou responsáveis, porém a lei veda o repasse a terceiros sem autorização.

O Controlador, segundo definição da própria lei, é "a pessoa natural ou jurídica, de direito público ou privado, a quem competem as decisões referentes ao tratamento de dados pessoais". Este deve tomar todos os esforços necessários para garantir que o consentimento solicitado pela lei seja dado pelos responsáveis.

Além disso, a lei prevê que as informações sobre o tratamento de dados devem ser fornecidas de maneira clara e acessível, proporcionando ao responsável pela criança e o adolescente o entendimento necessário a adequar o conteúdo a eles.

Porém, não há na lei maneira prática de que modo será feito essa verificação de consentimento pelas empresas pelos responsáveis. O artigo apenas exige que sejam tomados os esforços necessários pelo controlador para que seja obtido a verificação, sem trazer uma definição taxativa de "esforço necessário."

[20] BRASIL. DECRETO No 99.710, DE 21 DE NOVEMBRO DE 1990. Disponível: <http://www.planalto.gov.br/ccivil_03/decreto/1990-1994/d99710.htm> Acesso em: 24.07.2021.

Sabe-se que muitas crianças e adolescentes acabam usando contas de seus pais para ter acesso a conteúdo na internet ou, simplesmente, mentem a idade no momento de se cadastrar em alguma rede social.

A maioria das empresas que gerenciam redes sociais exigem uma idade mínima de 13 anos para seus usuários, mas não existe uma maneira eficaz para controlar os cadastros.

Ainda citando a pesquisa TIC KIDS BRASIL, há uma abordagem sobre riscos e danos que esses indivíduos estão expostos, conforme segue:

> Em 2018, 41% dos usuários de Internet entre 9 e 17 anos reportaram ter tido contato com alguém que não conheciam pessoalmente. A proporção foi maior entre os meninos (44%) do que entre as meninas (38%), aumentando de acordo com a faixa etária (10% entre 9 e 10 anos e 64% entre 15 e 17 anos). Também foram observadas diferenças relevantes por faixa etária entre aqueles que encontraram pessoalmente com alguém que conheceram pela Internet, sendo 3% entre a população de 9 a 10 anos, 19% de 13 a 4 anos e 36% entre usuários de 15 a 17 anos. Ainda que os riscos envolvendo contato com pessoas que conheceram pela Internet não possam ser negligenciados, cabe ressaltar que, entre os que tiveram contato com pessoas que conheceram pela rede, apenas 4% reportaram ter se sentido incomodados após o encontro.[21]

O foco da lei geral de proteção de dados é o tratamento dos dados dos usuários das redes, sendo que, existem outras áreas que necessitam de tutela, porém tais assuntos não fazem parte da abordagem da lei, mesmo que haja ocorrências que não se encaixam no escopo da legislação, isso não significa que os assuntos tratados sejam insignificantes.

O Vazamento de dados e a responsabilidade do agente de tratamento é um tópico de muita relevância na nova legislação, porém não está presente no capítulo que trata sobre crianças e adolescentes, assim podemos concluir que deve ser aplicado a eles, o mesmo disposto no artigo 46 da LGPD, conforme texto:

> Art. 46. Os agentes de tratamento devem adotar medidas de segurança, técnicas e administrativas aptas a proteger os dados pessoais de acessos

[21] TIC KIDS. Pesquisa sobre o uso da Internet por crianças e adolescentes no Brasil. Novembro de 2019. Disponível em: <https://cetic.br/publicacao/pesquisa-sobre-o-uso-da-internet-por-criancas-e-adolescentes-no-brasil-tic-kids-online-brasil-2018/> Acesso: 24.07.2021.

não autorizados e de situações acidentais ou ilícitas de destruição, perda, alteração, comunicação ou qualquer forma de tratamento inadequado ou ilícito.

Assim, o ponto central da abordagem da lei em relação aos indivíduos menores de idade é o consentimento ou não dos pais ou responsáveis. A lei traz uma necessidade de verificação da família quanto ao conteúdo o qual a criança e adolescente tem acesso, ao mesmo tempo em que, retira a carga de responsabilidade da empresa de tratamento, que apenas terá a função de buscar o consentimento, deixando claro todas as informações pertinentes de modo a esclarecer a forma de tratamento dos dados coletados.

Com uma abordagem específica para a criança e o adolescente, a LGPD traz a especificidade necessária para a proteção dos dados dos usuários menores de idade, que tem suas particularidades em comparação aos usuários em geral.

Conclusões

Ao longo dos anos a forma com que crianças e adolescentes foram tratados perante a legislação brasileira foi se modificando, a diferenciação desse grupo de pessoas é devido ao seu estágio cognitivo mental e o país contou com diversos avanços legais, iniciando-se com os princípios previsto na constituição federal e, posteriormente, com o estatuto da criança e do adolescente.

Este grupo de usuário também é público alvo de diversas marcas e atua no mercado como consumidor, assim é necessário que as propagandas, publicidades e atuação mercadológicas direcionadas a eles não os induzam a erro, conforme proibição que consta no Código de Defesa do Consumidor.

O CONANDA também auxilia na atualização da legislação emitindo decretos pertinentes ao tema. A Lei geral de proteção de dados representou uma forte mudança na forma como os dados pessoais são coletados, padronizou a forma de tratamento e estabeleceu regras para o armazenamento, bem como, penalidades para o descumprimento de tais regras.

A criança e o adolescente não poderiam ficar de fora da nova legislação e, considerando todas as particularidades do tema, a lei trouxe um artigo inteiro tratando sobre o assunto.

Conforme visto, o artigo 14 descreve as obrigações especificas do controlador e traz a figura presente do pai ou responsável pelo menor. O consentimento é algo de extrema importância durante todos os artigos da lei. O usuário deve ter consciência para quem está cedendo seus dados e até onde eles serão repassados.

Portanto, quando se trata de um usuário menor de idade, a autorização deve ser feita pelo seu responsável, considerando a incapacidade, plena ou relativa, do usuário em questão.

Contudo, o *caput* do artigo 14 deixa expresso que o melhor interesse da criança e do adolescente deve ser realizado através de legislação pertinente. Assim, a lei traz os princípios básicos, as formas mais simples de se realizar o controle dos dados, sem deixar de lembrar a importância da legislação especifica sobre a criança e o adolescente e que prevê a maior proteção para eles.

Apesar de ser apenas um parágrafo na lei inteira acerca deste grupo, se trata de uma previsão especifica necessária para que não houvesse uma lacuna na legislação. Ainda é necessário o surgimento de casos concretos que tragam jurisprudência e entendimentos doutrinários acerca das previsões legais para que seja analisado como será o impacto deste dispositivo na sociedade, mas o melhor interesse destes indivíduos deverá prevalecer no momento de qualquer análise.

Referências

BRASIL. **Decreto 17.943-A/1927. Código de Menores**. 1927. Disponível em: http://www.planalto.gov.br/ccivil_03/decreto/1910-1929/D17943A.htm Acesso em: 24 jul. 2021.

BRASIL. **Decreto No 99.710, de 21 de Novembro de 1990.** 1990 Disponível: http://www.planalto.gov.br/ccivil_03/decreto/1990-1994/d99710.htm Acesso em: 24 jul. 2021.

BRASIL. **Lei 8068/1990. Estatuto da Criança e do Adolescente.** Disponível em: http://www.planalto.gov.br/ccivil_03/Leis/L8069.htm. Acesso em: 22 jul. 2021.

BRASIL. **Lei Geral de Proteção de Dados.** 2018 Disponível em: http://www.planalto.gov.br/ccivil_03/_Ato2015-2018/2018/Lei/L13709.htm. Acesso em: 22 jul. 2021

BRASIL. **Lei nº 6.697/1979. Código de Menores.** 1979. Disponível em: http://www.planalto.gov.br/ccivil_03/LEIS/1970-1979/L6697.htm. Acesso em: 22 jul. 2021.

DAY et. Al., 2003 apud BARROS, Nivia Valença. **Violência intrafamiliar contra criança e adolescente. Trajetória histórica, políticas sociais, práticas e proteção social.** Rio de Janeiro, 2005. 248f. Tese de Doutorado — Departamento de Psicologia, Pontifícia Universidade Católica do Rio de Janeiro apud JUNIOR, João Paulo Roberti. Evolução Jurídica do Direito da Criança e do Adolescente no Brasil. Disponível em: https://periodicos.unifebe.edu.br/index.php/revistaeletronicadaunifebe/article/viewFile/7/6. Acesso em: 04 ago. 2021.

DORNELLES, 1992, p. 127 apud JUNIOR, João Paulo Roberti. **Evolução Jurídica do Direito da Criança e do Adolescente no Brasil.** Disponível em: https://periodicos.unifebe.edu.br/index.php/revistaeletronicadaunifebe/article/viewFile/7/6. Acesso em: 04 ago. 2021.

JUNIOR, João Paulo Roberti. **Evolução Jurídica do Direito da Criança e do Adolescente no Brasil.** Disponível em: https://periodicos.unifebe.edu.br/index.php/revistaeletronicadaunifebe/article/viewFile/7/6. Acesso em: 04 ago. 2021.

MULLER, Leo. **Grindr compartilha status de HIV de usuários com outras empresas. Fonte: Tecmundo**. 2018. Disponível em: https://www.tecmundo.com.br/seguranca/128870-grindr-compartilha-status-hiv-usuarios-outras-empresas.htm. Acesso em: 24 jul. 2021.

RAMIDOFF, Mário Luiz. **Lições de direito da criança e do adolescente**. 1.ed. Curitiba: Ed. Juruá, 2006.

SPOSATO, Karyna Batista. **O direito penal juvenil.** 1 ed. São Paulo. Ed. Revista dos Tribunais, 2006.

TAVARES, 2001; BITENCOURT, 2009, p. 37-38; TOMÁS, 2009 apud JUNIOR, João Paulo Roberti. **Evolução Jurídica do Direito da Criança e do Adolescente no Brasil.** Disponível em: https://periodicos.unifebe.edu.br/index.php/revistaeletronicadaunifebe/article/viewFile/7/6. Acesso em: 04 ago. 2021.

TIC KIDS. **Pesquisa sobre o uso da Internet por crianças e adolescentes no Brasil.** 2019. Disponível em: https://cetic.br/publicacao/pesquisa-sobre-o-uso-da-internet-por-criancas-e-adolescentes-no-brasil-tic-kids-online-brasil-2018/ Acesso: 24 jul. 2021.

6.
TRATAMENTO E PROTEÇÃO DE DADOS NO COMÉRCIO ELETRÔNICO

Bruno Benevento Lemos de Lira
Daniel Carlos Machado

Introdução

A internet modificou intensamente a forma como as pessoas interagem e se relacionam, possibilitando contatos e a realização de negócios entre pessoas que jamais teriam qualquer ligação, não fosse a proximidade gerada pelo ambiente virtual. Ao quebrar algumas barreiras antes existentes, em especial a do distanciamento entre as pessoas das mais diversas localidades do mundo, o ambiente em rede gerou novas oportunidades, estimulando o comércio e desafiando os empresários a se adequarem a um novo ambiente de consumo.

Vista como um canal de compras, de consumo, a internet possibilitou uma transformação no comércio, fazendo com que muitos empresários vissem nisso a oportunidade de operarem 100% online, com a chamada loja virtual e vendas exclusivas em meio eletrônico. Esse novo formato, de início, ao mesmo tempo em que despertou o desejo incessante de consumo nos usuários, também trouxe a estes bastante insegurança com relação à idoneidade desses novos comerciantes (principalmente aos que não possuem estabelecimento fixo), tendo gerado ainda inúmeras possibilidades de golpes aos adeptos do comércio eletrônico.

Em meio a tudo isso, o mercado online foi se autorregulando. Os empresários passaram a estudar e conhecer o perfil dos consumidores online e estes, por sua vez, passaram a exigir e pesquisar mais sobre a idoneidade dos fornecedores de produto/serviço no ambiente virtual, antes da efetivação de uma compra. São as novas cautelas exigidas no comércio eletrônico, a lhe conferir maior credibilidade em meio ao público consumidor.

O fato é que a internet como canal de compra apresenta inúmeros benefícios ao usuário consumidor que, conforme mencionado por Ana Cristina Pinzkoski Conde[1], lhe confere a possibilidade de comparação de preços e ofertas diante do maior acesso à informação; a possibilidade de determinar o melhor momento para fazer suas compras, dentro dos seus horários e conveniência; acesso rápido a informações necessárias para a tomada de decisão; opções de personalizar o pedido; acesso à opinião de outros consumidores; etc. De outro lado, ao fornecedor houve o benefício, dentre outros, de possibilidade de automatização de serviço e redução de custos.

O trabalho de captação e aproximação da clientela ganhou nova forma, agora com foco no comportamento do consumidor no ambiente de compras online, e utilização de dados contendo informações coletadas das mais diversas formas, seja por cadastro em sites ou como condição para o uso de determinadas plataformas e aplicativos. Com as informações coletadas, os fornecedores são capazes de direcionar seus produtos/serviços com maior precisão ao seu público consumidor, através de envio de e-mails, mensagens de texto, ligações ou postagens patrocinadas em redes sociais, atingindo seus pretensos consumidores, por classes de gênero, idade, localidade, interesses de consumo etc.

Com o acesso fácil e uso indiscriminado de dados dos consumidores, fornecedores segmentados no comércio eletrônico apostam em campanhas agressivas de marketing digital que estimulam o convencimento

[1] Conde, Ana Cristina Pinzkoski. Estímulos no ambiente de compra online: impacto na intenção de recompra do consumidor. 2013. Dissertação (Mestrado em Administração) — Faculdade de Economia, Administração e Contabilidade, Universidade de São Paulo, São Paulo, 2013. doi:10.11606/D.12.2013.tde-10062013-160834. Acesso em: 20 jul. 2021, p. 19.

do consumidor para a necessidade de consumo. Nesse sentido, segundo Abrão Caro[2],

> O processo de decisão do consumidor sofre de um lado estímulos de marketing por meio do produto com seu conjunto de atributos e benefícios procurados, da distribuição que compreende a disponibilidade do produto no tempo e no espaço, do preço compreendendo o custo de aquisição e sua utilidade, a publicidade que fornece a informação e qualidades distintivas reivindicadas e a promoção com seus incitantes à aquisição.

Com a abordagem da clientela o desafio passa a ser a manutenção da lealdade desses consumidores, definida por Paulo de Paula Baptista[3], "a partir da existência ou não de um padrão de recompra consistente em uma mesma marca ao longo do tempo". Para tanto o uso de informações dos usuários permanece relevante dentro das práticas de marketing de vendas, sendo o consumidor "bombardeado" por campanhas publicitárias das mais diversas maneiras e muitas vezes sem o seu consentimento.

Afirma Pedro Ramos[4] que "a publicidade direcionada, quando feita de forma responsável, gera uma melhor experiência para o usuário, um ganho efetivo para todo o ecossistema de mídia e incentiva a criatividade e inovação na indústria". Todavia, quando praticada de forma abusiva, indiscriminada, sabemos que pode gerar diversos prejuízos aos usuários, como por exemplo, a formação de banco de dados para fins de mercantilização de informações (dados) de usuários da internet, uma prática que se tornou frequente entre empresários que exploram o segmento

[2] Caro, Abrão. Comportamento do consumidor e a compra on-line: uma análise multicultural. 2010. Tese (Doutorado em Administração) — Faculdade de Economia, Administração e Contabilidade, Universidade de São Paulo, São Paulo, 2010. doi:10.11606/T.12.2010.tde-05052010-114514. Acesso em: 20 jul. 2021, p. 23.

[3] Baptista, Paulo de Paula. Lealdade do consumidor e os seus antecedentes: um estudo aplicado ao setor varejista na internet. 2005. Tese (Doutorado em Administração) — Faculdade de Economia, Administração e Contabilidade, Universidade de São Paulo, São Paulo, 2005. doi:10.11606/T.12.2005.tde-11042008-172316. Acesso em: 20 jul. 2021, p. 20.

[4] Ramos, Pedro Henrique Soares Melo. A regulação de proteção de dados e seu impacto para a publicidade online: um guia para a lgpd. Disponível em: https://baptistaluz.com.br/wp-content/uploads/2019/07/MP_guia_LGPD.pdf. Acesso em: 20 jul. 2021, p. 10.

de compras online. Por conseguinte, a regulação da proteção de dados pessoais passou a ser uma necessidade de todo usuário da rede.

Desde muito já se tem uma preocupação com a regulamentação e a proteção dos consumidores na internet, sendo que, sem prejuízo de aplicação de outras normas, as regras do Código Civil e do Código de Defesa do Consumidor sempre foram observadas nos negócios realizados no ambiente digital, especialmente em questões de responsabilidade civil. Não bastasse isso, o Marco Civil da Internet no Brasil (Lei nº 12.965/2014), ao estabelecer princípios, garantias, direitos e deveres para o uso da Internet no Brasil, tratou expressamente da privacidade e da proteção de dados como seus princípios norteadores[5].

A par da regulamentação mencionada, a Lei 13.709/2018, denominada Lei Geral de Proteção de Dados (LGPD), implementou políticas públicas sobre o tratamento de dados pessoais, inclusive nos meios digitais, com o objetivo de proteger os direitos fundamentais de liberdade e de privacidade e o livre desenvolvimento da personalidade da pessoa natural, tendo trazido ao ordenamento jurídico pátrio princípios importantes a serem observados nas atividades de tratamento de dados pessoais, e que impõe aos agentes de tratamento de dados, dentre outras medidas, maior transparência, adequação, necessidade e segurança quanto a coleta e tratamento de dados.

Com base nessas novas medidas de proteção de dados é que se pretende através do presente artigo falar sobre os desafios do comércio eletrônico no tratamento de dados, diante de suas práticas de publicidade e utilização de banco de dados e informações pessoais dos usuários, feitos através de coletas de dados em plataformas eletrônicas, e das ade-

[5] Art. 3º da Lei nº 12.965/2014: "A disciplina do uso da internet no Brasil tem os seguintes princípios: I — garantia da liberdade de expressão, comunicação e manifestação de pensamento, nos termos da Constituição Federal; II — proteção da privacidade; III — proteção dos dados pessoais, na forma da lei; IV — preservação e garantia da neutralidade de rede; V — preservação da estabilidade, segurança e funcionalidade da rede, por meio de medidas técnicas compatíveis com os padrões internacionais e pelo estímulo ao uso de boas práticas; VI — responsabilização dos agentes de acordo com suas atividades, nos termos da lei; VII — preservação da natureza participativa da rede;
VIII — liberdade dos modelos de negócios promovidos na internet, desde que não conflitem com os demais princípios estabelecidos nesta Lei. Parágrafo único. Os princípios expressos nesta Lei não excluem outros previstos no ordenamento jurídico pátrio relacionados à matéria ou nos tratados internacionais em que a República Federativa do Brasil seja parte".

quações necessárias ao *e-commerce* para a legítima coleta e tratamento de dados, conforme segue.

1. O tratamento de dados no plano da LGPD

A Lei Geral de Proteção de Dados trouxe de forma expressa diversos requisitos para o tratamento[6] de dados pessoais[7], que só poderá ser realizado, nos termos do seu art. 7º:

> I. mediante o fornecimento de consentimento pelo titular;
> II. para o cumprimento de obrigação legal ou regulatória pelo controlador;
> III. pela administração pública, para o tratamento e uso compartilhado de dados necessários à execução de políticas públicas previstas em leis e regulamentos ou respaldadas em contratos, convênios ou instrumentos congêneres;
> IV. para a realização de estudos por órgão de pesquisa, garantida, sempre que possível, a anonimização dos dados pessoais;
> V. quando necessário para a execução de contrato ou de procedimentos preliminares relacionados a contrato do qual seja parte o titular, a pedido do titular dos dados;
> VI. para o exercício regular de direitos em processo judicial, administrativo ou arbitral, esse último nos termos da Lei nº 9.307, de 23 de setembro de 1996 (Lei de Arbitragem);
> VII. para a proteção da vida ou da incolumidade física do titular ou de terceiro;
> VIII. para a tutela da saúde, exclusivamente, em procedimento realizado por profissionais de saúde, serviços de saúde ou autoridade sanitária;
> IX. quando necessário para atender aos interesses legítimos do controlador ou de terceiro, exceto no caso de prevalecerem direitos e

[6] Art. 5º, X, da LGPD: "tratamento: toda operação realizada com dados pessoais, como as que se referem a coleta, produção, recepção, classificação, utilização, acesso, reprodução, transmissão, distribuição, processamento, arquivamento, armazenamento, eliminação, avaliação ou controle da informação, modificação, comunicação, transferência, difusão ou extração; (...)".

[7] Art. 5º, I, da LGPD: "dado pessoal: informação relacionada a pessoa natural identificada ou identificável; (...)".

liberdades fundamentais do titular que exijam a proteção dos dados pessoais; ou

X. para a proteção do crédito, inclusive quanto ao disposto na legislação pertinente.

O consentimento[8] informado passa a ter papel relevante na legitimação da coleta de dados pelos fornecedores, que também devem disponibilizar aos usuários todas as informações e esclarecimentos relacionados à coleta de dados, sua necessidade[9] e sua finalidade[10]. A não observância das condições exigidas pela LGPD torna ilegítima a coleta e tratamento de dados e coloca o fornecedor em situação de risco quanto a aplicação de sanções pela Autoridade Nacional de Proteção de Dados (ANPD).

Nesse particular, alerta Bruno Bioni[11] que o consentimento deve refletir uma ação informada e expressa que, por isso mesmo, deve-se dirigir a uma situação individualizada, mediante uma contínua e recorrente interação entre usuário e a aplicação processadora de suas informações pessoais. Isso porque, segundo o autor,

> alteram-se as políticas de privacidade não alertando os usuários sobre as mudanças realizadas, ou mesmo submetendo-se que o usuário com elas concorde. O consentimento do usuário deve ser renovado, fruto de uma contínua e protraída escolha que não deve ser comprimida em único momento em que o usuário acesse e utiliza pela primeira vez a plataforma.

[8] Art. 5º, XII, da LGPD: "consentimento: manifestação livre, informada e inequívoca pela qual o titular concorda com o tratamento de seus dados pessoais para uma finalidade determinada; (...)".

[9] Art. 6º, III, da LGPD: "necessidade: limitação do tratamento ao mínimo necessário para a realização de suas finalidades, com abrangência dos dados pertinentes, proporcionais e não excessivos em relação às finalidades do tratamento de dados; (...)".

[10] Art. 6º, I, da LGPD: "finalidade: realização do tratamento para propósitos legítimos, específicos, explícitos e informados ao titular, sem possibilidade de tratamento posterior de forma incompatível com essas finalidades; (...)".

[11] Bioni, Bruno Ricardo; Lima, Cíntia Rosa Pereira. A Proteção de dados pessoais na fase da coleta: Apontamentos sobre a adjetivação do consentimento implementada pelo artigo 7, incisos VIII e IX, do Marco Civil da Internet a partir da *Human Computer Interaction e da Privacy By Default, 263.* In: Lucca, Newton de; Filho, Adalberto Simão; Lima, Cíntia Rosa Pereira de (Coord.). Direito & Internet III — Marco Civil da Internet. São Paulo: Quartier Latin, 2015, Tomo I, p. 273 e 276.

Daí porque, torna-se necessário ajustar o tempo do consentimento para que ele, definitivamente, reflita uma escolha expressa do usuário.

A proteção ao usuário detentor dos dados coletados também encontra apoio no artigo 9º da LGPD que, ao informar que o titular[12] tem direito ao acesso facilitado às informações sobre o tratamento de seus dados, impõe o dever de que essas informações sejam disponibilizadas de forma clara, adequada e ostensiva acerca da finalidade específica do tratamento; forma e duração do tratamento; identificação do controlador; informações de contato do controlador; informações acerca do uso compartilhado de dados pelo controlador e a finalidade; responsabilidades dos agentes que realizarão o tratamento; e direitos do titular, com menção explícita aos direitos contidos no art. 18 da LGPD[13].

A LGPD restringe ainda o tratamento de dados pessoais sensíveis, assim entendidos àqueles sobre origem racial ou étnica, convicção religiosa, opinião política, filiação a sindicato ou a organização de caráter religioso, filosófico ou político, dado referente à saúde ou à vida sexual, dado genético ou biométrico, quando vinculado a uma pessoa natural. Nesses casos, o tratamento de dados somente poderá ocorrer, nos termos do artigo 11 da LGPD:

> I — quando o titular ou seu responsável legal consentir, de forma específica e destacada, para finalidades específicas;

[12] Art. 5º, V da LGPD: "titular: pessoa natural a quem se referem os dados pessoais que são objeto de tratamento; (...)".

[13] Art. 18 da LGPD: "O titular dos dados pessoais tem direito a obter do controlador, em relação aos dados do titular por ele tratados, a qualquer momento e mediante requisição: I — confirmação da existência de tratamento; II — acesso aos dados; III — correção de dados incompletos, inexatos ou desatualizados; IV — anonimização, bloqueio ou eliminação de dados desnecessários, excessivos ou tratados em desconformidade com o disposto nesta Lei; V — portabilidade dos dados a outro fornecedor de serviço ou produto, mediante requisição expressa, de acordo com a regulamentação da autoridade nacional, observados os segredos comercial e industrial; VI — eliminação dos dados pessoais tratados com o consentimento do titular, exceto nas hipóteses previstas no art. 16 desta Lei; VII — informação das entidades públicas e privadas com as quais o controlador realizou uso compartilhado de dados; VIII — informação sobre a possibilidade de não fornecer consentimento e sobre as consequências da negativa; IX — revogação do consentimento, nos termos do § 5º do art. 8º desta Lei. (...)".

> II — sem fornecimento de consentimento do titular, nas hipóteses em que for indispensável para:
> a) cumprimento de obrigação legal ou regulatória pelo controlador;
> b) tratamento compartilhado de dados necessários à execução, pela administração pública, de políticas públicas previstas em leis ou regulamentos;
> c) realização de estudos por órgão de pesquisa, garantida, sempre que possível, a anonimização dos dados pessoais sensíveis;
> d) exercício regular de direitos, inclusive em contrato e em processo judicial, administrativo e arbitral, este último nos termos da Lei nº 9.307, de 23 de setembro de 1996 (Lei de Arbitragem);
> e) proteção da vida ou da incolumidade física do titular ou de terceiro;
> f) tutela da saúde, exclusivamente, em procedimento realizado por profissionais de saúde, serviços de saúde ou autoridade sanitária; ou
> g) garantia da prevenção à fraude e à segurança do titular, nos processos de identificação e autenticação de cadastro em sistemas eletrônicos, resguardados os direitos mencionados no art. 9º desta Lei e exceto no caso de prevalecerem direitos e liberdades fundamentais do titular que exijam a proteção dos dados pessoais.

Notem que a LGPD demonstrou grande preocupação com relação a proteção dos dados pessoais dos usuários, atribuindo responsabilidade aos agentes de tratamento, impondo-lhes deveres e prevendo sanções ao descumprimento de suas normas, o que faz com que os operadores do comércio eletrônico, ao coletarem dados em suas plataformas, tenham que adequar procedimentos e expor de forma clara a possibilidade de tratamento de dados, dentro de uma finalidade previamente informada e com expresso consentimento do usuário titular dos dados.

Diante disso, passamos a abordar a questão sob a ótica do fornecedor de produto/serviço no comércio eletrônico, no sentido de como coletar e utilizar esses dados de forma legítima, sem cometer abusos ou infringir qualquer dispositivo legal ou direito de personalidade do titular dos dados.

2. A coleta de dados em plataformas eletrônicas

Com o imenso avanço dos meios tecnológicos, o maior fluxo de dados existentes é por meio da internet, tendo em vista que diante da sociedade da informação, há muito mais circulação de dados nos meios eletrônicos, com informações sendo processadas de modo facilitado e célere pelo ambiente virtual, onde se acumula uma carga gigante de rota de dados e informações.

Ao se falar em eletrônico com a realização da tramitação eletrônica de dados, a terminologia é derivada de eletrônica, entendida como a parte da física que se refere a circuitos elétricos, na qual a comunicação de dados por meio do computador é realizada com impulsos elétricos, caracterizando como comunicação eletrônica[14]. No ensinamento de Bruno Bioni[15], "os bits desmaterializaram a informação, permitindo a sua introdução em computadores. E, com o passar do tempo, todo tipo de informação passou a ser digitalizado, tal como o áudio e o vídeo".

O ritmo acelerado e desenfreado de dados em sistemas eletrônicos, é tratado com a explanação de Pierre Lévy[16] da seguinte forma:

> [...] a informática reúne técnicas que permitem digitalizar a informação (entrada), armazená-la (memória), tratá-la automaticamente, transportá-la e coloca-la à disposição de um usuário final. Os aparelhos ou componentes concretos quase sempre misturam diversas funções. Os órgãos de tratamento de informação ou "processadores", que hoje se encontram em chips, efetuam cálculos aritméticos e lógicos sobre os dados. Eles executam em grande velocidade e de forma extremamente repetitiva um pequeno número de operações muito simples sobre informações codificadas digitalmente.

Há algumas décadas atrás, os contratos geralmente eram firmados de forma escrita (em papel) ou verbal (mesmo por telefone), porém, com a criação e o grande avanço da internet e da informática, houve uma evolução de mais uma maneira de estabelecer os contratos, sendo a contratação eletrônica. Isto facilita enormemente a atuação das empresas ao coletar dados de forma digital, expandindo ainda mais o alcance para a

[14] Teixeira, Tarciso. LGPD e E-commerce. São Paulo: Saraiva Educação, 2021, p. 23.

[15] Bioni, Bruno Ricardo. Proteção de Dados Pessoais: a função e os limites do consentimento. 3. ed. — Rio de Janeiro: Forense, 2021, p. 06.

[16] Lévy, Pierre. Cibercultura. Tradução: Carlos Irineu da Costa. São Paulo: Ed. 34, 2010, p. 33.

divulgação de seus produtos ou serviços, advindos por meios eletrônicos de modo prático e econômico para a expansão dos negócios[17].

Entretanto, a prática massiva de coleta de dados pelos meios eletrônicos, de modo desenfreado e descontrolado, ocasiona uma certa preocupação com a proteção da privacidade, da liberdade e o desenvolvimento da personalidade das pessoas que fornecem os seus dados pessoais. A transmissão de dados e informações online em quantidade ilimitada, muitas vezes são praticadas de forma obscura e abusiva, cabendo a necessidade de impor uma tutela jurisdicional sobre os dados que devem ser protegidos, tendo em vista, a ocorrência de violações a privacidade do titular dos dados pessoais[18].

Com o surgimento da grande evolução tecnológica, bem como dos meios de tecnologia de informação e comunicação, das redes sociais, que contém uma expansão da vida privada de forma cotidiana, se verifica um verdadeiro monitoramento tecnológico da vida privada e íntima de forma facilitada com o uso das novas tecnologias. Isto ocasiona uma fragilidade da tutela aos direitos da personalidade com o uso constante da internet torna um elemento facilitador para o monitoramento e investigação da vida privada por meio das inovações tecnológicas, com a movimentação progressiva na rede, muitas empresas gigantes da tecnologia, como exemplo do Google, Facebook, Microsoft, Apple, Amazon, Uber, Waze, conseguem obter o máximo de informações possíveis coletando dados para adquirir um conhecimento amplo sobre cada pessoa.

Nessa linha de pensamento, Cathy O'Neil[19]:

> [...] Em horas, o Facebook podia colher informações de dezenas de milhões de pessoas ou mais, medindo o impacto que suas palavras e links compartilhados tinham umas nas outras. [...] Essa é uma quantia significativa de poder. E o Facebook não é a única empresa a empunhá-lo. Outras corporações de capital aberto, incluindo Google, Apple, Micro-

[17] Teixeira, Tarciso. LGPD e E-commerce. São Paulo: Saraiva Educação, 2021, p. 30.

[18] Barbosa, Danilo Ricardo Ferreira. Silva, Carlos Sérgio Gurgel da. A coleta e o uso indevido de dados pessoais: um panorama sobre a tutela da privacidade no Brasil e a Lei Geral de Proteção de Dados. RJLB, Ano 5 (2019), nº 6. Disponível em: https://www.cidp.pt/revistas/rjlb/2019/6/2019_06_0473_0514.pdf. Acesso em 29 jul.2021, p. 494.

[19] O'Neil, Cathy. Algoritmos de destruição em massa: como o big data aumenta a desigualdade e ameaça a democracia. Tradução: Rafael Abraham. Santo André, SP: Editora Rua do Sabão, 2020, p. 280-281.

soft, Amazon e operadoras de telefonia como Verizon e AT&T têm vasta informação sobre grande parte da humanidade — e os meios para nos guiar da forma que quiserem. Normalmente, como vimos, elas estão focadas em ganhar dinheiro. No entanto, seus lucros estão firmemente ligados às políticas governamentais.

Acerca da facilidade constante do monitoramento de cada passo individual que é exercido na internet, temos a seguinte explicação sobre a vigilância constante na rede:

> Há também entidades denominadas provedores de vias que identificam precisamente onde, quando e quão rápido o indivíduo acessou cada *site*, documentando que lojas visitou, por quais *links* se interessou, em qual ordem e por quanto tempo. Ademais, os dados coletados neste monitoramento cibernético são permanentes e, portanto, investigáveis por qualquer pessoa que tenha interesse em ter acesso a essas informações. Assim, podemos ver que neste caso específico, o aumento do que é monitorado implica o aumento do que é investigável[20].

A agregação de informações obtidas diante da coleta dos dados pelos meios tecnológicos, com o processamento e organização para a extração de informações, podendo ocasionar vantagens e desvantagens ao titular dos dados, dependendo da forma e do modo em que foram processados e tratados. Os dados inexatos ou incompletos com os atributos da programação do algoritmo, "podem gerar predições, inferências e interpretações verdadeiramente discriminatórias acerca de um indivíduo ou de um segmento social"[21].

O fluxo de dados por dispositivos eletrônicos, segue um caminho complexo com uma rede de atores que os utilizam por meio de práticas e de operações com fins diversos. O titular dos dados nem sempre terá o conhecimento prévio de toda a estrutura do tratamento dessa imensa

[20] Finkelstein, Maria Eugenia; Finkelstein, Claudio. PRIVACIDADE e LEI GERAL DE PROTEÇÃO DE DADOS PESSOAIS. Revista de Direito Brasileira, [S.l.], v. 23, n. 9, p. 284-301, fev. 2020. ISSN 2358-1352. Disponível em: <https://indexlaw.org/index.php/rdb/article/view/5343>. Acesso em: 31 jul. 2021, p. 287.

[21] Doneda, Danilo. Tratado de proteção de dados pessoais. Rio de Janeiro: Forense, 2021, p. 98-100.

circulação de dados. Com a enorme escala de informações processadas e agrupadas com as tecnologias atuais, é praticamente inviável que o indivíduo, no ato da coleta de seus dados pessoais, tenha o poder de gerenciamento sobre quais serão as consequências futuramente, pois são informações e dados correspondentes a pessoa que serão agregados, cruzados ou utilizados, restando inúmeras incertezas acerca de uma definição futura[22].

Nesse sentido, a preocupação reside pelo fato que a coleta dos dados pessoais, possa desenvolver um reflexo negativo na vida do cidadão, tendo em vista, que podem estar sujeitos a violação de sua privacidade, ao não ter mais o efetivo controle e conhecimento dos seus dados, pois já estão em posse e poder de empresas e do próprio Governo, sem que haja a ciência plena do cidadão de como está sendo realizado esse tratamento e ainda ser monitorado intensamente.

O usuário titular dos dados pessoais tem o costume de ao adentrar em um *site*, preencher formulários virtuais de cadastros, ao inserir os seus dados e aceitar as condições contratuais dos termos de uso e privacidade, estará fornecendo o seu consentimento para o tratamento dos seus dados, porém, não se sabe como será a forma de utilização das informações inseridas, tendo a iminência de ter a sua privacidade invadida[23].

A proteção jurídica da proteção de dados pessoais, teve um marco significativo com o advento da legislação europeia com a entrada em vigor da *General Data Protection Regulation* (GDPR) em 2018, com aplicabilidade nos países da União Europeia e ao Espaço Econômico Europeu, com o objetivo de regular a proteção da privacidade e dos dados pessoais. Com o nascimento da GDPR na Europa, houve a necessidade de outros países se adequarem às diretrizes da norma de proteção de dados, em caso de manter as relações econômicas ou de troca de dados e informações. Houve uma mudança relevante mundial com inúmeros sites e serviços de diversos países, desde redes sociais e comércios eletrônicos para atender as exigências da GDPR, inclusive com a comunicação

[22] Doneda, Danilo. Tratado de proteção de dados pessoais. Rio de Janeiro: Forense, 2021, p. 99.

[23] Finkelstein, Maria Eugenia; Finkelstein, Claudio. PRIVACIDADE e LEI GERAL DE PROTEÇÃO DE DADOS PESSOAIS. Revista de Direito Brasileira, [S.l.], v. 23, n. 9, p. 284-301, fev. 2020. ISSN 2358-1352. Disponível em: <https://indexlaw.org/index.php/rdb/article/view/5343>. Acesso em: 31 jul. 2021, p. 288.

aos usuários cadastrados com o envio de e-mails informando sobre as mudanças nos termos de serviços com as empresas conforme em atendimento ao estabelecido na legislação europeia de proteção de dados[24].

No Brasil, houve uma necessidade maior de se buscar um amparo jurídico sobre a proteção de dados pessoais, para acompanhar a tendência europeia e mundial, ocasionando o surgimento da Lei Geral de Proteção de Dados nº 13.709 de 14 de agosto de 2018.

A LGPD prevê a coleta de dados pessoais como o marco inicial do tratamento de dados, pois a partir do momento que a coleta de dados de pessoais é concretizada, se inicia a assunção do controlador para realizar a operação de tratamento de dados, sendo sujeito a legislação, com a previsão da coleta no inciso X, do artigo 5º, da LGPD conforme supramencionado, que demonstra as situações que incidem o tratamento de dados.

Entretanto, as hipóteses de incidência da coleta de dados que estejam resguardados pela LGPD, são previstas no artigo 3º, as possibilidades de aplicabilidade da lei, segue abaixo descrito o texto legal:

> Art. 3º Esta Lei aplica-se a qualquer operação de tratamento realizada por pessoa natural ou por pessoa jurídica de direito público ou privado, independentemente do meio, do país de sua sede ou do país onde estejam localizados os dados, desde que:
> I — a operação de tratamento seja realizada no território nacional;
> II — a atividade de tratamento tenha por objetivo a oferta ou o fornecimento de bens ou serviços ou o tratamento de dados de indivíduos localizados no território nacional; ou
> III — os dados pessoais objeto do tratamento tenham sido coletados no território nacional.
> § 1º Consideram-se coletados no território nacional os dados pessoais cujo titular nele se encontre no momento da coleta.
> § 2º Excetua-se do disposto no inciso I deste artigo o tratamento de dados previsto no inciso IV do caput do art. 4º desta Lei.

[24] Barbosa, Danilo Ricardo Ferreira. Silva, Carlos Sérgio Gurgel da. A coleta e o uso indevido de dados pessoais: um panorama sobre a tutela da privacidade no Brasil e a Lei Geral de Proteção de Dados. RJLB, Ano 5 (2019), nº 6. Disponível em: https://www.cidp.pt/revistas/rjlb/2019/6/2019_06_0473_0514.pdf. Acesso em 31 jul.2021, p. 499.

Portanto, conforme expõe o dispositivo legal supracitado, a coleta de dados pessoais com o objetivo de oferta ou o fornecimento de bens ou serviços terá o tratamento de dados com o respaldo da Lei Geral de Proteção de Dados, devendo esta coleta estar adequada ao que dispõe a normativa específica. Independente da coleta de dados ser realizada de acordo com o tipo de tecnologia empregada para a realização do tratamento, seja por meio digital ou analógico ou com o uso da inteligência artificial, de forma automatizada ou manual, terá a aplicação material do artigo 3º, da LGPD[25].

Ao se referir aos princípios da LGPD, são dispostos no artigo 6º[26] todos os conceitos dos princípios norteadores da legislação de proteção de dados, que deve zelar pela boa-fé e o dever geral de conduta. A coleta de dados pessoais para se iniciar o tratamento de dados em conformidade a LGPD, terá que se pautar especialmente pelos princípios finalidade e da necessidade.

[25] Maldonado, Viviane Nóbrega. Blum, Renato Opice. LGPD: Lei Geral de Proteção de Dados comentada. São Paulo: Thomson Reuters Brasil, 2019, p. 52.

[26] Art. 6º As atividades de tratamento de dados pessoais deverão observar a boa-fé e os seguintes princípios: I — finalidade: realização do tratamento para propósitos legítimos, específicos, explícitos e informados ao titular, sem possibilidade de tratamento posterior de forma incompatível com essas finalidades; II — adequação: compatibilidade do tratamento com as finalidades informadas ao titular, de acordo com o contexto do tratamento;
III — necessidade: limitação do tratamento ao mínimo necessário para a realização de suas finalidades, com abrangência dos dados pertinentes, proporcionais e não excessivos em relação às finalidades do tratamento de dados; IV — livre acesso: garantia, aos titulares, de consulta facilitada e gratuita sobre a forma e a duração do tratamento, bem como sobre a integralidade de seus dados pessoais; V — qualidade dos dados: garantia, aos titulares, de exatidão, clareza, relevância e atualização dos dados, de acordo com a necessidade e para o cumprimento da finalidade de seu tratamento; VI — transparência: garantia, aos titulares, de informações claras, precisas e facilmente acessíveis sobre a realização do tratamento e os respectivos agentes de tratamento, observados os segredos comercial e industrial; VII — segurança: utilização de medidas técnicas e administrativas aptas a proteger os dados pessoais de acessos não autorizados e de situações acidentais ou ilícitas de destruição, perda, alteração, comunicação ou difusão; VIII — prevenção: adoção de medidas para prevenir a ocorrência de danos em virtude do tratamento de dados pessoais; IX — não discriminação: impossibilidade de realização do tratamento para fins discriminatórios ilícitos ou abusivos; X — responsabilização e prestação de contas: demonstração, pelo agente, da adoção de medidas eficazes e capazes de comprovar a observância e o cumprimento das normas de proteção de dados pessoais e, inclusive, da eficácia dessas medidas.

A finalidade terá que dar transparência ao titular dos dados com o seu consentimento, com a indicação exata sobre o tratamento a ser realizado, sem que haja a possibilidade de modificação diversa do tratamento de dados, devendo ser realizado a uma finalidade clara e legítima. De acordo com Rony Vainzof[27]:

> O princípio da finalidade conta com grande relevância prática, pois, por meio dele, é garantido ao titular, mediante informação prévia, as fronteiras de legalidade do tratamento de seus dados, delimitando os propósitos do tratamento, desde que lícitos, e de terceiros que poderão ou não ter acesso aos dados. Visa mitigar o risco de uso secundário à revelia do titular.

A necessidade da coleta de dados advém pelo fato de ser coletado o mínimo necessário de dados pessoais do indivíduo, o tratamento tem que ser limitado a menor quantidade de dados, desde que seja necessário para atender as finalidades consentidas[28].

Os dados pessoais como objeto de proteção da legislação, indicam e associam a identificação individual de cada pessoa dentro de um grupo social, ainda que os dados coletados tenham a capacidade de mostrar a referência a uma pessoa natural, muitas vezes os indivíduos ao ter os seus dados coletados, não possuem o conhecimento dessa coleta e tampouco qual a finalidade da coleta já realizada. Isso, ocorre com facilidade na vida cotidiana, onde os dados pessoais são apoderados por empresas e companhias com o fim de explorar economicamente[29].

3. Adequações necessárias ao *e-commerce* para a legítima coleta e tratamento de dados

O comércio eletrônico ou *e-commerce* tem sido um fator de intenso impacto mundial no ramo das operações de comércio, principalmente pela

[27] MALDONADO, Viviane Nóbrega. BLUM, Renato Opice. LGPD: Lei Geral de Proteção de Dados comentada. São Paulo: Thomson Reuters Brasil, 2019, p. 138.

[28] FERREIRA, Rafael Freire. Autodeterminação informativa e a privacidade na sociedade da informação: atualizado com a LGPD. Rio de Janeiro: Lumen Juris, 2020, p. 196.

[29] BARBOSA, Danilo Ricardo Ferreira. SILVA, Carlos Sérgio Gurgel da. A coleta e o uso indevido de dados pessoais: um panorama sobre a tutela da privacidade no Brasil e a Lei Geral de Proteção de Dados. RJLB, Ano 5 (2019), nº 6. Disponível em: https://www.cidp.pt/revistas/rjlb/2019/6/2019_06_0473_0514.pdf. Acesso em 29 jul.2021, p. 492 e 493.

influência em meio a pandemia da Covid-19, em que muitas pessoas em quarentena, estiveram que ficar dentro de suas residências com o intuito de evitar a disseminação do vírus. Com isso, acabaram privilegiando de modo exponencial a aquisição de produtos e serviços de forma online, bem como muitas empresas e comércios de médio e pequeno porte foram praticamente obrigadas a se adequar a esse formato como uma alternativa de se manter no mercado de consumo, sob pena de suas atividades se tornarem obsoletas e fracassadas, tendo em vista, a demanda ter sido focada claramente em transações virtuais.

O entendimento de comércio eletrônico pode ser afirmado como uma extensão do comércio convencional, com tradição em estabelecimentos físicos, passou a existir o ambiente digital com as operações de troca, compra, venda e prestação de serviços serem realizadas por meio de equipamentos e programas de informática, possibilitando proceder com negociações e execuções de contrato pelo meio eletrônico em se tratando de bens intangíveis[30].

Os contratos celebrados eletronicamente também disponibilizam a entrega de bens materiais e imateriais pelo fornecedor estabelecido fisicamente, conforme o entendimento de Tarcísio Teixeira[31] temos da seguinte forma:

> [...] Vale destacar que nos contratos eletrônicos celebrados pela internet, o objeto do negócio pode ser entregue pelo fornecedor fisicamente, no endereço apontado pelo comprador, quando se tratar de um bem material; ou ser entregue eletronicamente ao se tratar de um bem imaterial, como, por exemplo, um vídeo ou um software, que será disponibilizado por download.

O fato é que por meio da rede mundial de computadores, as distâncias se tornam insignificantes para uma transação comercial diante de um contrato a ser concretizado, além, do custo ser menor com relação ao comércio convencional, refletindo também na diminuição do preço repassado aos consumidores. As atividades comerciais de grandes empresas como eBay, Amazon.com, MercadoLivre, Aliexpress, Alibaba.com, etc., tem tido uma grande ascensão em suas operações, possuindo

[30] Teixeira, Tarciso. LGPD e E-commerce. São Paulo: Saraiva Educação, 2021, p. 27.
[31] Teixeira, Tarciso. LGPD e E-commerce. São Paulo: Saraiva Educação, 2021, p. 30.

um valor milionário ou bilionário no mercado. O comércio eletrônico tem sido uma expansão na forma de divulgação de produtos e serviços, como se fosse uma espécie de comércio convencional, mas que é realizado à distância com o uso da informática[32].

Os contratos realizados digitalmente em diversos sítios eletrônicos, dispõem de termos contratuais disponíveis para serem lidos e aceitos. A inserção da opção "li e aceito os termos" é a concordância com os termos apresentados no ambiente virtual, mas muitos usuários não possuem o costume de proceder a leitura completa desses termos, podendo levar um tempo significativo para isso, porém, caso não aceite os termos, ocorre que o usuário não poderá desfrutar dos produtos e serviços oferecidos online[33].

A explanação do exercício do consentimento e as limitações cognitivas do usuário ao dispor e aderir ao fornecimento de seus dados pessoais, é demonstrado da seguinte forma:

> [...] esse indivíduo é guiado pela maximização de seus interesses em face dos custos e benefícios envolvidos em consentir, ou não, com os termos que lhe são apresentados. Assim, caso esteja munido de amplo conhecimento acerca do que é feito com seus dados pessoais, poderá sopesar os custos envolvidos para sua personalidade e contrapô-los diante dos benefícios trazidos, por exemplo, pela utilização de um serviço on-line. Por conseguinte, tomará uma decisão sobre o que consentir e o que não consentir na Internet, em seu melhor interesse, após ler os termos de privacidade disponibilizados, por exemplo. [...] (i) informar o titular dos dados pessoais acerca de quais dados estão sendo coletados e como eles serão usados (notice); em seguida, (ii) permitir com que ele detenha o poder de decidir se aceita, ou não, os referidos usos de seus dados pessoais (consent). Com base nas informações disponibilizadas, portanto, pressupõe-se que o indivíduo está apto a tomar decisões racionais, embasadas e efetivamente autônomas[34].

[32] TEIXEIRA, Tarciso. LGPD e E-commerce. São Paulo: Saraiva Educação, 2021, p. 31-33.

[33] DONEDA, Danilo. Tratado de proteção de dados pessoais. Rio de Janeiro: Forense, 2021, p. 90.

[34] DONEDA, Danilo. Tratado de proteção de dados pessoais. Rio de Janeiro: Forense, 2021, p. 96.

Um cuidado necessário e essencial nos negócios online deve ser levado em consideração pelas empresas, os fornecedores de bens e serviços que disponibilizam de forma online devem zelar pela privacidade dos seus usuários e consumidores. A principal preocupação do tema da privacidade na Sociedade da Informação por meio do comércio eletrônico são os seus *sites* que são os principais coletores de informações na rede. O intuito dos usuários/consumidores ao trafegar nos sites de *e-commerce,* é de que possa usufruir de produtos e serviços, informando os seus dados pessoais em formulários virtuais sendo preenchidos, seus hábitos de consumo e muitas vezes dados patrimoniais e suas preferências. Diante disso, esses *sites* de comércio eletrônico como receptores de dados e informações organizam verdadeiros banco de dados dos seus usuários/consumidores, estando inserindo em uma zona cinzenta, onde nem o Poder Público tem conhecimento sobre a forma de utilização destas informações obtidas[35].

Com efeito, para que haja uma coleta e tratamento de dados pessoais legítimo no comércio eletrônico, os fornecedores de bens e serviços, devem estar em obediência as normas do Código de Defesa do Consumidor, Marco Civil da Internet e a Lei Geral de Proteção de Dados Pessoais. A adequação plena a essa última legislação deve ser priorizada, sob pena de encerramento do tratamento de dados e de imposição de penalidades previstas no artigo 52 da LGPD[36], podendo chegar

[35] Finkelstein, Maria Eugenia; Finkelstein, Claudio. PRIVACIDADE e LEI GERAL DE PROTEÇÃO DE DADOS PESSOAIS. Revista de Direito Brasileira, [S.l.], v. 23, n. 9, p. 284-301, fev. 2020. ISSN 2358-1352. Disponível em: <https://indexlaw.org/index.php/rdb/article/view/5343>. Acesso em: 31 jul. 2021, p. 290.

[36] Art. 52. Os agentes de tratamento de dados, em razão das infrações cometidas às normas previstas nesta Lei, ficam sujeitos às seguintes sanções administrativas aplicáveis pela autoridade nacional:
I — advertência, com indicação de prazo para adoção de medidas corretivas; II — multa simples, de até 2% (dois por cento) do faturamento da pessoa jurídica de direito privado, grupo ou conglomerado no Brasil no seu último exercício, excluídos os tributos, limitada, no total, a R$ 50.000.000,00 (cinquenta milhões de reais) por infração; III — multa diária, observado o limite total a que se refere o inciso II; IV — publicização da infração após devidamente apurada e confirmada a sua ocorrência; V — bloqueio dos dados pessoais a que se refere a infração até a sua regularização; VI — eliminação dos dados pessoais a que se refere a infração; VII — (VETADO); VIII — (VETADO);
IX — (VETADO); X — suspensão parcial do funcionamento do banco de dados a que se refere a infração pelo período máximo de 6 (seis) meses, prorrogável por igual período, até a

com multas de até 2% do faturamento da empresa, com limite total de R$ 50.000.000,00 (cinquenta milhões de reais) que são aplicadas pela Autoridade Nacional de Proteção de Dados (ANPD) que é órgão administrativo do Governo Federal fiscalizador e sancionador.

A adequação a LGPD pelos agentes de tratamento de dados, conhecidos pela legislação como controlador e operador do tratamento de dados, deve estar pautada em consonância com os ditames legais, especialmente em atenção ao princípio da adequação previsto no artigo 6º, inciso II da lei: "adequação: compatibilidade do tratamento com as finalidades informadas ao titular, de acordo com o contexto do tratamento".

Vejamos abaixo o que ensinamento de Mario Viola e Chiara Spafaccini de Teffé[37] trata sobre adequação a norma:

> Na linguagem legislativa, o vocábulo informado significa que o titular do dado tem de ter ao seu dispor as informações necessárias e suficientes para avaliar corretamente a situação e a forma como seus dados serão tratados. A informação é fator determinante para a expressão de um consentimento livre e consciente, direcionado a tratamento específico, para determinado agente e sob determinadas condições. Destaca-se, aqui, a importância dos princípios da transparência, adequação e finalidade para restringir tanto a generalização na utilização dos dados quanto tratamentos opacos. Para diminuir as assimetrias técnica e informacional existentes entre as partes, exige-se que ao cidadão sejam fornecidas informações transparentes, adequadas, claras e em quantidade satisfatória acerca dos riscos e implicações do tratamento de seus dados.

As relações firmadas em comércios eletrônicos terão que atender ao princípio da transparência, que além de ser previsto no inciso VI, do artigo 6º, da LGPD, é também tratado no direito do consumidor expressamente no artigo 4º do Código de Defesa do Consumidor[38]. O binômio

regularização da atividade de tratamento pelo controlador; XI — suspensão do exercício da atividade de tratamento dos dados pessoais a que se refere a infração pelo período máximo de 6 (seis) meses, prorrogável por igual período; XII — proibição parcial ou total do exercício de atividades relacionadas a tratamento de dados.

[37] Doneda, Danilo. Tratado de proteção de dados pessoais. Rio de Janeiro: Forense, 2021, p. 135.

[38] Art. 4º A Política Nacional das Relações de Consumo tem por objetivo o atendimento das necessidades dos consumidores, o respeito à sua dignidade, saúde e segurança, a proteção

transparência-informação deve estar sempre presente na interpretação das leis e implícito ao consentimento informado como sustentação da legislação de proteção de dados, podendo ocorrer a nulidade do consentimento em casos que as informações fornecidas ao titular dos dados não lhe tenham sido apresentadas com transparência[39].

Em toda relação de consumo, o dever de informação pelo fornecedor ao consumidor é uma obrigatoriedade como sustentáculo da boa-fé, o qual é tratado pela LGPD também. O artigo 6º, inciso III, do CDC, estabelece como direito básico do consumidor: "a informação adequada e clara sobre os diferentes produtos e serviços, com especificação correta de quantidade, características, composição, qualidade, tributos incidentes e preço, bem como sobre os riscos que apresentem"[40].

A participação do usuário da internet tem uma relação estreita com o Direito do Consumidor, pois o Código de Defesa do Consumidor já previa em seu artigo 43 uma preocupação acerca da proteção de dados, antes mesmo da entrada em vigor do Marco Civil da Internet e da LGPD, ao dispor: "O consumidor, sem prejuízo do disposto no art. 86, terá acesso às informações existentes em cadastros, fichas, registros e dados pessoais e de consumo arquivados sobre ele, bem como sobre as suas respectivas fontes".

O Marco Civil da Internet (Lei nº 12.965/2014), também trata de maneira rasa sobre a proteção dos dados pessoais, mas que em seu artigo 7º, prevê à inviolabilidade da intimidade e da vida privada e do sigilo do fluxo das comunicações na internet e da troca de mensagens privadas entre os usuários. Protege os contratos de prestação de serviços: "[...] VI — informações claras e completas constantes dos contratos de prestação de serviços, com detalhamento sobre o regime de proteção aos registros de conexão e aos registros de acesso a aplicações de internet, bem como sobre práticas de gerenciamento da rede que possam

de seus interesses econômicos, a melhoria da sua qualidade de vida, bem como a transparência e harmonia das relações de consumo, atendidos os seguintes princípios: [...].

[39] Doneda, Danilo. Tratado de proteção de dados pessoais. Rio de Janeiro: Forense, 2021, p. 654.

[40] Guimarães Filho, Pedro Andrade; Ferneda, Ariê Scherreier; Ferraz, Miriam Olivia Knopik. *A proteção de dados e a defesa do consumidor: autonomia privada frente à privacidade.* Revista Meritum, Belo Horizonte, vol. 15, n. 2, p. 38-52, Maio/Ago. 2020. DOI: https://doi.org/ 10.46560/meritum.v15i2.7749. Acesso em: 01. ago. 2021, p. 48.

afetar sua qualidade [...]. O mesmo dispositivo não permite o compartilhamento de dados pessoais a terceiros, sem que haja o consentimento do titular dos dados.

Em um negócio realizado pelo ambiente cibernético, o Marco Civil da Internet também prevê a que a coleta, uso, armazenamento, tratamento e proteção dos dados pessoais devem ter informações claras e completas, destacas em contrato, desde que a utilização dos dados seja para finalidade que justificam a coleta, quando não forem vedadas pela lei e com previsão contratual. Ao término da relação contratual, o titular dos dados tem o direito de requerer a exclusão definitiva dos seus dados pessoais do banco de dados do fornecedor de serviços[41].

Por outro lado, a LGPD estabeleceu em seu artigo 18, a possibilidade de o titular dos dados pessoais exercer o seu direito de obter do controlador que estão sendo por ele tratados, a qualquer momento e mediante requisição o acesso aos seus dados, a retificação dos dados, anonimização, a portabilidade, bloqueio e eliminação dos dados. A proteção legal concede faculdades para o cidadão exercer o controle sobre seus dados pessoais, isto é, vai além do consentimento do titular dos dados, devendo ser assegurado que o fluxo informacional às suas legítimas expectativas como livre desenvolvimento da personalidade em atenção ao exercício da autodeterminação informativa[42].

Os riscos no tratamento de dados pessoais, é previsto com uma atenção especial pela LGPD, em seu artigo 44, que considera irregular o tratamento quando deixar de observar a legislação, com ausência de segurança que o titular dos dados pode esperar. A responsabilização pelos danos causados pelo controlador ou operador de dados ao titular dos dados está prevista no artigo 42 com a obrigação de reparar, seja patrimonial, moral, individual ou coletivo, podendo estar sujeita as regras de responsabilidade previstas no âmbito das relações de consumo conforme o artigo 45 da norma de proteção de dados[43]. Sem prejuízo tam-

[41] FERREIRA, Rafael Freire. Autodeterminação informativa e a privacidade na sociedade da informação: atualizado com a LGPD. Rio de Janeiro: Lumen Juris, 2020, p. 181.

[42] BIONI, Bruno Ricardo. Proteção de Dados Pessoais: a função e os limites do consentimento. 3. ed. — Rio de Janeiro: Forense, 2021, p. 103.

[43] GUIMARÃES FILHO, Pedro Andrade; FERNEDA, Ariê Scherreier; FERRAZ, Miriam Olivia Knopik. *A proteção de dados e a defesa do consumidor: autonomia privada frente à privacidade.*

bém de responsabilização pelos danos causados em outras esferas jurídicas, como civil, criminal, tributário.

As operações do comércio eletrônico terão que se adequar completamente ao que estabelece as legislações que regulam as atividades comerciais, especialmente a Lei Geral de Proteção de Dados Pessoais que tutela a proteção dos dados para garantir que não ocorra um tratamento irregular dos dados. Os fornecedores de bens e serviços devem garantir meios preventivos fortemente eficaz com o fim de evitar violações aos direitos da personalidade do indivíduo, pois caso contrário sofrerão impactos negativos em seus negócios com o encerramento do tratamento dos dados e sujeito a penalidades previstas na Legislação de Proteção de Dados e em responsabilizado em outras normas jurídicas.

Conclusões

Diante do crescimento expansivo do comércio eletrônico, principalmente com a chegada da pandemia do Coronavírus, onde a sociedade em todo o planeta se concentrou em ficar mais em casa em quarentena de modo a evitar a propagação do vírus da Covid-19. Isso ocasionou um aumento expressivo na utilização do *e-commerce* e do uso das tecnologias de informação e comunicação na internet, inclusive com um acréscimo do número de golpes digitais praticados em transações virtuais, trazendo diversos prejuízos financeiros a inúmeras vítimas que acabam sendo destinatárias dos golpes aplicados, com a utilização indevida de dados pessoais, que é facilitada pelo modo em obter o acesso a dados e informações em trânsito no ambiente eletrônico de forma ágil e prática.

A mudança de cultura na sociedade ainda está em andamento acerca da priorização em se preocupar com a proteção de dados, houve a vigência recente de normas jurídicas extremamente importantes que podem colaborar com a necessidade de blindar o exercício correto do tratamento de dados. A *General Data Protection Regulation*, conhecida como GDPR em 2018, que é a lei europeia de proteção de dados, bem como a Lei Geral de Proteção de Dados Pessoais, Lei nº 13.709/2018 no Brasil, que entrou em vigor em agosto de 2020 e com as sanções em vigência no dia 01 de agosto de 2021. Essas normas foram impactantes diante da evolução

Revista Meritum, Belo Horizonte, vol. 15, n. 2, p. 38-52, Maio/Ago. 2020. DOI: https://doi.org/ 10.46560/meritum.v15i2.7749. Acesso em: 01. ago. 2021, p. 49.

tecnológica acelerada com um mundo globalizado que contribui imensamente para a agitada circulação de dados e informações. As normas trazem uma regulação específica sobre a proteção do tratamento de dados pessoais, de modo a prever que o cidadão titular dos dados tenha o pleno controle sobre a utilização dos seus dados pessoais, possibilitando que exerça o seu consentimento livre e inequívoco no fornecimento de dados para atingir a uma finalidade específica no tratamento de dados.

Desta forma, com a expansão do comércio eletrônico e a grande rotatividade de obtenção de dados e informações nos meios eletrônicos pelos fornecedores de bens e serviços, ora, denominados controladores e operadores do tratamento de dados pessoais, estarão em uma situação vantajosa em face dos usuários e consumidores que fazem o uso dos ambientes virtuais de venda de bens e serviços, estando em uma situação de vulnerabilidade em face das pessoas que coletam e tratam os seus dados. Os dispositivos legais do Código de Defesa do Consumidor, Marco Civil da Internet e da Lei Geral de Proteção de Dados são normas protetivas peculiares a essas transações realizadas na internet, de modo a garantir uma legítima coleta e tratamento de dados, sob pena de encerramento do tratamento de dados e de serem aplicadas sanções administrativas, sem prejuízo da responsabilização dos causadores dos danos em outras esferas legais.

Foram analisadas no presente artigo a preocupação com a violação da privacidade e o livre desenvolvimento da personalidade do indivíduo, direitos que são resguardados constitucionalmente e na legislação de proteção de dados, onde o usuário que se utiliza da internet para adquirir produtos e serviços em *sites* de comércio eletrônico, com a entrega de dados pessoais para preenchimento de formulários de cadastros virtuais que são alimentadas cotidianamente, sustentando uma imensa circulação de dados e informações, não pode sofrer atos abusivos com a utilização de seus dados pessoais. Ademais, muitas vezes os cidadãos não possuem o controle e o exercício dos seus próprios dados, pois foge da sua autonomia e influência, estando os seus dados em poder de empresas que se aproveitam para satisfazer os seus objetivos econômicos e obtenção de altos lucros com o tratamento de dados pessoais.

Por essa razão, a tutela jurídica com base na Lei Geral de Proteção de Dados, está em tela no cenário jurídico brasileiro, justamente para combater as abusividades e irregularidades existentes no tratamento de dados pessoais, a fim de prevenir incidentes de segurança dos dados para garantir uma coleta e tratamento plenamente justo e adequado a nova legislação.

Referências

Baptista, Paulo de Paula. **Lealdade do consumidor e os seus antecedentes: um estudo aplicado ao setor varejista na internet**. 2005. Tese (Doutorado em Administração) — Faculdade de Economia, Administração e Contabilidade, Universidade de São Paulo, São Paulo, 2005. doi:10.11606/T.12.2005.tde-11042008-172316. Acesso em: 20 jul. 2021.

Barbosa, Danilo Ricardo Ferreira. Silva, Carlos Sérgio Gurgel da. A coleta e o uso indevido de dados pessoais: um panorama sobre a tutela da privacidade no Brasil e a Lei Geral de Proteção de Dados. **RJLB, Ano 5 (2019), nº 6.** Disponível em: https://www.cidp.pt/revistas/rjlb/2019/6/2019_06_0473_0514.pdf. Acesso em 29 jul. 2021.

Bioni, Bruno Ricardo. **Proteção de Dados Pessoais: a função e os limites do consentimento.** 3. ed. — Rio de Janeiro: Forense, 2021.

Bioni, Bruno Ricardo; Lima, Cíntia Rosa Pereira. A Proteção de dados pessoais na fase da coleta: Apontamentos sobre a adjetivação do consentimento implementada pelo artigo 7, incisos VIII e IX, do Marco Civil da Internet a partir da *Human Computer Interaction e da Privacy By Default, 263.* In: Lucca, Newton de; Filho, Adalberto Simão; LIMA, Cíntia Rosa Pereira de (Coord.). **Direito & Internet III — Marco Civil da Internet**. São Paulo: Quartier Latin, 2015, Tomo I.

BRASIL, **Lei nº 10.406, de 10 de janeiro de 2002**. Institui o Código Civil. Brasília, 10 de janeiro de 2002. Disponível em: http://www.planalto.gov.br/ccivil_03/leis/2002/l10406.htm. Acesso em: 21 jul. 2021.

BRASIL. **Lei nº 13.709, de 14 de agosto de 2018**. Lei Geral de Proteção de Dados Pessoais (LGPD). Brasília, 14 de agosto de 2018. Disponível em: http://www.planalto.gov.br/ccivil_03/_ato2015-2018/2018/lei/l13709.htm. Acesso em: 21 jul. 2021.

BRASIL. **Lei nº 8.078, de 11 de setembro de 1990**. Dispõe sobre a proteção do consumidor e dá outras providências. Brasília, 11 de setembro de 1990. Disponível em: http://www.planalto.gov.br/ccivil_03/leis/l8078.htm. Acesso em: 20 jul. 2021.

Caro, Abrão. **Comportamento do consumidor e a compra on-line: uma análise multicultural**. 2010. Tese (Doutorado em Administração) — Faculdade de Economia, Administração e Contabilidade, Universidade de São Paulo, São Paulo, 2010. doi:10.11606/T.12.2010.tde-05052010-114514. Acesso em: 20 jul. 2021.

CONDE, Ana Cristina Pinzkoski. **Estímulos no ambiente de compra online: impacto na intenção de recompra do consumidor**. 2013. Dissertação (Mestrado em Administração) — Faculdade de Economia, Administração e Contabilidade, Universidade de São Paulo, São Paulo, 2013. doi:10.11606/D.12.2013.tde-10062013-160834. Acesso em: 20 jul. 2021.

DONEDA, Danilo. **Tratado de proteção de dados pessoais.** Rio de Janeiro: Forense, 2021.

FERREIRA, Rafael Freire. **Autodeterminação informativa e a privacidade na sociedade da informação: atualizado com a LGPD.** Rio de Janeiro: Lumen Juris, 2020.

FINKELSTEIN, Maria Eugenia; FINKELSTEIN, Claudio. PRIVACIDADE e LEI GERAL DE PROTEÇÃO DE DADOS PESSOAIS. **Revista de Direito Brasileira,** [S.l.], v. 23, n. 9, p. 284-301, fev. 2020. ISSN 2358-1352. Disponível em: <https://indexlaw.org/index.php/rdb/article/view/5343>. Acesso em: 31 jul. 2021.

GUIMARÃES FILHO, Pedro Andrade; FERNEDA, Ariê Scherreier; FERRAZ, Miriam Olivia Knopik. *A proteção de dados e a defesa do consumidor: autonomia privada frente à privacidade*. **Revista Meritum, Belo Horizonte, vol. 15, n. 2, p. 38-52, Maio/Ago. 2020.** DOI: https://doi.org/ 10.46560/meritum.v15i2.7749. Acesso em: 01. ago. 2021.

LÉVY, Pierre. **Cibercultura.** Tradução: Carlos Irineu da Costa. São Paulo: Ed. 34, 2010.

MALDONADO, Viviane Nóbrega. BLUM, Renato Opice. **LGPD: Lei Geral de Proteção de Dados comentada**. São Paulo: Thomson Reuters Brasil, 2019.

O'NEIL, Cathy. **Algoritmos de destruição em massa: como o big data aumenta a desigualdade e ameaça a democracia.** Tradução: Rafael Abraham. Santo André, SP: Editora Rua do Sabão, 2020.

RAMOS, Pedro Henrique Soares Melo. **A regulação de proteção de dados e seu impacto para a publicidade online: um guia para a lgpd**. Disponível em: https://baptistaluz.com.br/wp-content/uploads/2019/07/MP_guia_LGPD.pdf. Acesso em: 20 jul. 2021.

TEIXEIRA, Tarciso. **LGPD e E-commerce**. São Paulo: Saraiva Educação, 2021.

7.
O CRESCIMENTO DO *E-COMMERCE*: COMO FICAM OS DIREITOS DA PERSONALIDADE FRENTE AOS DADOS PESSOAIS DOS USUÁRIOS E A LGPD?

Cristina Anita Schumann Lereno Terzidis

Introdução

A sociedade da informação é dinâmica, há evolução constante a qual consterna todos ao redor de suas novas atualizações, pois exige adaptação às novas formas sejam de mercado, sejam novos regramentos que contemplam a sociedade em que vivemos, ainda mais em época de pandemia de COVID-19, a qual assola diuturnamente o mundo.

Tratar de novidades da própria sociedade da informação e até mesmo regramentos condizentes aos inúmeros meios de atualizações comerciais, financeiras e diretrizes aplicadas implica em uma lição de casa que os juristas e os filósofos hodiernamente têm se ocupado para projeções futuras (Doneda, 2019, p. 62/63).

E diante dessa dinâmica da sociedade pós-moderna deve se ter em mente, que para ser possível o desenvolvimento tecnológico e consequentemente econômico do país frente as novas formações de mercado, assim como frente a toda e qualquer atualização do mundo à nível de sociedade da informação, é essencial que haja três critérios básicos firmados, para então ser possível aferir sobre situações as quais se mostram à sociedade e, então, definir regramentos proporcionais.

Neste mesmo diapasão, alude Armand por base de estudos de Saint-Simon, avençando que a sociedade deve ser tratada como indústria fomentadora, ou seja, há imperiosa necessidade de desenvolvimento no setor tecnológico e informacional através de aliança do governo conjuntamente ao setor de tecnologia e ciência e assim será verificada o progresso esperado seja no âmbito da saúde, da educação, da tecnologia todos atinentes à sociedade da informação (Mattelart, 2006, p. 31/34).

Aduz ainda Byung com base em ensinamentos de Aristóteles que o homem tem a sua disposição três formas de vida dentre uma das três a que mais irá transformar a vida na sociedade que é a possibilidade de produzir "belos atos na *polis*[1]" (Han, 2010, p. 79/119), que em tradução pode-se entender perpetrar à sociedade atitudes ponderadas, estudadas e condizentes a atualidade que irão proporcionar o bem-estar social.

Afirma ainda Bauman quando cita categoricamente Adorno, que a necessidade de nos debruçarmos sobre fato novo de fato nos faz pensar sobre a questão (Bauman apud Adorno, 2001, p. 251), para o bom funcionamento da comunidade em que se enquadrar, verifica-se que os ensinamentos do famoso filósofo não mudam diante do século XXI, pois as preleções de Aristóteles continuam sendo imperiosas e necessárias à toda e qualquer elucubração, como a toda e qualquer decisão que possa vir a resvalar à sociedade, implicando na sociedade da informação.

E, diante destas perspectivas, o presente artigo visa tratar do valor que a sociedade pós-moderna aporta nos bens e serviços na era do acesso à informação.

Iremos abordar desde a antiguidade, a Mesopotâmia, passando pela idade média que fomentou a atividade de escambo.

Ainda na Idade Média será verificada a utilização das mercadorias primárias de circulação, assim como o início da precificação no mundo.

Será estudado desde as corporações até as grandes feiras mercantis, passando pelo século XII onde nasceu o mercado no mundo.

[1] Comunidade cujo governo era desenvolvido pelos próprios cidadãos (homens livres, em grego: *politikos*), dicotomisando claramente o espaço público, do privado; regida por normas gerais, preceitos e um poder por eles guiado, realizava comércio com outras cidades, durante a Antiguidade Grega (século VIII, a.C.): Pólis Grega.

Entenderemos que com a Revolução Francesa, Revolução Americana, e Revolução Industrial, houve a instalação do capitalismo, o que influenciou diretamente na economia local e à época global.

Será analisado que com a advinda sociedade da informação observou-se a possibilidade de ser inserida a economia eletrônica em meados de 1979, o que até os dias atuais perfaz-se dinâmica, ainda mais em tempos de pandemia de COVID-19, que retirou do consumidor a possibilidade de escolher comprar ou não via eletrônica, perpetrando a compra tão somente por *e-commerce*.

Será analisada o que de fato fomenta a economia virtual se é a necessidade do produto ou do serviço oferecido ou se é a experiência de ter o produto ou o serviço a disposição e se ainda é a possibilidade de realizar a compra do bem ou do serviço e poder se sentir inserido à sociedade contemporânea.

Obstina-se com o presente estudo abordar as modalidades de *e-commerce* existentes assim como a possibilidade de ser realizado o pagamento de tais compras por meio eletrônico, a hipervalorização do comprar sem se importar com o hiperendividamento do consumidor.

E, por fim, na sociedade pós moderna que hoje contempla amplo acesso as redes sociais, a internet, as redes de notícia, será abarcado o grande valor que hoje é concedido de forma bastante duvidosa e contundente à informação, aos dados das empresas, ainda há também em relação aos dados pessoais, mas para abordar este último iremos dedicar um artigo próprio, pois vasto é o tema.

A hipervaloração da informação na sociedade da informação está deveras preocupando as empresas, pois tornou-se moeda de troca, vez que, infelizmente, algumas das grandes empresas se utilizam de subterfúgios a fim de obter dados e informações de caráter subjetivo a respeito de outras empresas e que pode impactar de forma bastante prejudicial.

1. Do crescimento da economia eletrônica e suas consequencias

A entrada do Brasil na sociedade da informação trouxe vasta ideia de desenvolvimento tecnológico para este país, tentando diminuir consideravelmente a distância do Brasil em relação aos demais países de primeiro mundo na sociedade da informação, fomentando o desenvolvimento e e ampliando-se o arcabouço científico tecnológico. E o Brasil, por sua vez, teve esta façanha em meados de 1992, com a edição da lei

8.248/91, a qual resultou em grande incentivo para realização de pesquisas e desenvolvimento no setor de tecnologia da informação e comunicação no país, sem contar na edição do Livro Verde em 2000, o Livro Branco em 2002 e o Livro Azul em 2010, (Rego et al., 2019, p. 1/11).

E com o advento da internet houve enorme impacto no mundo do comércio, o que proporcionou muita reflexão aos comerciantes tradicionais (Loenert et. al., 2013).

A sociedade da informação no mundo moderno, trouxe uma nova forma de venda de bens e serviços que antes eram vendidos nas feiras e nos mercados passou, então, a ser modificado a outro patamar, o virtual. Derivado da revolução tecnológica, que foi idealizado em 1960 pelos agentes da Agência de Projetos de Pesquisa Avançada do Departamento de Defesa dos Estados Unidos um sistema tecnológico, que na época, visava impedir a tomada ou destruição do sistema norte americano de comunicações por parte dos soviéticos, mas que tão somente ganhou forma em 1970 (Castells, 2020, p. 65).

Assim as negociações de bens e serviços por meio eletrônico, de forma crescente, traz paulatina revolução no mercado de consumo, que hodiernamente ameaça os negócios tradicionais, e desta forma as empresas que reconhecem esta oportunidade e caminham em direção ao *e-commerce* já começaram a estabelecer sua presença on-line com um eficiente modelo de negócios que serve de alicerce para elas (Maya et. al., 2002, p. 3).

Com a evolução do comércio eletrônico, as empresas de varejo encontram-se necessitando de atrativos diferentes e atuais às novas demandas de mercado para atrair e manter consumidores. A imperiosa demanda é justificada pelo aumento significativo nas vendas de varejo eletrônico (Loenert et. al., 2013).

A observância de um bom atendimento, respeitando a comodidade do consumidor, com preços mais atrativos e a possibilidade de entrega mais veloz, tornou o comércio eletrônico um meio de aquisição de bens e serviços mais interessante do que o tradicional modo de se deslocar até a loja física.

Mas nem sempre foi do jeito que conhecemos hoje como comércio eletrônico, pois somente em meados de 1970 começou a ser utilizada a primeira forma de venda eletrônica por meio EDI — Eletronic Data Interchange que consiste em transferências eletrônicas de documentos e o pagamento era realizado por meio do Eletronic Funds Tranfer- EFT, padecendo em 1979, pelo inglês Michael Aldrich da nomenclatura comércio eletrônico ser abreviado a tão somente *e-comerce*, que traduzindo para o português significa comércio eletrônico (Mendonça, 2016, p. 2).

Devida a dinâmica tecnológica e o melhoramento da internet no Brasil e no mundo, propiciou o que atualmente entendemos por *e-commerce*, inclusive, sobre este específico ponto Pierre (Lévy, 2010, p. 207) alude nos dizeres do americano Bill Gates, Presidente da Microsoft, que" ... o ciberespaço deve tornar-se um imenso mercado...e transparente de bens e serviços.", mostrando, novamente a capacidade do *e-commerce* alavancar cada dia mais a economia local e a nível mundial.

Pensando nesta linha Tarcísio alude que:

> O comércio eletrônico ou *e-commerce* representa parte do presente e do futuro do comércio. Existem várias oportunidades de negócio espalhadas pela internet, além de muitas que são criadas em todo momento. É bem provável que uma pesquisa de preços na internet traga não só o menor preço, como também melhores opções de bens. E, apesar do gargalo representado pelo "analfabetismo digital" de uma grande parcela da população, o *e-commerce* já desponta junto a uma geração que nasceu com o computador "no colo" ou "nas mãos". O crescimento do número de internautas na última década é espantoso. (Teixeira, 2015, p. 19).

Nesta mesma toada, devido o exponencial crescimento da tecnologia e facilitação de acesso da internet, o *e-commerce* despontou consideravelmente. e para se ter noção da grandeza do mercado eletrônico já em meados dos anos de 1994 houve o crescimento das empresas estrangeiras no comércio eletrônico e nos Estados Unidos algumas empresas iniciaram o experimento das vendas eletrônicas como é o caso da Pizza Hut que iniciou a venda eletrônica já no mesmo ano, e a Amazon Books que iniciou o comércio de livros de forma eletrônica em 1995, e neste mesmo ano surgiu o e-bay um dos grandes sites de venda eletrônica mundial (Hanashiro, et. al., 2017).

O modelo da época foi melhorado a fim de atender a sociedade transformando-se em loja virtual e com o exponencial crescimento do comércio eletrônico a base de dados das empresas tornou-se bem de maior valor e relevância para cidadãos, empresas e governos (Fortes, et. al., 2013).

A sociedade da informação e o ciberespaço estão proporcionando grande desenvolvimento em todas as áreas e fomentando de forma empírica o *e-commerce* no Brasil e no mundo, inovando, ainda, o cenário do marketing proporcionando grande mudança no destino da economia. A nova forma de aquisição de bens e serviços está revolucionando o mercado como um todo e os empresários que enxergam essa oportunidade conseguem perceber a eficácia do modelo on-line nas suas negociações (MAYA et. al., 2002).

E diante do exponencial crescimento do *e-commerce* à nível local e global, observou-se o dever de regulamentação necessária, que abarcasse as diversas formas negociais advindas com a sociedade da informação.

a) Modalidades de *e-commerce*

As modalidades de e-business, a mais conhecida pelas pessoas que navegam pela rede seja o *business to consumer* (B2C), nesta forma, os negócios entre empresas e consumidores, outra modalidade bastante conhecida é a *business to business* (B2B), que tratam dos negócios jurídicos comerciais entre empresas, outra forma *e-commerce* denominado *consumer to consumer* (C2C), engloba todo e qualquer contrato comercial de consumidor final para consumidor final. E, por fim, outra modalidade existente é *business to government* (B2G), a qual procura simplificar as transações pessoais e comerciais entre cidadãos, empresas particulares e organizações governamentais (Maya et. al., 2002).

Nesta mesma toada importe ressaltar a legislação aplicada a cada modalidade comercial online, pois irá delimitar as consequenciais e os efeitos do negócio jurídico online no Brasil.

b) Aplicabilidade das normas brasileiras no *e-commerce*

No Brasil no que diz respeito ao *business to consumer* (B2C) será aplicado o Código de Defesa do Consumidor, já no que aduz ao negócio realizado pela forma *business to business* (B2B), há duas vertentes, a primeira linha entende que haverá a aplicação do CDC afastando, contudo, os rigores da teoria finalista, que há empenhado o entendimento na ementa a seguir:

> Numa relação interempresarial, para além das hipóteses de vulnerabilidade já consagradas pela doutrina e pela jurisprudência, a relação de dependência de uma das partes frente à outra pode, conforme o caso, caracterizar uma vulnerabilidade legitimadora da aplicação da Lei nº 8.078/90, mitigando os rigores da teoria finalista e autorizando a equiparação da pessoa jurídica compradora à condição de consumidora. (Resp 1.195.642/RJ)" (REsp. 1.321.083-PR) No mesmo sentido: Resp 733.560/RJ.

No que concerne a aplicação da Teoria Finalista nas relações de consumo *e-commerce*, há o seguinte entendimento:

> prevaleceu a inclusão das pessoas jurídicas igualmente como consumidores de produtos e serviços, embora com a ressalva de que assim são entendidas aquelas como destinatárias finais dos produtos e serviços que adquirem, e não como insumos necessários ao desempenho de suas atividades lucrativas." (Sodré at. al, apud Filomeno, p. 27)

Na modalidade de negócio firmado pela forma *consumer to consumer* (C2C), "... no contrato C2C não incidem as normas consumeristas, pelo menos não no que tange à relação formada entre comprador e vendedor", padecendo por aplicado tão somente as normas do direito civil. (Gonçalves, 2015, p. 185)

Na modalidade *business to government* (B2G), as regras a serem seguidas são as atinentes a lei das licitações 8.666/93, bem como a nova lei de licitações 14.133/21, bem como o edital da licitação.

A redução no valor do produto ou do serviço como o grande fator de atratividade quando do uso do *e-commerce* e para o consumidor comprar por meio de click, mostra-se muito mais atraente, pois além de arcar com valores menores de produtos e serviços, a entrega dos bens possui celeridade diferenciada, justamente a fim de atender a demanda. O fato é que os consumidores podem reduzir seus custos em até 80%. (Mendonça, 2016).

Assim como a aquisição de bens e serviços tornou-se deveras facilitada o pagamento de tais produtos e serviços, também restou possibilitado, pois atualmente há várias formas para pagamento.

c) Formas de pagamento no *e-commerce*

O Brasil sempre despendeu esforços para se implementar na sociedade da informação, tentando diminuir a distância de infraestrutura tecnológica e distribuição de riquezas.

No contexto das desigualdades e inclusão financeira notadamente é almejado o total e adequado serviços financeiros, o que há muito não é uma questão puramente econômica, possuindo importância inclusive no campo social, resvalando em resultados que atingem toda população e de forma mais preponderante, aquela cujo o poder de compra ainda é menor (Santiago et. al., 2020, p. 3).

Para tanto, imperioso apontar que o Brasil é signatário da Declaração sobre o Direito ao Desenvolvimento sancionada pela assembleia geral das Nações Unidas em 1986, padecendo por reconhecido o direito ao desenvolvimento como um direito humano inalienável, contribuindo para inclusão financeira e conduzindo o indivíduo a maior liberdade e controle de sua própria vida, o que conhecemos por empoderamento, assim como apontando em direção do combate à pobreza. (Santiago et. al., 2020, p. 6).

No Brasil o comércio eletrônico desmascarou algumas possibilidades de proceder com o pagamento conforme a modalidade do negócio e com o avanço da tecnologia se tornou possível a realização das mais diversas formas de pagamento, resultando em diversos softwares para abarcar esta demanda, sempre com o intuito de facilitar a relação de consumo na internet (Hanashiro, et. al., 2017).

Frisa-se que o pagamento por meio de débito em conta deve se levar em consideração a abertura de crédito bancário, observe que nesta modalidade de pagamento, o fornecedor site possibilita ao consumidor o pagamento à vista do produto ou serviço por meio de transporte ao internet-banking, outra novidade também é abertura conta ou aquisição de cartão de crédito pelo celular, proporcionando ao consumidor ainda mais comodidade, segurança, pois aquele cartão e senha servirão somente à aquela compra, esta prática é realizada pelas instituições financeiras como o Banco do Brasil, Banco Itaú ou Nubank. Há ainda, empresas que realizam a intermediação do pagamento entre consumidores e fornecedores, tais sistemas no *e-commerce* brasileiro são: PayPal, Pagseguro e Mercado Pago (Hanashiro, et. al., 2017).

Como a sociedade da informação é dinâmica, tecnologias cada dia mais são atualização e logicamente como meio de pagamento para aquisições virtuais de bens e serviços inexiste o contrário.

O PIX é uma nova modalidade no Brasil de pagamentos via internet, é a ordem de pagamento instantâneo, ou seja, é o meio de pagamento criado pelo Banco Central (BC) em que os valores são transferidos entre contas em poucos segundos, a qualquer hora ou dia, realizado a partir de uma conta corrente, conta poupança ou conta de pagamento pré-paga (BANCO CENTRAL DO BRASIL, 2020).

Esta transação pode ser realização para negociações contempladas entre pessoas físicas, pessoas físicas e jurídicas, somente pessoas jurídicas e até mesmo entre entes governamentais, assim sendo podemos dizer que esta forma de pagamento rápido pode contemplar as diversas modalidades de *e-commerce*, o *business to consumer* (B2C), o *business to business* (B2B), o *consumer to consumer* (C2C), e até mesmo o *business to government* (B2G) (Santiago et. al., 2020, p. 21).

Mas claro, assim como a aquisição de bens e serviços está paulatinamente facilitada, a forma de pagamento está cada dia mais adaptada a realidade do consumidor moderno, no entanto, compras e pagamento o consumidor está realizando sem de fato ver o que está comprando ou contratando, o proporcionou grande dúvida acerca do direito de arrependimento, que está declarado no art. 49 do Código de Defesa do Consumidor.

d) Aplicabilidade do direito de arrependimento no *e-commerce* no Brasil

No que tange as modalidades de aplicabilidade do Código de Defesa do Consumidor, o direito de arrependimento empenhado pelo artigo 49 da referida normativa legal. Na época da edição do referido Código, década de 90, o comércio eletrônico era apenas uma "ficção", podendo ser evidenciado pelo próprio artigo 49, a qual consta nas compras especialmente por telefone e a domicílio, e desta forma esta garantia deduzida para realidade do *e-commerce*. Sobre tal situação nova no direito Nelson Nery apontou que (Hanashiro, apud Nery et. al., 2017),

> O direito do consumidor arrepender-se e voltar atrás em declaração de vontade que haja manifestado celebrado relação de consumo. O direito

> de arrependimento per se, sem que haja necessária qualquer justificativa do porquê da atitude do consumidor. Basta que o contrato de consumo tenha sido concluído fora do estabelecimento comercial para que incida, plenamente, o direito de o consumidor arrepender-se.

Nesta mesma toada o Superior Tribunal de Justiça já se pronunciou deduzindo que o consumidor pode fazer uso do direito de arrependimento no prazo de sete dias contados do recebimento do produto, especifica ainda que o consumidor, ao exercer o referido direito de arrependimento, terá de volta, imediatamente e monetariamente atualizados, todos os valores eventualmente pagos, a qualquer título, durante o prazo de reflexão e no que concerne aos custos suportados pelo fornecedor, o STJ foi claro em esclarecer que deve-se considerar, ademais, o fato de que eventuais prejuízos enfrentados pelo fornecedor nesse tipo de contratação são inerentes à modalidade de compra fora do estabelecimento comercial (pela internet, por telefone ou a domicílio).

> DIREITO DO CONSUMIDOR. APLICAÇÃO DE MULTA A FORNECEDOR EM RAZÃO DO REPASSE AOS CONSUMIDORES DOS VALORES DECORRENTES DO EXERCÍCIO DO DIREITO DE ARREPENDIMENTO. O Procon pode aplicar multa a fornecedor em razão do repasse aos consumidores, efetivado com base em cláusula contratual, do ônus de arcar com as despesas postais decorrentes do exercício do direito de arrependimento previsto no art. 49 do CDC. De acordo com o caput do referido dispositivo legal, o consumidor pode desistir do contrato, no prazo de sete dias a contar de sua assinatura ou do ato de recebimento do produto ou serviço, sempre que a contratação de fornecimento de produtos e serviços ocorrer fora do estabelecimento comercial, especialmente por telefone ou a domicílio. O parágrafo único do art. 49 do CDC, por sua vez, especifica que o consumidor, ao exercer o referido direito de arrependimento, terá de volta, imediatamente e monetariamente atualizados, todos os valores eventualmente pagos, a qualquer título, durante o prazo de reflexão — período de sete dias contido no caput do art. 49 do CDC —, entendendo-se incluídos nestes valores todas as despesas decorrentes da utilização do serviço postal para a devolução do produto, quantia esta que não pode ser repassada ao consumidor. Aceitar o contrário significaria criar limitação ao direito

> de arrependimento legalmente não prevista, de modo a desestimular o comércio fora do estabelecimento, tão comum nos dias atuais. Deve-se considerar, ademais, o fato de que eventuais prejuízos enfrentados pelo fornecedor nesse tipo de contratação são inerentes à modalidade de venda agressiva fora do estabelecimento comercial (pela internet, por telefone ou a domicílio). REsp 1.340.604-RJ, Rel. Min. Mauro Campbell Marques, julgado em 15/8/2013.

De forma bastante contundente podemos afirmar que o consumidor segue resguardado e amparado pela legislação, no entanto, o crescimento tecnológico é dinâmico e para tanto há necessidade de constante adequação as novas situações cotidianas e, para tanto, Herbert e Isa Maria clareiam três bases evidenciadas para ter a possibilidade de crescimento e inovação frente a sociedade da informação que urge regramentos diante da modernidade que à assola os dias de hoje, e são eles, em primeiro lugar a necessidade da sociedade estar bem amparada por política de desenvolvimento, informação e tecnologia, contando ainda com arcabouço jurídico adequado que padeceram por exaustivas analises por parte do Estado, enquanto nação, por segundo entendimento destaca-se o papel fundamental do Estado na criação, no processamento, e no uso da informação como instrumento de poder global e, por fim, a necessária aprendizagem que amiudadamente é relevante visto a nova modernidade que se aponta em todo momento (REGO et. al., 2019, p. 6/7).

No entanto, há ainda um ponto que deve ser verificado, ponto este que permeia na própria proteção de dados pessoais dos consumidores de *e-commerce* e a própria proteção que a nova legislação LGPD traz, pois em se tratando de dados do usuário, tais informações perfazem características intrínsecas do indivíduo e que para tanto, configuram-se direitos da personalidade do ser humano e, para tanto, dedicamos um capítulo.

2. Os direitos da personalidade do consumidor nas relações do *e-commerce*

Inicialmente cabe esclarecer o que são de fato os considerados direitos da personalidade, para então haver a necessária compreensão dos direitos da personalidade serem protegidos em relações consumeristas.

De início afere-se que os direitos da personalidade são direitos naturais, inerentes a todo e qualquer ser humano.

Embora desde a antiguidade já houvesse a preocupação a respeito dos direitos humanos, advinda com o Cristianismo, o reconhecimento dos direitos da personalidade como hoje conhecemos é deveras recente, padecendo por reconhecido pela Declaração dos Direitos do Homem de 1789 e de 1949 firmada nas Nações Unidas, assim como na Convenção Europeia de 1950. (Gonçalves, 2008, p. 153)

A demais os direitos da personalidade são aqueles que padecem por contemplados pelo direito natural "...dentre outros, o direito à vida, à liberdade, ao nome, ao próprio corpo, à imagem e à honra." (Gonçalves, 2008, p. 153), são inerentes a todo e qualquer ser humano e, assim, englobam, inclusive, os consumidores.

Nesta mesma linha Paulo Hamilton (Siqueira Jr., 2009, p. 28) aduz que os direitos da personalidade "surgem dos atributos da pessoa humana, sem os quais a mesma não pode existir. A personalidade consiste no conjunto de caracteres próprios da pessoa humana.... Os direitos da personalidade são afetos à pessoa..."

Como visto os direitos da personalidade são afetos à toda e qualquer pessoa humana.

Os direitos inerentes ao ser humano, considerados direitos da personalidade possuem, inclusive, próprio amparo constitucional, quando a carta magna aponta como fundamento do Estado, também, a dignidade da pessoa humana, conforme traz o art. 1º, inciso III da Constituição Federal de 1988, que segue:

> Art. 1º A República Federativa do Brasil, formada pela união indissolúvel dos Estados e Municípios e do Distrito Federal, constitui-se em Estado Democrático de Direito e tem como fundamentos:
> III — a dignidade da pessoa humana;

E contempla por dignidade da pessoa humana, direitos intrínsecos ao ser humano, pois são atidos como o piso vital mínimo, conforme alude Alexandre (De Moraes, 2003, p. 60);

> O direito à vida privada, à intimidade, à honra, à imagem, dentre outros, aparecem como consequência imediata da consagração da dignidade da pessoa humana como fundamento da República Federativa do Brasil. Esse fundamento afasta a ideia de predomínio das concepções transpessoalistas de Estado e nação, em detrimento da liberdade individual.

No que tange aos direitos da personalidade nas relações de consumo, os direitos aludidos continuam sendo protegidos mesmo que em se tratando de uma relação consumerista, pois são direitos intrínsecos à pessoa e que, portanto, são considerados intransmissíveis e irrenunciáveis, são absolutos, são ilimitados, imprescritíveis, impenhoráveis, não estão sujeitos a desapropriação e por último, mas não menos importante, são inalienáveis (Gonçalves, 2009, p. 156-159).

O próprio Código de Defesa do Consumidor abarca princípios inerentes à pessoa humana quando resguarda que mesmo em se tratando de relação consumerista, haverá amparo aos direitos que como verificado são considerados piso vital mínimo, vez que traz em seu bojo política nacional das relações de consumo, mas que vise resguardar direitos intrínsecos à pessoa, conforme podemos depreender do art. 5º da Lei 8.078.

E nesta toada, inclusive, Eros Grau (Sodré, et. al., apud Grau, p. 187, p. 36), afirma que;

> O Direito, na visão clássica, se prestava unicamente a instrumentar. A partir do momento, no entanto, em que ele amplia a sua atuação e passa a desenvolver políticas, surgem no ordenamento jurídico normas sobre os "fins". É isso que se deflui a nosso ver, do art. 4º. É como se ele dissesse: "há uma política nacional das relações de consumo" e os fins dessa política são aqueles enunciados no próprio art. 4º, ou seja, o art. 4º é uma norma-objeto, nem norma programática, nem norma de conduta.

De forma bastante clara há mencionado que o próprio CDC trouxe em sua essência a implementação do sistema amparador do consumidor, com viés na proteção dos direitos da personalidade o que nesta esteira aduz Toshio (Sodré, et. al., apud Mukai, 1991, p. 11) que;

> a implementação de uma Política Nacional de Relações de Consumo, sendo seus objetivos: atendimento das necessidades dos consumidores, respeito à sua dignidade, saúde e segurança, à proteção de seus interesses econômicos, a melhoria de sua qualidade de vida e a transparência e harmonia das relações do consumo.

Notadamente verifica-se que o consumidor continua sendo segurado e, assim, encontram-se dispostos os suportes da essência humana à relação consumerista. E ademais, extrai-se dos objetivos deste artigo três grandes blocos, que segundo Marcelo Gomes (SODRÉ, et. al., 2009, p. 41) são eles:

> atendimento das necessidades dos consumidores; respeito à dignidade, saúde, e segurança dos consumidores; harmonia entre consumidores e fornecedores nas relações de consumo, bem como a compatibilização da proteção do consumidor com a necessidade de desenvolvimento econômico e tecnológico.

O consumidor encontra-se resguardado em seus direitos e garantias fundamentais o que indubitavelmente abarcam os direitos da personalidade, no entanto, com a advinda da sociedade da informação, surgiram inúmeras dúvidas em relação ao amparo necessário ao *e-commerce*.

Com o avançar da tecnologia, a aparelhagem acessível e a internet tomando forma o *e-commerce*, ainda mais em meio a pandemia de COVID-19 a qual assola de forma impiedosa o mundo, mas que contribui de forma exponencial com o fomento do comércio eletrônico, o mundo se viu em uma situação que não imperava mais a escolha de comprar ou não via on-line, mas sim todos encontraram-se obrigados a comprar via *e-commerce*.

Ocorre que muitas vezes a exposição de dados e informações na internet podem gerar grandes problemas de toda ordem, já aduzia Karl Larenz em seu livro em 1980, apontando no mais sobre os efeitos da necessária proteção dos direitos da personalidade, ainda mais contemplados em uma sociedade pós 2º Guerra Mundial (DONEDA, apud Karl Larenz, 2019, p. 71);

> A proteção da personalidade humana em seu âmbito próprio, (...) foi em geral avaliada como insuficiente após a Segunda Guerra Mundial. Após a experiência da Ditadura, havia surgido uma sensibilidade diante de toda forma de menosprezo da dignidade humana e da personalidade; ao menos tempo se percebeu que as possibilidades de realizar atos que representem um tal menosprezo, não somente por parte do Estado, mas também por outras associações ou por pessoas privadas, tinham se multiplicado devido ao desenvolvimento da tecnologia (por exemplo, fitas magnéticas, aparelhos de escuta, microcâmaras).

Neste mesmo diapasão, alude Armand por base de estudos de Saint--Simon, avençando que a sociedade deve ser tratada como indústria fomentadora, ou seja, há imperiosa necessidade de desenvolvimento no setor tecnológico e informacional através de aliança do governo conjuntamente ao setor de tecnologia e ciência e assim será verificada o progresso esperado seja no âmbito da saúde, da educação, da tecnologia todos atinentes à sociedade da informação, mas que deve ser priorizada a proteção do ser humano juntamente às tecnologia (Mattelart, 2006, p. 31/34).

Afirma ainda Bauman quando cita categoricamente Adorno, que a necessidade de nos debruçarmos sobre fato novo de fato nos faz pensar sobre a questão (Bauman apud Adorno, 2001, p. 251), para o bom funcionamento da comunidade em que nos enquadramos, verifica-se que os ensinamentos do famoso filósofo não mudam diante do século XXI, pois as preleções continuam sendo imperiosas e necessárias à toda e qualquer elucubração, como à toda e qualquer decisão que possa vir a resvalar à sociedade, implicando na sociedade da informação e no resguardo de informações pessoais que podem desaguar em profunda e desastrosa consequência.

E nesta linha de pensamentos, entende-se que os dados pessoais padecem por uma extensão da personalidade, constituem elementos essenciais de nossa individualidade, e, portanto, são abarcados por reflexos pessoais capazes de nos identificar em nossas particularidades, haja vista sermos seres humanos e sociais e por mesma óptica houve a intenção de apostar a proteção de dados pessoais à categoria de direito da personalidade, que de acordo com a PEC 17/2019 que foi aprovada e que agora há possibilidade de ser incluída nesta categoria (Costa et. al., 2019, p. 11).

A referida Proposta de Emenda à Constituição n. 17 de março de 2019 que foi aprovada 07 do junho de 2021 atualizou o art. 5º inciso XII passando para:

> art. 5º inciso XII — é inviolável o sigilo de correspondência e das comunicações telegráficas de dados e das comunicações telefônicas, salvo, no último caso, por ordem judicial, nas hipóteses e na forma que a lei estabelecer para fins de investigação criminal ou instrução processual penal, bem como é assegurado, nos termos da lei, o direito à proteção dos dados pessoais, inclusive nos meios digitais;

Bem como foi alterado o Art. 22 que aponta a competência exclusiva da União a fim de legislar, incluindo ao inciso XXX a competência de legislar sobre: "proteção de dados pessoais".

Desta feita, nota-se que com o advento do fomento da internet e seus meios de comunicação e aquisição de bens e serviços vieram de forma paulatina ganhar a frente do mercado, e agora mais do que nunca e com a opção de escolha reduzida necessitamo-nos reportar a inusitada compra on-line ou *e-commerce*, mas sem, contudo, deixarmos de ter o devido resguardo em relação as informações que aportamos nos sites de compra e para tanto, a Lei 13.709-2018 trouxe amparo maior e que visa abarcar a proteção das informações do usuário da rede mundial de computadores.

3. A proteção dos dados pessoais e dados pessoais sensíveis do consumidor perante a LGPD

Quando o Brasil adentrou a sociedade da informação o que restou notório pela edição da Lei 8.248-91, que vigora até os dias de hoje, mas com alterações e atualizações, havia uma série de normas dispostas, mas que em momento algum resguardava a proteção de dados do internauta e no dirá do consumidor de *e-commerce*.

Com a edição do livro verde de 2000, também havia a mesma questão, o governo à época muito se ateve em diminuir à distância do Brasil com relação aos outros países em desenvolvimento tecnológico do que apostar regulamentação necessária para que os usuários brasileiros da rede mundial de computadores também estivessem abarcados em direitos e preservados em seus dados.

O que também não ficou diferente com a edição do livro branco 2002, pois a intenção intrínseca da época era a inovação na tecnologia integrada aos países desenvolvidos.

Com o livro azul em 2010 restou a mesma problemática latente, pois aqui nem mais tinha-se o que se falar em inserir o Brasil cada vez mais na sociedade da informação, neste livro havia por motivo diminuir as desigualdades regionais e sociais na exploração de riquezas naturais, mudando o foco às desigualdades, o que foi amplamente discutido à época, pois a edição do livro tratava-se de manutenção do Brasil estar inserido na sociedade informação, mas que, contudo, estivesse resguardo em legislação específica.

Diante da situação imperiosa de se estabelecer princípios, garantias, direitos e deveres para o uso da internet no Brasil que em 2014 no governo da então Presidente Dilma Rousseff, foi editada a Lei 12.965, abarcando, assim, a lacuna normativa que havia disposta.

No art. 3º de início há a disposição dos princípios que disciplinarão o uso da internet no Brasil, indicando no mais respeito a proteção dos dados pessoais e proteção a privacidade, dentre outros princípios, conforme aludido abaixo;

> Art. 3º A disciplina do uso da internet no Brasil tem os seguintes princípios:
> I — garantia da liberdade de expressão, comunicação e manifestação de pensamento, nos termos da Constituição Federal;
> II — proteção da privacidade;
> III — proteção dos dados pessoais, na forma da lei;
> IV — preservação e garantia da neutralidade de rede;
> V — preservação da estabilidade, segurança e funcionalidade da rede, por meio de medidas técnicas compatíveis com os padrões internacionais e pelo estímulo ao uso de boas práticas;
> VI — responsabilização dos agentes de acordo com suas atividades, nos termos da lei;
> VII — preservação da natureza participativa da rede;
> VIII — liberdade dos modelos de negócios promovidos na internet, desde que não conflitem com os demais princípios estabelecidos nesta Lei.
> Parágrafo único. Os princípios expressos nesta Lei não excluem outros previstos no ordenamento jurídico pátrio relacionados à matéria ou nos tratados internacionais em que a República Federativa do Brasil seja parte.

Em sequência no art. 4º da Lei 12.965 de 2014 há expresso apontamento quanto os direitos que devem ser resguardos como é o caso da inviolabilidade da intimidade e da vida privada, a guarda e tratamento de dados pessoais, dentre demais direitos que a legislação alude, mas que precisavam de mais um animo legislativo para serem devidamente aplicada no mundo jurídico.

A proteção ao direito da privacidade, independente da localidade a qual esteja, assim como a proteção dos dados pessoais dos usuários da rede são natos e não podem ser colocados de lado, haja vista que são considerados direitos inerentes do ser humano, segundo aduz Perlingieri (DONEDA apud PERLINGIERI, 2019, p. 130).

De forma paulatina a vertente da privacidade cada vez mais gira em torno de questões relacionadas a dados pessoais e, portanto, sobre a própria informação (DONEDA, 2019, p. 135).

Importante frisar que diante das práticas abusivas de mercado tradicional e de *e-commerce* houve a necessidade de ser elaborada uma legislação que viesse abarcar a os direitos da personalidade em si mesmo, aduzindo no mais a proteção de dados dos consumidores e para tanto, foi editada a Lei 13.709 de 2018, que de início traz no art. 1º que a lei irá tratar sobre os dados pessoais nas plataformas digitais, protegendo, contudo, a pessoa natural, bem como a pessoa jurídica de direito privado ou público, conforme segue;

> Art. 1º Esta Lei dispõe sobre o tratamento de dados pessoais, inclusive nos meios digitais, por pessoa natural ou por pessoa jurídica de direito público ou privado, com o objetivo de proteger os direitos fundamentais de liberdade e de privacidade e o livre desenvolvimento da personalidade da pessoa natural.

A própria legislação traz em seu bojo a fundamentação muito semelhante a que o próprio marco civil da internet, havia trazido quando dispunha dos fundamentos que embasavam a proteção legal, conforme o art. 2º da Lei Geral de Proteção de Dados da Pessoa.

> Art. 2º A disciplina da proteção de dados pessoais tem como fundamentos:
> I — o respeito à privacidade;
> II — a autodeterminação informativa;
> III — a liberdade de expressão, de informação, de comunicação e de opinião;
> IV — a inviolabilidade da intimidade, da honra e da imagem;
> V — o desenvolvimento econômico e tecnológico e a inovação;
> VI — a livre iniciativa, a livre concorrência e a defesa do consumidor; e
> VII — os direitos humanos, o livre desenvolvimento da personalidade, a dignidade e o exercício da cidadania pelas pessoas naturais.

No entanto, outra questão que há que se frisar são os dados em si, o armazenamento de dados dos consumidores, os bancos de dados, que por sua vez também carecem de guarida legal e proteção quanto ao tratamento dos dados e informações dos consumidores.

Observe que a propriedade da vida privada está sendo paulatinamente cedida à rede. A era do acesso no mundo está transformando dados pessoais em exposição plena e que pode proporcionar grande prejuízo ao titular dos dados.

Sobre o contexto ainda Jeremy (Rifkin, 2000, p.2), aponta que a uma valoração sobre a informação o que antes não existia e que demonstra que a informação está paulatinamente ganhando espaço na vida dos indivíduos "Na nova era, os mercados estão cedendo lugar às redes, e a noção de propriedade está sendo substituída rapidamente pelo acesso."

Observe como há uma grande exposição em massa atualmente nas redes, a vida privada está hodiernamente estando estampada na grande vitrine chamada internet.

A destacada preocupação não se perfaz do cotidiano, haja vista que em 1995 o Superior Tribunal de Justiça por meio do Ministro Ruy Rosado de Aguiar (Doneda, 2019, p.173) já havia se manifestado acerca do imperioso amparo que carece o tratamento de dados pessoais, conforme segue:

> A inserção de dados pessoais do cidadão em bancos de informação tem se constituído em uma das preocupações do Estado moderno, onde o uso da informática e a possibilidade de controle unificado das diversas atividades da pessoa nas múltiplas situações de vida, permitem o conhecimento de sua conduta pública e privada, até nos mínimos detalhes, podendo chegar à devassa de atos pessoais, invadindo área que deveria ficar restrita à sua intimidade; ao mesmo tempo, o cidadão objeto dessa indiscriminada colheita de informações, muitas vezes, sequer sabe a existência de tal atividade, ou não dispõem de eficazes meios para conhecer o seu resultado, retificá-lo ou cancelá-lo. E assim com o conjunto dessas informações pode ser usado para fins ilícitos, públicos e privados, na preservação ou repressão de delitos, ou habilitando o particular a celebrar contratos com pleno conhecimento de causa, também pode servir, ao Estado ou ao particular a celebrar contratos com pleno conhecimento de causa, também pode servir, ao Estado ou ao particular, para

> alcançar fins contrários à moral ou ao Direito, como instrumento de perseguição política ou opressão econômica. A importância do tema cresce de ponto quando se observa o número imenso de ato da vida humana praticados através da mídia ou registrado nos disquetes de computador. STJ. Recurso Especial nº 22.337/RS, rel. Min. Ruy Rosado de Aguiar, DJ 20/03/1995, p. 6119.

Em síntese os dados pessoais padecem por uma extensão da personalidade, constituem elementos essenciais de nossa individualidade, e, portanto, são abarcados por reflexos pessoais capazes de nos identificar.

Nesta linha o próprio art. 5º, inciso I da referida lei, impõem que dados pessoais são considerados toda aquela informação que verse sobre a pessoa natural identificada ou identificável, que segue;

> Art. 5º Para os fins desta Lei, considera-se:
> I — dado pessoal: informação relacionada a pessoa natural identificada ou identificável;

Nesta linha a própria legislação em seu art. 38 da Lei 13.709 de 2018 trouxe a existência da categoria de dados denominados sensíveis.

Nesta vertente Danilo (Doneda, 2019, p. 142) aduz que;

> a prática do direito da informação deu origem à criação de uma categoria de dados, os dados sensíveis. Estes seriam determinados tipos de informação que, caso sejam conhecidas e submetidas a tratamento, podem se prestar a uma potencial utilização discriminatória ou lesiva e que apresenta maiores riscos potenciais do que outros tipos de informação. Entre estes dados, tidos como sensíveis, estariam as informações sobre raça, credo político ou religioso, opção sexuais, histórico médico ou dados genéticos de um indivíduo.

Assim sendo, pode-se deduzir que dados sensíveis tratam-se de dados relacionados as esferas pessoais, extremamente íntimas, que se violadas podem causar graves danos à personalidade e à dignidade humana (Costa et. al., 2019, p. 11), assim como podemos aferir que dados pessoais sensíveis abarcam aqueles associados às opções e características intrínsecas do indivíduo, assim como origem racial ou étnica, convicções religiosas ou filosóficas, opiniões políticas, filiação sindical, questões genéticas, biométricas e sobre a saúde ou a vida sexual de uma pessoa e que podem gerar situações de discriminação e desigualdade, o que inclusive segue especificado pela própria legislação no art. 5º, inciso II, conforme segue:

> Art. 5º Para os fins desta Lei, considera-se:
> II — dado pessoal sensível: dado pessoal sobre origem racial ou étnica, convicção religiosa, opinião política, filiação a sindicato ou a organização de caráter religioso, filosófico ou político, dado referente à saúde ou à vida sexual, dado genético ou biométrico, quando vinculado a uma pessoa natural;

Ocorre, contudo, que precisa se ter tratamento e proteção efetivada à estes dados, pois o repasse de todo e qualquer passo digital assim como o algoritmo, ou a até mesmo a falta de segurança no controle desses dados, resvala em responsabilidade civil, mas antes mesmo de haver a devida indenização haverá impactos em todos os anglos da vida da pessoa.

Assim sendo, a LGPD trouxe a obrigatoriedade às empresas, que portam consigo dados pessoais e até sensíveis sobre os usuários acerca do consentimento do titular dos dados no que tange a coleta e armazenamento dos referidos dados pessoais, qual a finalidade da coleta, a utilização (Costa et. al., 2019, p. 13).

No que tange ao consentimento, este deve ser expresso, e sem estar eivado de vícios e determinadas às finalidades de uso de tais dados, conforme alude o art. 8º da referida LGPD;

> Art. 8º O consentimento previsto no inciso I do art. 7º desta Lei deverá ser fornecido por escrito ou por outro meio que demonstre a manifestação de vontade do titular.
> § 1º Caso o consentimento seja fornecido por escrito, esse deverá constar de cláusula destacada das demais cláusulas contratuais.
> § 2º Cabe ao controlador o ônus da prova de que o consentimento foi obtido em conformidade com o disposto nesta Lei.
> § 3º É vedado o tratamento de dados pessoais mediante vício de consentimento.
> § 4º O consentimento deverá referir-se a finalidades determinadas, e as autorizações genéricas para o tratamento de dados pessoais serão nulas.

> § 5º O consentimento pode ser revogado a qualquer momento mediante manifestação expressa do titular, por procedimento gratuito e facilitado, ratificados os tratamentos realizados sob amparo do consentimento anteriormente manifestado enquanto não houver requerimento de eliminação, nos termos do inciso VI do caput do art. 18 desta Lei.
> § 6º Em caso de alteração de informação referida nos incisos I, II, III ou V do art. 9º desta Lei, o controlador deverá informar ao titular, com destaque de forma específica do teor das alterações, podendo o titular, nos casos em que o seu consentimento é exigido, revogá-lo caso discorde da alteração.

Quanto ao tratamento e proteção de dados pessoais, incluindo os dados sensíveis, a própria LGPD, faz distinção quando aponta que o tratamento de dados referido quando for utilizado pelos trabalhos de origem artística, jornalística, ou até mesmo por pessoa natural para fins particulares e não lucrativos não se aplica a proteção distinta, conforme art. 4º, inciso I e II e alínea "a" da LGPD;

> Art. 4º Esta Lei não se aplica ao tratamento de dados pessoais:
> I — realizado por pessoa natural para fins exclusivamente particulares e não econômicos;
> II — realizado para fins exclusivamente:
> a) jornalístico e artísticos; ou

Para fins de tutela de tratamento pela lei 13.709, somente será cabível quando houver o fornecimento do consentimento expresso pelo titular, quando houver obrigatoriedade legal, pela própria administração pública, para realização de estudos por órgão de pesquisa sendo garantida, se possível, a anonimização dos dados pessoais, quando for necessária execução de contrato sendo qual for o titular, para exercício regular de direito em se tratamento de processo arbitral, para proteção da vida e da saúde e quando for necessário para atender aos interesses legítimos do controlador ou de terceiro e para proteção de crédito, conforme segue abaixo;

> Art. 7º O tratamento de dados pessoais somente poderá ser realizado nas seguintes hipóteses:
> I — mediante o fornecimento de consentimento pelo titular;

> II — para o cumprimento de obrigação legal ou regulatória pelo controlador;
> III — pela administração pública, para o tratamento e uso compartilhado de dados necessários à execução de políticas públicas previstas em leis e regulamentos ou respaldadas em contratos, convênios ou instrumentos congêneres, observadas as disposições do Capítulo IV desta Lei;
> IV — para a realização de estudos por órgão de pesquisa, garantida, sempre que possível, a anonimização dos dados pessoais;
> V — quando necessário para a execução de contrato ou de procedimentos preliminares relacionados a contrato do qual seja parte o titular, a pedido do titular dos dados;
> VI — para o exercício regular de direitos em processo judicial, administrativo ou arbitral, esse último nos termos da Lei nº 9.307, de 23 de setembro de 1996 (Lei de Arbitragem) ;
> VII — para a proteção da vida ou da incolumidade física do titular ou de terceiro;
> VIII — para a tutela da saúde, exclusivamente, em procedimento realizado por profissionais de saúde, serviços de saúde ou autoridade sanitária;
> IX — quando necessário para atender aos interesses legítimos do controlador ou de terceiro, exceto no caso de prevalecerem direitos e liberdades fundamentais do titular que exijam a proteção dos dados pessoais; ou
> X — para a proteção do crédito, inclusive quanto ao disposto na legislação pertinente.

Observe que no tratar de dados pessoais no tratamento de base de saúde, os mesmos autores, aos dados dos usuários do Sistema Único de Saúde (SUS), que representa dados pessoais sensíveis da população brasileira, o grande risco de vazamento de dados é deveras preocupante, pois, foi lançado um aplicativo denominado E-Saúde em junho de 2016 pelo Ministério da Saúde de âmbito nacional, que em síntese oferece uma inúmeras informações que possuem direta com os titulares de dados e usuários do Sistema Único de Saúde (SUS) como, por exemplo, dados do cartão nacional de saúde, lista de medicamentos retirados em unidades de saúde, informações sobre o cartão de vacinação, lista de exames realizados, dentre outros (Guinther et. al., apud Junior e Fautino, 2020, p. 12).

Observamos que a sociedade conectada revela a importância da regulamentação específica, que contempla as necessidades atuais e as modificações sociais, e que com isso acrescente a segurança nas relações de pautadas pelo CDC (Costa et. al., 2019, p. 12). Desta forma, as redes sociais devem se aportar sistemas de segurança dos seus usuários, que consomem seus serviços, produtos, ao cederem seus dados pessoais.

Conclusões

Podemos aduzir que os direitos da personalidade são direitos os quais encontram-se categoricamente ligados ao ser humano, reconhecidos desde a antiguidade, pois, embora já houvesse a preocupação a respeito dos direitos humanos, advinda com o Cristianismo, o reconhecimento dos direitos da personalidade como hoje conhecemos é deveras recente, padecendo por reconhecido pela Declaração dos Direitos do Homem de 1789 e de 1949 firmada nas Nações Unidas, assim como na Convenção Europeia de 1950.

Os direitos da personalidade englobam aqueles direitos fundamentais, assim pela base do princípio da dignidade, também previstos no texto constitucional que padecem por contemplados no próprio Código Civil e dentre outros, são considerados o direito à vida, à liberdade, ao nome, ao próprio corpo, à imagem e à honra.

O próprio Código de Defesa do Consumidor abarca princípios inerentes à pessoa humana quando resguarda que mesmo em se tratando de relação consumerista, haverá amparo aos direitos que como verificado são considerados piso vital mínimo, vez que traz em seu bojo política nacional das relações de consumo, mas que vise resguardar direitos intrínsecos à pessoa, conforme podemos depreender do art. 5º da Lei 8.078. De forma bastante clara há mencionado que o próprio CDC trouxe em sua essência a implementação do sistema amparador do consumidor no que tange direitos base, com viés na proteção dos direitos da personalidade.

Notadamente verifica-se que o consumidor continua sendo resguardado em seus direitos e garantias fundamentais o que indubitavelmente abarcam os direitos da personalidade, no entanto, com a advinda da sociedade da informação, surgiram inúmeras dúvidas em relação ao amparo necessário em se tratando de plataforma digital.

Em meados dos anos 2000, foi editado o livro verde a qual o Brasil se preocupou mais com a distância do Brasil em relação aos outros países, no que tange ao desenvolvimento tecnológico do que com a própria legislação que regulamenta-se o necessário para resguardo dos usuários brasileiros da rede mundial de computadores.

O que também não ficou diferente com a edição do livro branco 2002, pois a intenção intrínseca da época era a inovação na tecnologia integrada aos países desenvolvidos. Em 2010 restou a mesma problemática, no entanto, de forma bastante avessa neste livro havia por motivo diminuir as desigualdades regionais e sociais na exploração de riquezas naturais, mudando o foco às desigualdades, o que foi amplamente discutido à época, e muito criticado, pois a edição do livro tratava-se de manutenção do Brasil estar inserido na sociedade informação, desenvolvimento tecnológico, mas que, contudo, estivesse resguardo em legislação específica.

Diante da situação imperiosa de se estabelecer princípios, garantias, direitos e deveres para o uso da internet no Brasil que em 2014 no governo da então Presidente Dilma Rousseff, foi editada a Lei 12.965, abarcando, assim, a lacuna normativa.

Nesta lei avia previsão dos respaldos e direitos intrínsecos dos internautas enquanto pessoa humana, mas faltava a efetividade, então em 2018, foi editada a Lei 13.709 de 2018, que de início traz no art. 1º que a lei irá tratar sobre os dados pessoais nas plataformas digitais, protegendo, contudo, a pessoa natural, bem como a pessoa jurídica de direito privado ou público.

No entanto, outra questão que há que se frisar são os dados em si, o armazenamento de dados dos consumidores, o que sempre padeceu por lacunosa em outras legislações, nesta o legislador conseguiu abordar, inclusive esclarecendo acerca de bancos de dados, que por sua vez também carecem de guarida legal e proteção aos consumidores.

Apontando em síntese os dados pessoais padecem por uma extensão da personalidade, constituem elementos essenciais de nossa individualidade, e, portanto, são abarcados por reflexos pessoais capazes de nos identificar em nossas particularidades, haja vista sermos seres humano e sociais, e por mesma óptica há intenção de apostar a proteção de dados pessoais à categoria de direito da personalidade, que de acordo com a PEC 17/2019 há possibilidade de ser inclusiva nesta categoria.

Já outra categoria que deve ser reverenciada são dos dados pessoais sensíveis, os quais tratam-se de dados relacionados as esferas pessoais, extremamente íntimas, que se violadas podem causar graves danos à personalidade e à dignidade humana, assim como podemos aferir que dados pessoais sensíveis abarcam aqueles associados às opções e características intrínsecas do indivíduo, assim como origem racial ou étnica, convicções religiosas ou filosóficas, opiniões políticas, filiação sindical, questões genéticas, biométricas e sobre a saúde ou a vida sexual de uma pessoa e que podem gerar situações de discriminação e desigualdade.

A título de tratar de tais dados dos consumidores e de todo os usuários a legislação 13.709/18 apostou em tratamento e proteção adequados, assim as plataformas precisam do consentimento expresso pelo titular, quando houver obrigatoriedade legal, pela própria administração pública, para realização de estudos por órgão de pesquisa sendo garantida, se possível, a anonimização dos dados pessoais, quando for necessária execução de contrato sendo qual for o titular, para exercício regular de direito em se tratamento de processo arbitral, para proteção da vida e da saúde e quando for necessário para atender aos interesses legítimos do controlador ou de terceiro e para proteção de crédito.

No entanto, ainda há grande preocupação derivada de meados de 1995 o qual o Ministro do STJ à época havia reportado sobre a imensidão de informações frente a demasiada exposição de dados de consumidores em bancos de dados e plataformas digitais que podem, uma vez vasados, acarretar prejuízos de diversas vertentes, há então de se ter efetividade nesta legislação que agora sana inúmeras lacunas normativas que antes eram atidas por outras legislações.

Assim padece de início a necessidade das políticas públicas serem aplicadas, a fim de evitar atos irresponsáveis por parte de plataformas que não obstante, diuturnamente padecem por ceder dados de usuários dentre outras práticas condenáveis e que podem acarretar grande prejuízo aos titulares de dados e informações pessoais.

Referências

BAUMAN, Zygmunt. **Modernidade Líquida**. Rio de Janeiro: Editora Zahar, 2001.

BAUMAN, Zygmunt. **Vida para o consumo. A transformação das pessoas em mercadoria**. 1. ed. Rio de Janeiro: Zahar, 2008.

BRASIL. Banco Central do Brasil. **O que é Pix?**. Disponível em: https://www.bcb.gov.br/estabilidadefinanceira/pix. Acesso em: 12 de maio de 2021.

BRASIL. **Lei 13.709, de 14 de agosto de 2018. Lei Geral de Proteção de Dados Pessoais (LGPD)**. Disponível em: http://www.planalto.gov.br/ccivil_03/_ato2015-2018/2018/lei/l13709.htm. Acesso em: 10 mai. 2021.

BRASIL. Superior Tribunal de Justiça. **Recurso Especial nº 22.337/RS.** Disponível em: https://tj-sp.jusbrasil.com.br/jurisprudencia/592068253/20655143620188260000-sp-2065514-3620188260000/inteiro-teor-592068274. Acesso em: 12 mai. 2021.

Castells, Manuel. **A Sociedade em Rede**. 22. Ed. São Paulo: Paz e Terra, 2020.

Costa, Ramon Silva. De Oliveira, Samuel Rodrigues. Os direitos da personalidade frente à sociedade de vigilância: privacidade, proteção de dados pessoais e consentimento nas redes sociais. **Revista Brasileira de Direito Civil em Perspectiva**, 2019.

De Mendonça, Herbert Garcia. E-Comerce. IPTEC — Revista Inovação, Projetos e Tecnologias, Journal of Innovation, Projects and Technologies — JIPT, **Revista Inovação, Projetos e Tecnologias — IPTEC**, 2016.

De Moraes, Alexandre. **Direitos humanos fundamentais**. 5. ed. São Paulo: Atlas, 2003.

Doneda, Danilo. **Da Privacidade à Proteção de Dados Pessoais**. 2. ed., São Paulo: Revista dos Tribunais, 2019.

Fortes, Vinícius Borges. Boff, Salete Oro. Cella, José Renato Gaziero. O Poder da Informação na Sociedade em Rede: uma análise jusfilosófica da violação da privacidade e dos dados pessoais no ciberespaço como prática de violação de direitos humanos. In: Rover, Aires José, Santos, Paloma Maria, Mezzaroba, Orides. (Org.). **G721 Governo eletrônico e inclusão digital**. Florianópolis: Conceito Editorial, 2014.

Gonçalves. **Carlos Roberto. Direito Civil Brasileiro**. Parte Geral. Vol. I, 6. ed., São Paulo: Saraiva, 2008.

Han. Byung-Chul. **Sociedade do Cansaço**. 2. ed. Petrópolis: editora Vozes, 2020.

Hanashiro, Wagner Seian. Nava, Leandro Caldeira e Barreto Junior, Irineu Francisco — A regulação do direito do consumidor no comércio eletrônico. **Revista Jurídica Cesumar** — Mestrado, v. 17, n. 3, 2017.

Lévy, Pierre. **Cibercultura**. 3. ed. São Paulo: Editora 34, 2010.

Loenert, Marcelo Augusto. Xavier, Luciana Pedroso. O comércio eletrônico: uma análise dos sites de compras coletivas e a relação de consumo. **Percurso**, 2013.

Matellart. Armand. **História da Sociedade da Informação**. 2. ed., São Paulo: Loyola, 2006.

Maya, Paulo Cesar da Cunha. Otero, Walter Ruben Iriondo. A influência do consumidor na era da internet. **Rev. FAE**, 2002.

REGO, Herbert de Oliveira; FREIRE, Isa Maria. O Brasil no contexto da sociedade da informação, à luz do regime global emergente de informação. **Pesquisa Brasileira em Ciência da Informação e Biblioteconomia**, 2019.

RIFKIN, Jeremy. **A Era do Acesso**. São Paulo: Pearson, 2000.

SANTIAGO, Mariana Ribeiro. ZANETONI, Jaqueline de Paula Leite. **Inclusão financeira, inovação e promoção ao desenvolvimento social e econômico através do pix**. vol. 04, nº 61, Curitiba, 2020.

SIQUEIRA JR., Paulo Hamilton. DE OLIVEIRA, Miguel Augusto Machado. **Direitos Humanos e Cidadania.** 2 ed., ver. e atual., ed. Revista dos Tribunais, 2009.

SODRÉ, Marcelo Gomes. MEIRA, Fabíola. CALDEIRA, Patricia. **Comentários ao Código de Defesa do Consumidor**. 1ºed., São Paulo, 2009.

TEIXEIRA, Tarcísio. **Comércio Eletrônico: conforme o Marco Civil da Internet e a regulamentação do e-commerce no Brasil**. São Paulo: Saraiva, 2015.

8.
APLICAÇÃO DA LEI GERAL DE PROTEÇÃO DE DADOS NAS RELAÇÕES DE TRABALHO: UM NOVO DIREITO DA PERSONALIDADE DO TRABALHADOR

Paulo Roberto Fogarolli Filho
Jorge Shiguemitsu Fujita

Introdução

A sociedade contemporânea encontra seu alicerce na acumulação de informações e no grande fluxo de dados, marcas características da sociedade da informação. A mutação tecnológica é sentida pelo uso maciço, e cada vez mais presente, da *internet* e pela utilização de meios eletrônicos, emergindo uma nova organização social, cujo poder está atrelado à obtenção de informação e na captação de dados.

Esses dados, quando coletados, produzem informação e conhecimento, colocando as empresas que os detêm em posição mais favorável na competição do mercado. Isto quer dizer que o uso direcionado dos dados tem o condão de produzir contrapartida econômica ao empreendedor. Assim, o uso massivo da tecnologia aliado ao elevado valor que os dados possuem na sociedade atual propiciou uma corrida desenfreada dos empresários na captação de dados, especialmente os dados pessoais dos cidadãos.

Essas questões propiciaram o surgimento de um novo modelo de mercado de trabalho, submerso na tecnologia, centrado na utilização de diversas ferramentas digitais disponíveis ao empregador que permitem a captação e manipulação dos dados pessoais dos trabalhadores, colocando-os em potencial condição de fragilidade, podendo ser denominada, ainda, como condição de hiper vulnerabilidade.

O fácil acesso aos dados dos trabalhadores pela *internet* é o que permite às empresas, por exemplo, preparar perfis dos candidatos para vagas de trabalho, identificar quais empregados estão aptos a uma promoção, descartar aqueles cujos posicionamentos pessoais estampados, por exemplo, em redes sociais, são antagônicos ao pensamento dos gestores do negócio, dentre outros inúmeros exemplos que poderiam ser elencados.

O advento da Lei Geral de Proteção de Dados (LGPD), em 2018, regulamentou a proteção de dados pessoais e buscou conceder proteção aos direitos fundamentais de privacidade e do livre desenvolvimento da personalidade humana. A LGPD trouxe, assim, uma aplicação ampla sobre a proteção de dados pessoais dos cidadãos, não obstante não o tenha feito em relação às relações de trabalho.

O objetivo deste estudo é analisar a LGPD no contexto das relações de trabalho e identificar se as suas diretrizes também podem conferir proteção aos dados pessoais e sensíveis dos trabalhadores.

O estudo considera o cenário atual das relações de trabalho na sociedade da informação e a condição de fragilidade dos trabalhadores frente ao mercado de trabalho imerso na tecnologia, debruçando-se sobre a legislação europeia acerca da tutela dos dados pessoais, notadamente nas relações de trabalho, para então, buscar identifica a relação entre a privacidade e a proteção de dados pessoais e sensíveis dos trabalhadores; e quais são os limites para a utilização dos dados pessoais e sensíveis dos trabalhadores, especialmente nas fases pré-contratual, contratual e pós-contratual.

O presente estudo é relevante para o aprimoramento da tutela dos dados pessoais e sensíveis dos trabalhadores, na medida em que coloca a proteção dos dados pessoais no *status* de um direito autônomo, integrando a categoria de direito da personalidade do trabalhador.

Para tanto, dividiu-se o presente artigo em quatro capítulos. No primeiro, analisaram-se as relações de trabalho na sociedade da informação. No segundo, examinou-se o mecanismo de proteção de dados pessoais e sensíveis dos trabalhadores no continente europeu. No terceiro, debruçou-se sobre a proteção de dados pessoais e sensíveis dos trabalhadores no direito brasileiro. E, no quarto, foi analisada a aplicação da Lei Geral de Proteção de Dados nas relações de trabalho.

A metodologia utilizada parte do método dedutivo, revisando-se a bibliografia indicada nas referências, visitando-se a doutrina, a legislação e o que foi produzido acerca do tema objeto do estudo apresentado.

1. A sociedade da informação: mudanças nas relações de trabalho

A revolução digital figura como verdadeiro marco disruptivo das formas de produção de bens e serviço, cujos impactos alcançaram todos os segmentos sociais: consumo, educação, mercado de trabalho, costumes, dentre outros, desencadeando uma profunda modificação das relações sociais inseridas na sociedade da informação.

Castells[1] identifica que a convergência da evolução social e da ascensão tecnológica desencadeou uma nova base material para o desempenho de atividades em toda a estrutura social, de modo que essa base construída em rede define os processos sociais dominantes, dando forma à própria estrutura social da sociedade moderna.

Barreto Junior e Naspolini[2] apontam que a principal característica da sociedade da informação é a "viabilidade tecnológica do acesso a informações advindas de qualquer lugar do mundo em tempo quase real, de forma inédita na história pretérita, de modo que a informação é o centro gravitacional desta nova era".

Desse modo, a base material da sociedade do século XXI são os dados e informações que, quando coletados e aplicados em fórmulas algorítmicas, produzem trabalho, bens, serviços, colocando os empreendedores que os detêm em posições mais bem avantajadas de competição no mercado de trabalho. Isto é dizer um uso "bem direcionado" de dados disponíveis tem o atributo de desencadear contrapartida econô-

[1] Castells, Manuel. **A sociedade em rede — A era da informação: economia, sociedade e cultura**, v.01. São Paulo: Paz e Terra, 2019, p. 554.

[2] Barreto Junior, Irineu Francisco; Naspolini, Samyra Haydêe Dall Farra. **Proteção de informações no mundo virtual: a LGPD e a determinação de consentimento do titular para tratamento de dados pessoais** in: Cadernos Adenauer xx (2019), nº 3, **Proteção de dados pessoais: privacidade versus avanço tecnológico** Rio de Janeiro: Fundação Konrad Adenauer, outubro 2019, p. 139.

mica ao empreendedor. Dessa maneira, os dados são considerados valiosos nos tempos atuais, todavia, estão cada vez mais disponíveis nas redes de *internet*, sem muita proteção.

Novos temas surgem no âmbito do Direito do Trabalho, tais como o uso da *internet*, proteção de dados, teletrabalho, *home office*, segurança da informação, notadamente pelas diversas ferramentas digitais disponíveis ao empregador que podem acarretar violação aos direitos de personalidade do trabalhador, o qual, por sua vez, encontra-se em posição mais frágil diante da maior disponibilidade de informações na sociedade conectada em rede.

O Direito do Trabalho passa a deparar-se com novos assuntos como o ambiente de trabalho em plataformas digitais, uso de inteligência artificial e de algoritmos para tomada de decisões empresariais, teletrabalho, *home office*, dentre outros, cada vez mais frequentes e presentes no mercado de trabalho.

Antunes[3] descreve que esse novo cenário virtual desencadeou o surgimento da figura denominada como "escravidão digital", a exemplo do *zero hour contract* amplamente utilizado no mundo, em que o trabalhador aguarda longa horas para ser acionado pelo empreendedor e recebe apenas as horas efetivamente trabalhadas, sem receber qualquer valor pelo tempo que permaneceu ocioso.

O fenômeno mundial da "uberização" desperta inúmeras preocupações dos operadores do direito que militam na área do Direito do Trabalho, especialmente pela possibilidade de risco acentuado à saúde dos trabalhadores que não gozam de qualquer proteção legal.

Essa imersão tecnológica coloca o trabalhador em posição de enorme vulnerabilidade quanto à exposição dos seus dados, notadamente pela facilidade de acesso aos seus dados pessoais por empresas que detêm a tecnologia para captá-los e utilizá-los para interesses próprios.

A manipulação de dados pelo uso da inteligência artificial é de tamanha amplitude que um perfil de um possível candidato a uma vaga de emprego pode ser construído não apenas quanto às suas características profissionais, mas também quanto ao seu aspecto pessoal íntimo, mediante o acesso aos dados disponíveis na *internet*, como nas páginas

[3] ANTUNES, Ricardo. **Proletariado digital, serviços e valor** in: **Riqueza e miséria do trabalho no Brasil IV: trabalho digital, autogestão e expropriação da vida.** 1.ed. São Paulo: Boitempo, 2019, p. 16.

pessoais do *Facebook*, *Instagram*, *Twitter*, deixando-o em verdadeira condição de vulnerabilidade.

Nesse contexto, é possível afirmar que a competitividade altamente acirrada é marca característica do mercado de trabalho. Isso porque conta com uma grande demanda de trabalhadores disponíveis e disputando vagas, de modo que é incontestável que qualquer ponto negativo, mesmo que pequeno, possa ser a diferença entre a oportunidade de emprego e o desemprego permanente.

A questão é sensível, porque quando se trata do tema "trabalho", está-se diante do principal meio pelo qual o indivíduo consegue recursos para suprir a si mesmo e a sua família de condições mínimas de subsistência, e, neste ponto, consiste o seu caráter fundamental: o trabalho está intimamente ligado à dignidade da pessoa humana, por possibilitar ao homem, como contraprestação ao ofício que se desempenha, recursos financeiros que lhe garantam o acesso aos bens mínimos que garantem subsistência.

Surge, assim, a premente necessidade da análise dos instrumentos legais que garantam a proteção dos dados pessoais do trabalhador, notadamente como são regulados no direito europeu, pilar de inspiração para a legislação brasileira no tocante à proteção de dados pessoais, para, na sequência, analisar como é feita a proteção destes dados no direito brasileiro.

2. A legislação europeia e a proteção de dados pessoais e sensíveis nas relações de trabalho

A Europa foi o primeiro continente a preocupar-se com a proteção de dados dos cidadãos, eis que sentiu o impacto da tecnologia de forma prematura em comparação com os demais continentes.

O primeiro país a regulamentar a matéria foi a Suécia, através da denominada *Datalag* de 1973 que originou um organismo supervisor, o *Data lnspektion Board* (DIB). Na sequência, outro país também se preocupou com o tema, pois a Alemanha, em 1977, com a denominada *Bundesdatenschutzegesetz*, instituiu um comissário federal de dados, responsável pelo cumprimento dos direitos a eles relativos[4].

[4] CHEHAB, Gustavo Carvalho. **A proteção dos dados pessoais e sensíveis do empregado.** Revista LTr: Legislação do Trabalho. São Paulo, v.76, n.9, p. 1074-1083, set. 2012., p. 1075.

Chehab[5] destaca, ainda, que na França, em 1974, houve a criação da Comissão de Informação e Liberdades, cujo fruto foi a produção do relatório denominado *Tricot* sobre a informatização da sociedade.

Em Portugal também houve atenção ao tema, de modo que a Constituição Portuguesa de 1976[6] estabeleceu diretrizes gerais sobre a utilização da informática, resguardando aos cidadãos o direito de acesso aos seus dados pessoais informatizados, além de definir o conceito de dados pessoais e fixar condições sobre o seu uso.

A Organização para o Desenvolvimento e Cooperação Econômica (OCDE), na década de 1980, fixou instruções acerca da proteção da privacidade e dos fluxos entre as fronteiras territoriais de dados pessoais, de modo que essas instruções buscaram conceder segurança jurídica não apenas ao cidadão, mas, também, ao setor público e privado acerca de como deve ocorrer o fluxo dos dados pessoais, assegurando, portanto, confiança entre todos os envolvidos desse sistema, a fim de evitar paralisia entre os negócios desses países[7].

Ruaro e Rodrigues[8] identificaram que o Conselho da Europa da União Europeia, no ano de 1981, estabeleceu o Convênio nº 108/1981 que fixou regramento sobre o tratamento de dados de caráter pessoal, de modo que foi considerado como o primeiro texto unificado sobre a matéria relativa, proporcionado a todos os cidadãos dos Estados-Membros o respeito aos direitos e liberdades fundamentais, independentemente da origem ou nacionalidade.

No Reino Unido houve a edição do *Data Protection Act* (DPA) e a criação do *Information Commissioner's Office* (ICO), órgão responsável por proteger a informação pessoal. Na Espanha houve a editação, em 1992, da Lei Orgânica de Regulação do Tratamento Automatizado dos Dados de Caráter Pessoal (*Lortad*), que, assim como as outras leis, trouxe im-

[5] CHEHAB, Gustavo Carvalho. **A proteção dos dados pessoais e sensíveis do empregado.** Revista LTr: Legislação do Trabalho. São Paulo, v.76, n.9, p. 1074-1083, set. 2012., p. 1075.

[6] https://www.parlamento.pt/Legislacao/paginas/constituicaorepublicaportuguesa.aspx

[7] BIONI, Bruno Ricardo. **Proteção de dados pessoais: a função e os limites do consentimento.** 2.ed. — Rio de Janeiro: Forense, 2020, p. 103.

[8] RUARO, Regina Linden; RODRIGUEZ, Daniel Piñeiro. **O direito à proteção dos dados pessoais: uma leitura do sistema europeu e a necessária tutela dos dados sensíveis como paradigma para um sistema jurídico brasileiro.** Revista Brasileira de Direitos Fundamentais & Justiça. Programa de Pós-Graduação Mestrado e Doutorado em Direito da PUCRS. Porto Alegre, ano 4, n.11, p.162-180, abr./jun. 2010, p. 167.

portantes conceituações e princípios sobre o tratamento de dados pessoais, bem como criou uma agência destinada a resolver questões relativas ao uso de dados[9].

A denominada Diretiva nº 95/46/CE estabeleceu condições gerais para o tratamento de dados pessoais. Além disso, houve a criação do denominado Grupo de Trabalho do artigo 29º para a Proteção de Dados, órgão consultivo sobre a matéria a temática. A Organização Internacional do Trabalho (OIT) editou, em 1997, o Repertório de Recomendações Práticas sobre a Proteção de Dados Pessoais dos Trabalhadores trouxe orientações para o tratamento dos dados pessoais do empregado, além de fixar importantes conceitos, a exemplo da conceituação de dado pessoal do trabalhador.

A Carta dos Direitos Fundamentais da União Europeia, firmada nos anos 2000, reconheceu a proteção de dados como um direito autônomo, separando a privacidade da proteção de dados[10].

Em 2015, o Conselho da Europa editou a Recomendação do Comitê de Ministros do Conselho de Europa — Recomendação CM/Rec (2015)5 que dispõe sobre o tratamento de dados pessoais no ambiental laboral. Em 25 de maio de 2018, entrou em vigor o denominado Regulamento Geral de Proteção de Dados da União Europeia (RGPD) ou *General Data Protection Regulation* (GDPR), de modo que se tornou uma das normativas mais relevantes sobre a matéria relativa à proteção de dados pessoais[11].

O RGPD reforça a premência da tutela de proteção de dados pessoais dos trabalhadores, pois possibilita aos Estados-Membros a criação e adoção de regras próprias de proteção aos dados pessoais de seus empregados, ampliando o leque de guarida dos dados pessoais dos trabalhadores.

Dessa maneira, constata-se que a legislação europeia direcionou o seu olhar para a tutela dos dados pessoais dos cidadãos, inclusive, nas

[9] CHEHAB, Gustavo Carvalho. **A proteção dos dados pessoais e sensíveis do empregado.** Revista LTr: Legislação do Trabalho. São Paulo, v.76, n.9, p. 1074-1083, set. 2012 , p. 1075.

[10] RODOTÁ, Stefano. **A vida na sociedade da vigilância**. Rio de Janeiro: Renovar, 2008, p. 236.

[11] REIS, Beatriz de Felipe. **O direito fundamental à proteção de dados pessoais e sensíveis do trabalhador frente às novas tecnologias da informação e comunicação.** Tese de dissertação do mestrado da Universidade Extremo Sul Catarinense — UNESC — 2019. Disponível em http://repositorio.unesc.net/handle/1/7469 — Acesso em 20 mar.2020.

relações de trabalho, estabelecendo que cada país-membro possa garantir efetividade na tutela dos dados pessoais, ampliando a proteção dos dados pessoais e sensíveis dos trabalhadores.

Ultrapassados os principais pontos de proteção aos dados pessoais no sistema europeu, necessário se faz analisar o direito brasileiro frente à proteção dos dados pessoais dos trabalhadores.

3. O direito brasileiro e a proteção de dados pessoais dos trabalhadores

No âmbito constitucional, a Constituição Federal de 1988 não estabeleceu regras acerca da proteção de dados pessoais e sensíveis, porém estabeleceu direitos e garantias fundamentais de todo cidadão, como a liberdade, a privacidade e intimidade, os quais serviram, até antes da LGPD, como norte em busca da proteção dos dados pessoais dos cidadãos.

Destacam-se na Constituição Federal de 1988 o direito à privacidade e à intimidade, fixados no artigo 5º, inciso X, o princípio da igualdade fixado no caput do artigo 5º, a não-discriminação, em especial no emprego, a exemplo dos artigos 3º, inciso IV, 5º, inciso XLI, e 7º, inciso XXXI e a proteção ao sigilo de informações prevista no artigo 5º, inciso XII.

O artigo 5º, inciso XII, da Constituição Federal de 1988 estabelece uma proteção abrangente aos dados pessoais ao prever o remédio constitucional denominado *habeas data* com a finalidade de resguardar o direito de todos os cidadãos ao acesso e retificação de seus dados pessoais. Doneda[12] identifica que o *habeas data* não é um instrumento ágil e eficaz o suficiente para a garantia fundamental de proteção dos dados pessoais, pois ele apresenta uma tutela anacrônica e ineficaz diante das constantes alterações da sociedade moderna.

Da mesma forma, sob o enfoque da legislação infraconstitucional, encontramos normas que abordam que maneira genérica a proteção de dados, a exemplo do Código de Defesa do Consumidor que definiu o que é banco de dados e garantiu aos consumidores o acesso às suas informações e aos seus dados de consumo.

A Lei de Sigilo Bancário[13] seria outro exemplo de norma que trata sobre o tema de dados pessoais, porém em operações de instituições

[12] DONEDA, Danilo. **Da privacidade à proteção de dados pessoais.** Rio de Janeiro: Renovar, 2006, p. 104.

[13] Lei Complementar nº 105, de 10 de janeiro de 2001.

financeiras. Por sua vez, a Lei do Cadastro Positivo[14] buscou estabelecer critérios para a formação de histórico de crédito dos consumidores, de modo que estipulou a formação de banco de dados com informações dos cidadãos adimplentes. E, ainda, a Lei de Acesso à Informação[15] destinada a garantir o amplo acesso à informação, assegurando a aplicação do princípio fundamental do direito à informação.

Outro exemplo de legislação que trata de maneira superficial sobre o tema de proteção de dados é o Marco Civil da Internet[16], eis que estabeleceu, em seu artigo 3º, a proteção à privacidade e aos dados pessoais (incisos II e III) como princípios que disciplinam o uso da internet no Brasil. Assim, nesse ambiente digital, as atividades e atores nele envolvidos já deveriam ter como orientação ou diretriz a proteção de dados, ainda que se previsse uma lei específica para sua disciplina[17].

Assim, com o surgimento da LGPD, em 2018, a tutela dos dados pessoais deixa de ser tratada sob o manto específico do direito à privacidade, passando a figurar como um novo direito da personalidade.

A LGPD deverá ser interpretada de acordo com os princípios estampados na Constituição da República de 1988, tais como a dignidade da pessoa humana, a privacidade, o sigilo de dados e a proteção do consumidor, de maneira a dialogar com as demais fontes normativas do ordenamento jurídico brasileiro, tais como o Código Civil, o Código de Defesa do Consumidor (CDC), o Marco Civil da Internet no Brasil, a Lei do Cadastro Positivo e a Lei do Acesso à Informação, pois todas elas asseguram direitos relacionados à proteção de dados e à privacidade, no seu campo de aplicação[18].

[14] Lei Federal nº 12.414, de 9 de junho de 2011.

[15] Lei Federal nº 12.527, de 18 de novembro de 2011.

[16] Lei Federal nº 12.965, de 23 de abril de 2014.

[17] Brandão, Luíza Couto Chaves. **O Marco Civil da Internet e a Proteção de Dados: diálogos com a LGPD** in: Cadernos Adenauer xx (2019), nº 3, **Proteção de dados pessoais: privacidade versus avanço tecnológico** Rio de Janeiro: Fundação Konrad Adenauer, outubro 2019, p. 35.

[18] Klee, Antonia Espíndola Longoni; Pereira Neto, Alexandre Nogueira. **A Lei Geral de Proteção de Dados (LGPD): uma visão panorâmica** in: Cadernos Adenauer xx (2019), nº 3, **Proteção de dados pessoais: privacidade versus avanço tecnológico** Rio de Janeiro: Fundação Konrad Adenauer, outubro 2019, p. 13.

Bioni[19] explica que o direito à proteção de dados pessoais angaria autonomia própria, na medida em que "é um novo direito da personalidade que não pode ser amarrado a uma categoria específica, em particular ao direito à privacidade; pelo contrário, demanda-se uma correspondente ampliação normativa que clareie e não empole a sua tutela".

Conforme destaca Cavalcanti[20], os direitos da personalidade presentes na sociedade da informação "possuem como o intuito principal, a defesa dos direitos essenciais inerentes à própria personalidade do indivíduo, em relação às suas qualidades, bens, interesses e atributos. Importa ainda ressaltar que a dignidade deve ser considerada valor supremo de todo o ordenamento jurídico, estando os direitos da personalidade inseridos no seu contexto, ou seja, fazendo parte de sua constituição".

A tutela dos dados pessoais, desse modo, transpassa o direito à privacidade, aquele relacionado aos aspectos da intimidade e da vida privada do indivíduo, e se coloca ao lado dele, isto é, constituindo-se como um novo direito da personalidade.

4. A Lei Geral de Proteção de Dados aplicada nas relações de trabalho

Partindo-se da premissa que os dados pessoais são considerados uma projeção da pessoa humana, por esse motivo integra a personalidade do trabalhador, constituindo-se, portanto, um direito da personalidade do trabalhador. Esse é o ponto inicial para a aplicação da LGPD nas relações do trabalho.

Bittar[21] define que os direitos da personalidade visam à proteção efetiva da pessoa humana em todas as suas qualidades de modo a assegurar sua dignidade, isto é, "constituem, assim, direitos inatos (originários), absolutos, extrapatrimoniais, intransmissíveis, imprescritíveis, impenhoráveis, vitalícios, necessários e oponíveis *erga omnes*".

[19] Bioni, Bruno Ricardo. **Proteção de dados pessoais: a função e os limites do consentimento.** 2.ed. — Rio de Janeiro: Forense, 2020, p. 95.

[20] Cavalcanti, Ana Elizabeth Lapa Wanderley. **Os direitos da personalidade na sociedade da informação: impactos das novas tecnologias.** in: **O direito na sociedade da informação V**/coordenador Roberto Senise Lisboa. São Paulo: Almedina, 2020, p. 31.

[21] Bittar, Carlos Alberto. **Os Direitos da Personalidade**. 2.ed. Rio de Janeiro (RJ): Forense Universitária, 1995, p. 11.

Desse modo, sem esgotar o tema sobre o detalhamento acerca dos direitos personalíssimos, uma vez que este não é o tema da presente pesquisa, a questão que se coloca é que o direito da personalidade assume essa conceituação, notadamente pelo fato de ser essencial à sobrevivência da raça humana, devendo ser ampliados ao Direito do Trabalho, atingindo, portanto, as relações laborais.

Outro ponto relevante para inferir a aplicação da LGPD nas relações de trabalho decorre dos conceitos extraídos da LGPD, pois, sob o aspecto material, reputa-se aplicável ao tratamento de dados pessoais em meios físicos ou digitais (artigo 1º), entendendo-se por dado pessoal toda a informação relativa a uma pessoa singular identificada ou identificável ("titular dos dados").

Assim como o RGPD, a LGPD também conceitua os "dados sensíveis" que seriam aqueles sobre origem racial ou étnica, convicção religiosa, opinião política, filiação a sindicato ou a organização de caráter religioso, filosófico ou político, dado referente à saúde ou à vida sexual, dado genético ou biométrico, quando vinculado a uma pessoa natural, conforme fixado no artigo 5º, inciso II, da referida Lei.

A definição de tratamento de dados, segundo a LGPD, é colocada modo abrangente, no artigo 5º, inciso X, sendo considerado como toda operação realizada com dados pessoais, como as que se referem a coleta, produção, recepção, classificação, utilização, acesso, reprodução, transmissão, distribuição, processamento, arquivamento, armazenamento, eliminação, avaliação ou controle da informação, modificação, comunicação, transferência, difusão ou extração.

Aplicando-se esse conceito nas relações de trabalho, são vários os exemplos de tratamento de dados pessoais do trabalhador, como a colocação e divulgação do nome dos empregados no site da empresa, a coleta dos dados pessoais do candidato durante o processo de seleção, o envio de informações do empregado contratado para os órgãos do governo (e-social, SEFIP, DIRF, GAGED e RAIS), ou então, o armazenamento dos dados pessoais dos empregados ao longo da relação contratual em sistemas internos e arquivos físicos ou digitais da empresa.

O artigo 5º da LGPD estabelece quem são os sujeitos envolvidos no tratamento de dados, quais sejam, o controlador e o operador, entendendo-se por controlador a pessoa natural ou jurídica, de direito público ou privado, a quem competem as decisões referentes ao tratamento de dados pessoais e por operador pessoa natural ou jurídica, de direito público ou privado, que realiza o tratamento de dados pessoais em nome do controlador.

A figura do trabalhador surge como titular dos dados pessoais e sensíveis, sendo certo que a palavra "trabalhador" é aplicada de maneira ampla, independentemente da natureza do seu vínculo jurídico. Assim, os autônomos, os estagiários, aprendizes, domésticos, rurais, dentre outros trabalhadores, também gozam da proteção conferida pela LGPD.

Asencio[22] destaca que as distintas perspectivas na construção do direito à proteção de dados pessoais colocam-se em especial dificuldade no momento de conectar os diferentes aspectos do tratamento com os interesses e direitos concorrentes na relação de trabalho. Em geral, por um lado, o direito individual e personalíssimo dos trabalhadores à proteção de dados pessoais e sua intimidade no curso da prestação do trabalho; e, por outro, os direitos e interesses do empresário no exercício e os poderes associados ao seu poder diretivo decorrentes do cumprimento de obrigações e deveres legais[23].

A LGPD, portanto, é um importante marco legal para, por meio de sua aplicação nas relações de trabalho, buscar o equilíbrio entre o empregador e o trabalhador, especialmente pelo dever informativo imposto pela lei suportado pelos empregadores, proporcionando ao empregado o amplo conhecimento sobre o que o empregador faz com os seus dados pessoais, especialmente pela autodeterminação informativa, pois compete ao titular dos dados definir a destinação dos seus dados pessoais.

[22] Asencio, Antonio José Valverde. **Protección de datos de carácter personal y derechos de información de los representantes de los trabajadores.** Universidad de Sevilla. Departamento de Derecho del Trabajo y de la Seguridad Social — Temas laborales núm. 118/2013. Págs. 13-54. — disponível em: https://idus.us.es/handle/11441/91056;jsessionid=AF29BE5147B70CBFF26B716ACFA6752A? — Acesso em 15 abr/2020, p. 14.

[23] Tradução livre: Así, desde las distintas perspectivas de la construcción del derecho a la protección de datos de carácter personal, se pone de manifiesto una especial dificultad a la hora de cohonestar los diferentes aspectos de dicho tratamiento con los intereses y derechos concurrentes en la relación de trabajo. Con carácter general, por un lado, con el derecho individual y personalísimo de los trabajadores a la protección de sus datos de carácter personal y a su intimidad en el curso de la prestación de trabajo; y, por otro, con los derechos e intereses del empresario en el ejercicio de las potestades asociadas a su poder de dirección o derivadas del cumplimiento de obligaciones y deberes de carácter legal.

4.1. Fase pré-contratual

O período de seleção é aquele em que os candidatos são avaliados para determinado cargo oferecido pelo empregador e antecede as tratativas para a celebração do contrato de trabalho, também denominada de fase--pré-contratual.

Martins[24] define a fase pré-contratual como o período anterior ao contrato de trabalho. É nessa fase de testes, de análise de currículo, exame médico, psicotécnico, dinâmica de grupo, questionários, que compreende o processo de seleção do trabalhador. Nessa fase, também ocorrem as tratativas a respeito do futuro contrato de trabalho.

Durante a etapa ocorre um enorme envio de dados pessoais e sensíveis dos candidatos para as empresas, de modo que estas efetuam o armazenamento, a triagem e análise destes dados, portanto, realizam o tratamento de dados pessoais e sensíveis, incidindo a aplicação da LGPD nessa etapa do início da relação de trabalho.

A sociedade da informação propiciou o aumento do número de aplicativos e ferramentas tecnológicas para o empreendedor, de modo que diversas empresas passaram a utilizar a inteligência artificial e algoritmos durante essa etapa, especialmente para criar e identificar o perfil dos candidatos à vaga disponibilizada ao mercado.

O caso *Amazon.com* ocorrido em 2014 serve para demonstrar o problema com o uso de dados pessoais dos trabalhadores durante a fase de seleção, pois a análise de currículos foi feita por uma inteligência artificial. O caso teve repercussão midiática, pois a empresa reconheceu que o mecanismo acarretava discriminação de gênero contra mulheres candidatas para as vagas de desenvolvedor de *software* e outros cargos que exigiam expertise técnica, uma vez que a inteligência artificial constatou que esses cargos foram ocupados, nos últimos 10 (dez) anos, na sua grande maioria por homens, e o *software* excluiu o currículo de mulheres para a ocupação dessas vagas[25].

[24] MARTINS, Sergio Pinto. **Dano moral decorrente do contrato de trabalho.** 5.ed. — São Paulo: Saraiva Educação, 2018, p.90.

[25] REIS, Beatriz de Felipe; GRAMINHO, Vivian Maria Caxambu. **A inteligência artificial no recrutamento de trabalhadores: o caso *amazon* analisado sob a ótica dos direitos fundamentais.** Seminário Internacional — Demandas e Políticas Públicas na Sociedade Contemporânea — Mostra Internacional de Artigos Científicos, 2019. Disponível em https://

Assim, antes de iniciar o processo seletivo a empresa deverá informar, de maneira clara e transparente, que os dados pessoais do candidato serão utilizados durante toda a seleção, em atendimento aos princípios da transparência e da não discriminação. Caso o processo seletivo seja realizado por uma empresa parceira do empregador, o candidato deverá tomar conhecimento sobre o compartilhamento de seus dados entre a empresa que realizará a seleção e a empresa que fará a sua contratação efetiva.

Na fase pré-contratual, existe discussão na doutrina sobre as hipóteses legais para o tratamento de dados, como, por exemplo, se o consentimento é fundamento legítimo para o tratamento de dados do candidato. Oportuno destacar que nessa etapa o empregado está em posição de enorme vulnerabilidade em relação aos seus dados pessoais, pois dificilmente ele irá recusar a conceder os seus dados pessoais caso solicitado pela empresa, já que deseja conseguir preencher a vaga de trabalho.

O Grupo de Trabalho do Artigo 29 de Proteção de Dados da Comissão Europeia entende, conforme Opinião 02/2017, que o consentimento não é um fundamento legítimo para o tratamento de alguns dados dos trabalhadores, pois estabelece-se que, no contexto do contrato de trabalho, aquele nunca é verdadeiramente livre para não recusar esse consentimento.

Nessa esteira, Novais[26] aponta que haverá situações em que o próprio consente, no sentido de que aceita ou promove agressões em bens e direitos vitais da sua esfera pessoal, e ainda assim, esse consentimento livremente estabelecido não deve ser juridicamente reconhecido por força do necessário respeito à dignidade da pessoa humana.

É fundamental que a empresa informe ao candidato o período de tratamento dos dados pessoais durante o processo seletivo, isto é, por quanto tempo os dados pessoais do candidato serão utilizados no recrutamento, uma vez que a LGPD veda o armazenamento de currículos sem a estipulação de um prazo para o tratamento dos dados. Após o término do processo de recrutamento e ao final do prazo estipulado para

online.unisc.br/acadnet/anais/index.php/sidspp/article/view/19599/1192612314 — Acesso em 05.05.2020, p. 04.

[26] Novais, Jorge Reis. **A dignidade da pessoa humana: dignidade e inconstitucionalidade.** Coimbra, Portugal: Almedina, 2016. v.2, p. 141.

tratamento, os dados pessoais do candidato não selecionado deverão ser eliminados na base de dados do empregador.

4.2. Fase contratual

A fase contratual é aquela em que ocorre a celebração do contrato de trabalho entre o empregado e o empregador, ou seja, é o marco da efetiva prestação de serviços pelo empregado em favor do empregador. No período contratual também ocorre o tratamento de dados pessoais e sensíveis do empregado pelo empregador, como, por exemplo, na elaboração do contrato de trabalho, no ato da inclusão do empregado no plano de saúde da empresa, no controle de horário pela biometria, dentre outras inúmeras hipóteses.

O ponto central para que as empresas usufruam da conformidade com a LGPD, durante a fase contratual, é o dever de informar aos seus empregados sobre a utilização dos seus dados pessoais e sensíveis e a finalidade do tratamento dos dados pessoais. Isso pode se dar através da política interna da empresa, ou então, através de treinamentos de adequação à LGPD, até mesmo por meio de cláusula contratual.

Aliado ao dever informacional, os empregadores deverão ter a cautela de armazenar os dados pessoais do empregado de forma segura, utilizando mecanismos de proteção, como, por exemplo, limitação de acesso de pessoas aos dados pessoais, utilização de sistemas de segurança, a fim de evitar a divulgação dos dados pessoais dos seus empregados.

A utilização de novas ferramentas tecnológicas nas relações laborais desperta uma atenção especial no tocante à proteção de dados pessoais, a exemplo da utilização de dados biométricos e do teletrabalho.

Dessa maneira, caso o empregador resolva implementar o controle de jornada por biometria, o empregado deve ser informado sobre essa modalidade de controle de horário. É essencial ter o conhecimento da finalidade do tratamento dos dados, de modo a garantir que os direitos e deveres da relação laboral sejam respeitados.

Essa forma de trabalho ganhou força pela pandemia do coronavírus (COVID19) e passou a ser utilizada em larga escala pelos empresários. Não obstante o empregado desenvolva as suas atividades fora das instalações da empresa, ele terá os mesmos direitos e obrigações dos demais trabalhadores, conforme artigo 75-B da CLT. Nessa modalidade, o empregador disponibilizará ao empregado todo o equipamento necessário à consecução das atividades fora do local físico da empresa, entretanto, garantirá o mesmo acesso à rede, aos sistemas e recursos para que o empregado possa executar seu trabalho remotamente.

Esses equipamentos disponibilizados pelo empregador (*notebook*, computadores, *tablets*, *smartphones*, dentre outros) ao empregado devem estar em conformidade com as regras de proteção de dados, proporcionando o respeito à privacidade ao empregado e, ao mesmo tempo, garantindo que os equipamentos sirvam apenas para o trabalho e não como margem para o monitoramento da vida pessoal do empregado.

4.3. Rescisão contratual

Encerrada a relação de trabalho, o empregador ainda poderá realizar o tratamento dos dados pessoais e sensíveis de seus antigos empregados.

Aguiar[27] destaca que salvo informações de cunho estatal, que devem ser guardadas e eventual ou periodicamente repassadas à fiscalização do Estado, a fidúcia contratual obriga as partes que respeitem a individualidade personalíssima do contrato, de modo que não é juridicamente admissível e possível repassar a terceiros dados sem a permissão do seu titular.

Na rescisão contratual, a empresa, agora na qualidade de ex-empregadora, somente poderá realizar o tratamento os dados pessoais do antigo empregado mediante expressa autorização do titular dos dados (ex-empregado), bem como nas demais hipóteses legais, como para o cumprimento de obrigações legais (repasses de informações para os órgãos do governo), ou então, para o regular exercício de direitos em eventuais demandas administrativas ou judiciais.

Importante destacar que as empresas devem estabelecer na política de proteção de dados pessoais dos seus trabalhadores o período de tratamento dos dados pessoais, inclusive, após o término do contrato de trabalho, evitando-se a perpetuação do tratamento dos dados pessoais e sensíveis dos trabalhadores. Ademais, as empresas deverão eliminar os dados pessoais e sensíveis dos seus trabalhadores após o período de tratamento de dados.

[27] Aguiar, Antonio Carlos. A proteção de dados no contrato de trabalho. Revista LTr, v.82, nº 06, jun/2018, p. 657.

Conclusões

O avanço tecnológico aliado à corrida em busca de coleta de dados propicia apreensões para o universo do trabalho. Discutem-se cada vez mais os impactos da revolução digital nas relações laborais.

As relações do trabalho atravessam um período de mudanças profundas, originadas pela ascensão tecnológica que desafia os militantes do Direito do Trabalho a pensarem sobre os novos temas que ameaçam direitos fundamentais dos trabalhadores, como a violação da privacidade, manipulação indevida de dados pessoais, importando em verdadeira afronta à dignidade dos trabalhadores.

Esse olhar deve ser direcionado, ainda, para o crescente desemprego originado pela mutação tecnológica constante da sociedade, havendo a necessidade de se discutir o Direito do Trabalho, especialmente pelos direitos fundamentais da pessoa do trabalhador.

Deve-se buscar a redução das desigualdades promovidas pela revolução digital, garantindo a transição equilibrada para o futuro do trabalho sustentável, colocando a pessoa humana em posição de destaque na sociedade.

A busca incessante dos dados pessoais é marca característica da sociedade da informação, portanto, surge a necessidade de serem buscados instrumentos legais de proteção aos dados pessoais dos cidadãos, especialmente dos trabalhadores que estão em notória condição de vulnerabilidade frente ao mercado de trabalho submerso na tecnologia.

Nas relações de trabalho, o uso maciço das novas ferramentas digitais tem ampliado o exercício do poder de controle, dando origem à chamada subordinação eletrônica do empregado. Percebe-se, nesse cenário, que os direitos fundamentais dos trabalhadores estão em constante estado de alerta, especialmente pelo aumento do poder diretivo do empregador, o qual é realizado inclusive à distância, de modo *online*.

No Brasil, a Lei Geral de Proteção de Dados (LGPD), com previsão de entrada em vigor em agosto de 2020, apesar de não dispor expressamente sobre a proteção de dados pessoais dos trabalhadores, entende-se que a lei deve ser aplicada às relações de trabalho.

Defende-se o direito à proteção de dados como um direito autônomo, descolando-se do direito constitucional da privacidade, constituindo-se um direito da personalidade do trabalhador. É imperativo que as empresas desenvolvam política de adequação e conformidade com a LGPD, buscando-se resguardar os dados pessoais e sensíveis de seus trabalhadores.

Referências

AGUIAR, Antonio Carlos. **A proteção de dados no contrato de trabalho**. Revista LTr, v.82, nº 06, jun/2018.

ANTUNES, Ricardo.**Proletariado digital, serviços e valor** in: **Riqueza e miséria do trabalho no Brasil IV: trabalho digital, autogestão e expropriação da vida.** 1.ed. São Paulo: Boitempo, 2019.

ASENCIO, Antonio José Valverde. **Protección de datos de carácter personal y derechos de información de los representantes de los trabajadores.** Universidad de Sevilla. Departamento de Derecho del Trabajo y de la Seguridad Social — Temas laborales núm. 118/2013. Págs. 13-54. — disponível em: https://idus.us.es/handle/11441/91056;jsessionid=AF29BE5147B70CBFF26B716ACFA6752A? — Acesso em 15 abr/2020.

BARRETO JUNIOR, Irineu Francisco; NASPOLINI, Samyra Haydêe Dall Farra. **Proteção de informações no mundo virtual: a LGPD e a determinação de consentimento do titular para tratamento de dados pessoais** in: Cadernos Adenauer xx (2019), nº 3, **Proteção de dados pessoais: privacidade versus avanço tecnológico** Rio de Janeiro: Fundação Konrad Adenauer, outubro 2019.

BAUMAN, Zygmunt. **Vida para consumo: a transformação das pessoas em mercadoria.** Rio de Janeiro: Zahar, 2008.

BIONI, Bruno Ricardo. **Proteção de dados pessoais: a função e os limites do consentimento.** 2.ed. — Rio de Janeiro: Forense, 2020.

BITTAR, Carlos Alberto. **Os Direitos da Personalidade**. 2.ed. Rio de Janeiro (RJ): Forense Universitária, 1995.

BRANDÃO, Luíza Couto Chaves. **O Marco Civil da Internet e a Proteção de Dados: diálogos com a LGPD** in: Cadernos Adenauer xx (2019), nº3, **Proteção de dados pessoais: privacidade versus avanço tecnológico** Rio de Janeiro: Fundação Konrad Adenauer, outubro 2019.

BRASIL. Lei 13.709, de 14 de agosto de 2018. **Lei Geral de Proteção de Dados Pessoais (LGPD).** Disponível em: http://www.planalto.gov.br/ccivil_03/_Ato20152018/2018/Lei/L13709compilado.htm. Acesso em: 10 abr. 2020.

CASTELLS, Manuel. **A sociedade em rede — A era da informação: economia, sociedade e cultura**, v.01. São Paulo: Paz e Terra, 2019.

CAVALCANTI, Ana Elizabeth Lapa Wanderley. **Os direitos da personalidade na sociedade da informação: impactos das novas tecnologias.** in: **O direito na sociedade da informação V**/coordenador Roberto Senise Lisboa. São Paulo: Almedina, 2020.

CHEHAB, Gustavo Carvalho. **A proteção dos dados pessoais e sensíveis do empregado.** Revista LTr: Legislação do Trabalho. São Paulo, v.76, n.9, p. 1074-1083, set. 2012.

DONEDA, Danilo. **Da privacidade à proteção de dados pessoais.** Rio de Janeiro: Renovar, 2006.

GRUPO DE TRABALHO DE PROTEÇÃO DE DADOS DO ARTIGO 29 (GT29). **Orientações relativas ao consentimento na aceção do Regulamento (UE) 2016/679** — Disponível em https://www.cnpd.pt/home/rgpd/docs/wp259rev0.1_PT.pdf — Acesso em 26 abr.2020.

KLEE, Antonia Espíndola Longoni; PEREIRA NETO, Alexandre Nogueira. **A Lei Geral de Proteção de Dados (LGPD): uma visão panorâmica** in: Cadernos Adenauer xx (2019), nº 3, **Proteção de dados pessoais: privacidade versus avanço tecnológico** Rio de Janeiro: Fundação Konrad Adenauer, outubro 2019.

MARTINS, Sergio Pinto. **Dano moral decorrente do contrato de trabalho.** 5.ed. — São Paulo: Saraiva Educação, 2018.

NOVAIS, Jorge Reis. **A dignidade da pessoa humana: dignidade e inconstitucionalidade.** Coimbra, Portugal: Almedina, 2016. v.2, p. 95-142.

REIS, Beatriz de Felipe. **O direito fundamental à proteção de dados pessoais e sensíveis do trabalhador frente às novas tecnologias da informação e comunicação.** Tese de dissertação do mestrado da Universidade Extremo Sul Catarinense — UNESC — 2019. Disponível em http://repositorio.unesc.net/handle/1/7469 — Acesso em 20 mar.2020.

REIS, Beatriz de Felipe; GRAMINHO, Vivian Maria Caxambu. **A inteligência artificial no recrutamento de trabalhadores: o caso *amazon* analisado sob a ótica dos direitos fundamentais.** Seminário Internacional — Demandas e Políticas Públicas na Sociedade Contemporânea — Mostra Internacional de Artigos Científicos, 2019. Disponível em https://online.unisc.br/acadnet/anais/index.php/sidspp/article/view/19599/1192612314 — Acesso em 05.05.2020

RODOTÁ, Stefano. **A vida na sociedade da vigilância**. Rio de Janeiro: Renovar, 2008.

RUARO, Regina Linden; RODRIGUEZ, Daniel Piñeiro. **O direito à proteção dos dados pessoais: uma leitura do sistema europeu e a necessária tutela dos dados sensíveis como paradigma para um sistema jurídico brasileiro.** Revista Brasileira de Direitos Fundamentais & Justiça. Programa de Pós-Graduação Mestrado e Doutorado em Direito da PUCRS. Porto Alegre, ano 4, n.11, p. 162-180, abr./jun. 2010.

9.
A RESPONSABILIDADE CIVIL DOS SITES PRIVADOS DE PESQUISA DE PROCESSOS FRENTE AO TRABALHADOR QUE BUSCA UMA COLOCAÇÃO NO MERCADO DE TRABALHO

João Luís Lopes Cardoso
Luciana Guerra Fogarolli

Introdução

A preocupação com os desdobramentos do uso e manipulação de dados pessoais tão facilmente coletados e disponibilizados nos ambientes virtuais, em um contexto social em que a população está cada vez mais imersa no mundo da internet, interconectada por seus computadores e mais diversos dispositivos móveis, já tem sido alvo de exame e regulamentação pelo mundo desde o surgimento da Sociedade da Informação.

No Brasil, após quase uma década de debates, finalmente em agosto de 2018 foi publicada a Lei Geral de Proteção de Dados — LGPD (Lei Federal nº 13.709/2018), que buscou disciplinar a forma e reponsabilidade quanto ao tratamento de dados dos indivíduos, partindo da premissa de que o fluxo informacional não deve existir apenas em função da necessidade do capital e da economia, mas também deve observar a salvaguarda de direitos individuais primários, como o direito à personalidade e a própria dignidade da pessoa humana, sob pena de reponsabilidade civil daquele que operam esses dados, esteja ele ligado ao ente público ou mesmo privado.

A LGPD vigora, então, com o intuito de garantir certa forma de controle, ao indivíduo, quanto à forma que seus dados são utilizados, baseada em um conceito de "autodeterminação informacional".

A preocupação em conceder esse tipo de proteção é justificada, uma vez que o uso das TICs — Tecnologias da Informação e Comunicação tem permitido cada vez mais a criação de máquinas inteligentes com a capacidade de coleta, concatenação e uso aplicados de dados que, a depender do intuito de quem as opera, pode, inclusive, viabilizar a categorização ilícita de pessoas, de forma a serem, inclusive, discriminadas.

A LGPG busca proteger o indivíduo, inclusive, contra desdobramentos que violem direitos de personalidade mesmo quando o uso manipulado desses mecanismos tenha sido desvirtuado, isto é, quando a "máquina algorítmica" é criada para dado fim, mas, abre brecha para ser utilizada em favor de finalidade diversa, implicando em desdobramentos como categorizações discriminatórias.

É considerando esse contexto que o presente artigo propõe um exame sobre a reponsabilidade civil dos sites privados de busca de processos frente ao trabalhador que busca uma colocação no mercado de trabalho examinanda à luz LGPD, estabelecendo-se um contraponto entre o direito à informação e à publicidade, em relação ao direito de indenidade e autodeterminação informacional.

Para tanto, o estudo é dividido em três capítulos. No primeiro deles, a LGPD é contextualizada como fruto da Sociedade da Informação, estabelecendo-se suas principais premissas, bem como introduzindo conceitos característicos como autodeterminação informacional, correlacionando-a à atividade exercida por esses sites privados de busca de processos.

No segundo capítulo, é examinado o direito à indenidade e a vedação à discriminação não autorizada em lei, a chamada discriminação "negativa".

No terceiro capítulo, buscou-se realizar um paralelo entre o direito à publicidade e informação ao direito à autodeterminação informacional, examinando-se ao final a jurisprudência atual envolvendo o tema, com enfoque no Recurso Extraordinário com Agravo (ARE) de nº 1.307.386, submetido a julgamento pelo Supremo Tribunal Federal — STF, que versando sobre o tema (possibilidade de responsabilização civil de sites que disponibilizam informações sobre processos publicados por órgãos oficiais do Poder judiciário) já reconheceu a existência de repercussão geral.

A metodologia utilizada parte dos métodos dedutivo e indutivo, realizando a revisão da bibliografia, procurando visitar a doutrina, a jurisprudência e a legislação sobre o tema apresentado.

1. Lei Geral de Proteção de Dados no contexto da sociedade da informação

É lugar comum dizer que a Sociedade da Informação inaugura uma nova forma de organização social, já sentida no Brasil, principalmente após a década de 90, quando foram implementados, de fato, os primeiros estudos e projetos que fomentaram a sua expansão pelo país, mormente com a publicação do Livro Verde.

À primeira vista, pode-se até ocorrer o equívoco de se imaginar que a Sociedade da Informação seja resultado tão somente do impacto da tecnologia sobre os meios de produção, ou sobre a sociedade, mormente pela emergência de elementos característicos dessa geração, como o computador e a internet.

Essa seria, contudo, uma versão muito simplista desse novo marco social, uma vez que a humanidade já experimentou em outros momentos do seu desenvolvimento as modificações decorrentes da automação sobre os meios de produção, como nas Revoluções Industriais anteriores, com a invenção da máquina a vapor, da eletricidade etc.

O diferencial da Sociedade da Informação atual está na emergência da informação como um bem de valor de mercado e a velocidade com que tem se propagado a nível mundial e, não obstante não se restrinja ao ambiente virtual, a internet e o computador assumem protagonismo sem dúvidas, conforme aponta Bioni:

> Por isso, a informação avoca um papel central e adjetivante da sociedade: *sociedade da informação.* A informação é o (novo) elemento estruturante que (re) organiza a sociedade, tal como fizeram a terra, as máquinas a vapor e a eletricidade, bem como os serviços, respectivamente nas sociedades agrícola, industrial e pós-industrial.

> Ainda que essa nova forma de organização social não se resuma apenas ao meio ambiente virtual, a computação eletrônica e a Internet são ferramentas de destaque desse processo[1].

Nas palavras do matemático Clive Humby, *"data is the new oil"* (os dados são o novo petróleo).

Importante pontuar que, tal qual aponta Bioni "antes mesmo da criação da Internet já se havia constatado o papel de centralidade da informação para otimizar o desenvolvimento econômico"[2].

Conforme o referido Autor destaca, desde o período do Taylorismo já se investia no treinamento e capacitação de operários quanto aos meios de produção para melhoria das taxas de produtividade, desde aí já se reconhecendo o importante papel da informação para melhora do negócio e geração de riquezas[3].

Todavia, é com a evolução da capacidade e velocidade de processamento de dados e informações que a Sociedade da Informação se consolida, firmada sobre a aplicação direcionada de dados e conhecimento associada ao uso das TICSs.

Cumpre destacar uma característica peculiar à Sociedade da Informação que é de manter a sociedade interconectada em rede, mormente via internet, de maneira praticamente permanente. E nesse espaço virtual, concentram-se simultaneamente o capital e o próprio consumidor que, no contexto da sociedade da informação, e da economia, passa a assumir, inclusive, um papel mais ativo no ciclo do consumo. No particular, afirma Bioni:

> O consumidor deixa, portanto, de ter uma posição meramente passiva no ciclo do consumo. Ele passa a ter uma participação ativa, que condiciona a própria confecção, distribuição e, em última análise, a segmentação do bem de consumo, transformando-se na figura do *prosumer.*

[1] Bioni, Bruno Ricardo. Proteção de dados pessoais: a função e os limites do consentimento. 2. ed. — Rio de Janeiro: Forense, 2020, p. 5.

[2] Bioni, Bruno Ricardo. Proteção de dados pessoais: a função e os limites do consentimento. 2. ed. — Rio de Janeiro: Forense, 2020, p. 8.

[3] Bioni, Bruno Ricardo. Proteção de dados pessoais: a função e os limites do consentimento. 2. ed. — Rio de Janeiro: Forense, 2020, p. 8.

> O consumidor não apenas consome (*consumption*), mas, também, produz o bem de consumo (*production*): *prosumer*[4].

Sob essa perspectiva, todos os rastros online deixados pelo consumidor em seus cliques, *likes*, curtidas, bem como nos dados que espontaneamente concede no ambiente virtual sobre seus gostos ou mesmo seu perfil, alimentam ativamente o ciclo de consumo, servindo de matéria prima para captação de suas características por, por exemplo, algoritmos, sinalizando tendências do mercado consumidor, orientando dinamicamente a concepção de um bem de consumo[5].

Diante desse contexto, cresceu a preocupação com a proteção dos dados pessoais dos indivíduos inseridos nessa cadeia de produção, mormente partindo da premissa que, no contexto desse novo rearranjo social, há o que se chama de uma monetização dos dados pessoais, ou, conforme denomina Bioni, um "varejo de dados pessoais":

> para a operacionalização desse modelo de negócio, há uma complexa rede de atores que transacionam as informações pessoais dos consumidores, agindo cooperativamente para agregar mais e mais dados e, em última análise, tornar a mensagem publicitária ainda mais eficiente[6].

Consolida-se, nesse contexto, o que se pode denominar de economia de vigilância e, sob esse contexto é que, mormente LGPD, no Brasil, busca trazer um "empoderamento do indivíduo para exercer um controle significativo sobe seus dados pessoais[7]", mormente partindo da premissa de que esse fluxo característico de informações não deve existir necessariamente em função de interesses econômicos.

No Brasil, até a formulação de uma lei específica de proteção de dados, houve alguns marcos legais que trataram sobre o tema, ainda que

[4] Bioni, Bruno Ricardo. Proteção de dados pessoais: a função e os limites do consentimento. 2. ed. — Rio de Janeiro: Forense, 2020, p. 13.

[5] Bioni, Bruno Ricardo. Proteção de dados pessoais: a função e os limites do consentimento. 2. ed. — Rio de Janeiro: Forense, 2020, p. 13.

[6] Bioni, Bruno Ricardo. Proteção de dados pessoais: a função e os limites do consentimento. 2. ed. — Rio de Janeiro: Forense, 2020, p. 43.

[7] Bioni, Bruno Ricardo. Proteção de dados pessoais: a função e os limites do consentimento. 2. ed. — Rio de Janeiro: Forense, 2020, p. 43.

de forma a tangenciá-lo, em especial o Código de Defesa do Consumidor — CDC e o Marco Civil da Internet (Lei Federal nº 12.965/2014).

A LGPD foi publicada em 2018, trazendo claro viés protecionista ao cidadão quanto ao tratamento dos seus dados, consignando até mesmo a responsabilidade civil de quem realiza a manipulação destes de maneira ilícita, mormente sem autorização do titular dos dados.

Importante destacar que, conforme aponta Bioni[8], a LGPD tem como um dos seus principais pilares a chamada "autodeterminação informacional" do indivíduo, essa compreendida como o controle efetivo, pelo cidadão, dos seus dados, devendo o fluxo informacional atender às suas legítimas expectativas quanto ao seu uso, assegurados seus direitos de personalidade.

Para Bioni a autodeterminação funcional caracteriza-se pelo objetivo de proteger os direitos fundamentais e o livre desenvolvimento da personalidade do indivíduo da seguinte maneira:

> O Principal vetor para alcançar tal objetivo é franquear ao cidadão *controle* sobre seus dados pessoais. Essa estratégia vai além do consentimento do titular dos dados, pelo qual ele autoriza o seu uso. Tão importante quanto esse elemento volitivo é assegurar que o fluxo informacional atenda às suas legítimas expectativas e, sobretudo, não seja corrosivo ao livre desenvolvimento da sua personalidade.
>
> É a combinatória desses elementos de que se trata a autodeterminação informacional. (...)[9].

É protegido, no âmbito da LGPD, os dados cidadão, mormente em sistemas de decisões e filtros automatizados que, identificando o indivíduo pelos seus dados, possam desencadear desdobramentos como a sua categorização ilícita para fins de discriminação, o que pode ensejar responsabilidade civil.

Sob esse contexto é que se examina, no presente estudo, a responsabilidade dos sites privados de busca de processos.

[8] Bioni, Bruno Ricardo. Proteção de dados pessoais: a função e os limites do consentimento. 2. ed. — Rio de Janeiro: Forense, 2020, p. 105.

[9] Bioni, Bruno Ricardo. Proteção de dados pessoais: a função e os limites do consentimento. 2. ed. — Rio de Janeiro: Forense, 2020, p. 105.

Tratam-se de sites disponibilizados online que viabilizam, à priori, o acompanhamento de processos judiciais. Todavia, para tanto, permitem o uso dos mais diversos filtros, como datas, número dos processos e até mesmo o nome das partes envolvidas na ação.

Na seara trabalhista, o impacto desse artifício da busca através desses sites, que fazem filtros com o nome das partes envolvidas (mormente a do trabalhador) é enorme e graves pois, como desdobramento dessa possibilidade, é possível o uso desvirtuado do site como ferramenta de pesquisa e identificação, pelo empregador, sobre eventuais candidatos a vagas de emprego quanto a se já ajuizaram ações trabalhistas contra seus antigos empregadores ou não, o que pode ser utilizado como argumento para não contratação de dado candidato, criando-se uma moderna "lista suja", discriminatória.

Cumpre destacar que na atual conjuntura social, a competitividade altamente acirrada é marca característica do mercado de trabalho. Isso porque conta com uma grande demanda de trabalhadores disponíveis e disputando vagas. Diante desse contexto, é incontestável que qualquer ponto negativo, mesmo que pequeno, possa ser a diferença entre a oportunidade (de emprego) e o desemprego crônico.

Considerando estes aspectos, o que se observa na atual conjuntura é que qualquer motivo, ainda que não autorizado em lei, pode ser motivo de discriminação do trabalhador e acarretar a este prejuízo quanto ao alcance de uma vaga de trabalho até mesmo à manutenção do posto de emprego que já possua.

A questão é sensível notadamente porque quando se trata do tema "trabalho", está-se diante do principal meio pelo qual o indivíduo consegue recursos para suprir a si mesmo e a sua família de condições mínimas de subsistência, e neste ponto consiste o seu caráter fundamental: o trabalho está intimamente ligado à dignidade da pessoa humana, por possibilitar ao homem, como contraprestação ao ofício que desempenha, recursos financeiros que lhe garantam o acesso aos bens mínimos que garantem subsistência.

Emerge daí, portanto, a importância de se examinar as características desses sites privados de busca, sob a égide da lei geral de proteção de dados, do direito à indenidade e à informação.

2. Do direito a indenidade e da vedação à discriminação

Conforme demonstrado, a LGPD vige com o intuito de proteger informações de cunho pessoal e, muitas vezes íntimo, visando conceder ao indivíduo o controle sobre os seus próprios dados (autodeterminação informacional).

Há uma linha protetiva resguardada ao indivíduo trabalhador na LGPD que caminha de mãos dadas com um direito/garantia sensível e já antigo conhecido no Direito do Trabalho, denominado direito à indenidade, que se evidencia especialmente na hipótese sob exame do presente artigo, isto é, a possibilidade da criação de listas discriminatórias a partir do uso desvirtuado desses sites privados de busca de processo que permitem a identificação de processos trabalhistas ajuizados por dado trabalhador a partir do seu nome.

Importante destacar que, quando se aborda direito de indenidade, está-se tratando, não necessariamente de um direito em si, mas de uma garantia, isso é, está-se diante de proteção legal que não visa dar nada ao titular além da certeza de que ele poderá exercer um rol de direitos.

Conforme aponta Carvalho, a garantia de indenidade constitui uma técnica de proteção do exercício dos direitos fundamentais[10]. Estabelece-se sobre a principal premissa de que deve ser garantido a todo indivíduo o direito de ação, ou seja, de requerer uma tutela do judiciário sem que tal conduta, posteriormente, resulte-lhe represálias.

Tal qual pontua o referido autor, sempre que alguém postula um direito fundamental inerente à liberdade ou a uma efetiva prestação de direito social, à pessoa privada ou pública é vedado retaliar, ou posteriormente vingar-se pela queixa que lhe é dirigida, uma vez que aceitar a represália do demandado importaria retirar a viabilidade de tal direito fundamental ou subtrair a possibilidade de ele se realizar materialmente [11].

Para Sahb e Souza "O direito de indenidade consiste na garantia pela qual o trabalhador pode exercer livremente um direito fundamental sem sofrer represálias por parte do empregador[12]".

[10] Carvalho, Augusto César Leite de. **Garantia de indenidade no Brasil.** São Paulo: Editora Ltr, 2013, p. 112.

[11] Carvalho, Augusto César Leite de. **Garantia de indenidade no Brasil.** São Paulo: Editora Ltr, 2013, p. 112.

[12] Sahb, Igor Villa Boas; Souza, Fabiano Coelho de. **Direito de Indenidade**. Pág.81. Disponível em: https://juslaboris.tst.jus.br/bitstream/handle/20.500.12178/161532/2019_souza_fabiano_direito_indenidade.pdf?sequence=1&isAllowed=y Acesso em: 9 Jul. 2021.

A primeira ideia que se pode extrair do conceito apresentado é que o referido direito possui sua origem no direito do trabalho.

O segundo ponto que deve ser observado é a questão da represália.

Represália nada mais é do que uma sanção que é imputada a alguém sem justo motivo para tanto.

Sob uma perspectiva técnica, no tocante à língua portuguesa, o substantivo "indenidade" origina-se do adjetivo "indene", que segundo o dicionário Houaiss significa "aquele que não sofreu dano, que se encontra livre de prejuízo", sendo assim, a indenidade é a isenção do dano[13].

Do ponto de vista jurídico, notadamente do ponto de vista do direito do trabalho, a garantia de indenidade significa que fica assegurado ao trabalhador que não sofrerá represálias pelo simples fato de ter ajuizado uma ação contra seu empregador (ou ex-empregador).

Sahb e Souza destacam que a garantia de indenidade é fruto das experiências jurisprudenciais ocorridas nos tribunais espanhóis "A indenidade (*indemnidad)* tem amplo destaque no Tribunal Constitucional da Espanha, primeiro reconhecendo a conduta de represália como sendo um ato discriminatório, para, em seguida, reconhecer que tal conduta patronal também viola o direito constitucional à tutela efetiva"[14].

Cumpre destacar que, no campo da legislação pátria, o direito a indenidade se trata de um direito fundamental derivado, isto é, em sua gênese, não estava previsto expressamente pelo legislador constituinte originário. Todavia, esse direito surge da interpretação jurídica dos direitos que o legislador expressamente elegeu, a exemplo do direito de ação, livre acesso ao judiciário, direito do trabalho e direito a igualdade.

Trata-se de uma perfeita possibilidade jurídica, uma vez que, como é cediço, os direitos fundamentais não são um rol fechado, até mesmo porque se não fosse assim, colocar-se-ia em xeque diversas de suas características, como a historicidade e a universalidade.

Por outro lado, diferentemente do intuitivo, esse direito não surgiu do direito internacional público para adentrar nos ordenamentos jurí-

[13] Houaiss, Antônio. **Dicionário Houaiss da Língua Portuguesa**. Rio de Janeiro: Ed. Objetiva, 2001.

[14] Sahb, Igor Villa Boas; Souza, Fabiano Coelho de. **Direito de Indenidade**. Pág.83. Disponível em: https://juslaboris.tst.jus.br/bitstream/handle/20.500.12178/161532/2019_souza_fabiano_direito_indenidade.pdf?sequence=1&isAllowed=y Acesso em: 9 Jul. 2021.

dicos internos. Pelo contrário, surge em um determinado ordenamento jurídico interno para se espalhar pelo direito internacional público, passando a atualmente se encontrar em algumas convenções da própria OIT — Organização Internacional do Trabalho.

No caso brasileiro, apesar da Constituição Federal pátria ser reconhecidamente garantista, não trouxe em seu bojo a previsão expressa dessa garantia existente em âmbito internacional. Isso, todavia, não obstou esse direito de ser recepcionado pela Carta Magna por apresentar plena compatibilidade com seus desígnios: primeiro porque o Brasil internalizou tratados e convenções internacionais que preveem o tema, e segundo e mais importante, porque o rol de direitos e garantias fundamentais não constitui um rol taxativo, de modo que, é possível criar outros direitos a partir da interpretação dos já existentes.

Desse modo, os tribunais pátrios, para fundamentar a existência do direito de indenidade se pautam em dois pilares: primeiramente a igualdade, decorrente da própria inteligência do caput do art. 5º, da CF e, em segundo lugar, pela inteligência da Lei Federal nº 9.029/95, que traz algumas garantias sobre a não discriminação de trabalhadores.

Mas não é só. É possível se refletir acerca de outros direitos e garantias fundamentais que servem de sustentáculo para o direito à indenidade, como o art. 7º, inc. XXX, XXXI e XXXII da Constituição Federal, que versam sobre a questão da não discriminação ilícita, em que o operador do direito elegerá qual das facetas melhor se encaixará em seu caso concreto.

Ainda sobre outra perspectiva, é importante ressaltar que a garantia de indenidade não é prevista como verdadeiro instrumento capaz de viabilizar o livre exercício do direito de petição. Nesse sentido, Carvalho:

> O significado de garantia que nos interessa remete à eficácia de um direito fundamental, a saber, o direito à tutela judicial. Portanto, importa revelar o modo de exercê-lo sem sujeição a represálias, o que é diferente de conceituar o próprio direito de deflagrar a atuação da estrutura judicial e ao final obter uma decisão equânime e justa[15].

[15] CARVALHO, Augusto César Leite de. **Garantia de indenidade no Brasil.** São Paulo: Editora Ltr, 2013, p. 27.

Ultrapassada a conceituação da garantia de indenidade, faz necessário conhecer a sua extensão: a indenidade somente existe após a assinatura do contrato de trabalho e finda-se com o termo de rescisão? Ou não, sua abrangência ultrapassa tais limites?

O entendimento que mais compactua com os direitos fundamentais vai no sentido de a indenidade perpassar esses limites, guardada as devidas proporções, a garantia de indenidade equipara-se aos deveres laterais dos contratos provenientes da boa-fé objetiva, em função que, como esses, a indenidade não estará prevista no corpo do contrato, todavia nem por isso ela deixará de existir, já que ela se extrai do conjunto de normas que compõem o ordenamento jurídico.

Acerca da Boa-fé objetiva, pontua Gonçalves:

> O princípio da boa-fé exige que as partes se comportem de forma correta não só durante as tratativas, como também durante a formação e o cumprimento do contrato. Guarda relação com o princípio de direito segundo o qual ninguém pode beneficiar-se da própria torpeza[16].

Evidente a semelhança, até mesmo no benefício da própria torpeza, a empresa não pode se valer de sua conduta antiética de procurar se o candidato possui histórico, processando empregadores anteriores, e não estar passível de nenhuma consequência jurídica, ato contínuo, conclui-se que a indenidade deve ser guardada em fases anteriores à conclusão do contrato de trabalho.

Nessa toada, uma vez conhecido que a garantia de indenidade reside no fato de não ser punido injustamente pelo exercício de um direito, nas palavras de Sahb e Souza "(...) envolve o direito de não discriminação, já que, com a retaliação, o empregador elege um critério não razoável (o não exercício ao direito de ação ou de reivindicação) como premissa necessária à permanência no emprego, função ou condição jurídica do trabalhador[17]", pode-se afirmar que a garantia de indenidade vem

[16] Gonçalves, C. R. Direito civil brasileiro v 3 — contratos e atos unilaterais. São Paulo: Editora Saraiva, 2019, pág.58. 9788553617258. Disponível em: https://integrada.minhabiblioteca.com.br/#/books/9788553617258/. Acesso em: 11 Jul 2021

[17] Sahb, Igor Villa Boas; Souza, Fabiano Coelho de. **Direito de Indenidade**. Pág.85. Disponível em: https://juslaboris.tst.jus.br/bitstream/handle/20.500.12178/161532/2019_souza_fabiano_direito_indenidade.pdf?sequence=1&isAllowed=y Acesso em: 9 Jul. 2021.

fazendo parte das decisões dos tribunais por estar respaldada ideologicamente na Constituição, não havendo óbices para seu uso, uma vez que condizente com a orientação principiológica da Constituição Federal.

A ampliação da extensão do alcance do direito de indenidade, por se constituir posteriormente como uma garantia de direitos fundamentais de forma geral é pautada, num fim principal que é de proteger o demandante no seu direito de petição sem que sofra do demandado ou da sociedade, posteriormente, represália motivada por ter postulado ao judiciário.

Estabelecidas as principais características inerentes ao direito à indenidade, mister a conexão deste com a situação fática objeto deste artigo, qual seja, a colocação de dados pessoais do trabalhador acerca de processos movidos por este, em sites privados de busca de processos.

O ponto fulcral da discussão, não é colocação em si, mas a autorização, pois, uma vez que esses sítios eletrônicos notoriamente não pedem o consentimento do trabalhador para a exposição de seus dados, abre-se ensejo a uma importante discussão que, diga-se de passagem, após o advento da LGPD, já "bateu às portas" do judiciário, trazendo à tona importante discussão sobre o direito à informação e publicidade das decisões judiciais em confronto com a privacidade e proteção dos dados pessoais.

É manifesto que a defesa desses sites segue no sentido da primazia do direito à informação e a publicidade, uma vez que, a divulgação desses dados é um dos sustentáculos de sua atividade econômica. Enquanto para os trabalhadores, a primazia deve ser pela proteção de seus dados pessoais, visto que, principalmente em termos de Brasil, é muito corriqueira a formação de "listas discriminatórias", e pesquisas acerca do histórico do trabalhador antes da opção da contratação deste.

Parece claro o debate aqui. As melhores vagas estão nas maiores empresas, as maiores empresas possuem acessória jurídica e a acessória jurídica tende a excluir o trabalhador-candidato à vaga, quando esse já processou anteriormente algum empregador, violando o direito a indenidade.

Sobre a ótica do direito à indenidade e vedação a discriminação que fora tratado nesse capítulo, propõe-se no capítulo seguinte uma reflexão: Uma vez que esses sites privados de busca de processos possibilitam aos empregadores conhecerem o passado do trabalhador (já que as certidões do TST — Tribunal Superior do Trabalho em si, não mostram contra quem o trabalhador moveu a ação), se for possibilitado nesses sites a busca através do nome dos empregados, o que deve prevalecer? O direito à informação e publicidade das decisões judiciais (principal argumentos de defesa desses sites), ou o direito a proteção dos dados pessoais e a indenidade do trabalhador que busca colocação no mercado?

3. Das possíveis decisões do STF: uma análise acerca das ponderações entre direitos fundamentais, direito à informação x direito a proteção a informações pessoais

Conforme dito alhures, apesar de recente entrada em vigor da LGPD e as primeiras obras acadêmicas ainda estarem em fase de elaboração pela academia, a referida Lei já esbarrou no tema indenidade, como também dito anteriormente, tema de muita relevância ao direito do trabalho.

Esbarrou justamente naquilo quanto proposto como objeto inicial de análise, até de maneira mais aprofundada. Fato é, que já chegou ao STF a discussão sobre a exposição de dados do empregado quanto ao ajuizamento de ações trabalhistas nesses sites privados de consultas de processo e a discussão em torno sobre qual direito fundamental prevalece, o direito à informação acerca do passado do trabalhador, ou se o seu direito à privacidade de suas informações, que indiretamente resvala em seu direito a indenidade e autodeterminação informacional.

O caso em comento é Recurso Extraordinário com Agravo (ARE) nº 1.307.386, que se trata de recurso em que o STF admitiu a repercussão geral, ficando pendente a análise do mérito do recurso.

A gênese processual que deu origem ao dito recurso extraordinário foi no estado do Rio Grande do Sul, e guarda algumas peculiaridades. O direito de ação fora exercido por um trabalhador em face do site de busca em geral, "Google", e do site de buscas especificamente jurídicas, denominado "escavador".

O Autor da ação buscava duas pretensões pela via processual: primeiro a retirada de suas informações acerca de um processo trabalhista movido contra um ex-empregador dos sites buscadores e, segundo um pleito de dano moral que se fundara no fato de ter ficado muito tempo sem conseguir emprego, o que pode sido consequência da presença ilícita de suas informações relacionadas a processos judiciais que ajuizou nos referidos sites.

Em sede de primeiro grau os pleitos foram jugados improcedentes, prevalecendo a tese de que o direito à informação, de que se valiam os sites em defesa, sobrepunha-se aos direitos pessoais de privacidade, indenidade e autodeterminação informacional do trabalhador.

Em sede de segundo grau, o Tribunal de Justiça do Rio Grande do Sul, em incidente de resolução de demandas repetitivas (o que já evidencia que houve mais ações dessa espécie no dito Estado), manteve a decisão de primeiro grau, também prevalecendo a tese defensiva do direito à informação e publicidade.

Excepcionalmente, a parte que interpôs o recurso especial ao STF não foi a parte vencida, foi a parte vencedora (os sites de busca em questão) alegando em breve síntese que, a decisão proferida no julgamento do incidente de demandas repetitivas limitar-se-ia ao estado de origem da ação. Enquanto para os ditos sites de buscas não bastava uma pacificidade somente em âmbito regional, mas uma unanimidade de entendimento em escala federal, dando ensejo assim a dito recurso (ARE nº 1.307.386).

O recurso encontra-se, desde o dia 15.06.2021, concluso para julgamento.

Ao adentrar no mérito recursal, tem-se em mente que a Suprema Corte deverá apreciar alguns aspectos para que a decisão fique completa e irrefutável.

Primeiramente, vem a questão do direito à informação. Quanto a este aspecto, é importante pontuar alguns pontos: o primeiro deles é que os sites privados de busca de processo notoriamente são instrumentos facilitadores para encontrar uma determinada informação, mas não são a fonte primária da informação; o segundo deles é que esses sites não são as fontes oficiais da informação, estando restrita essa classificação aos órgãos do Poder Judiciários.

Cumpre destacar que o direito à informação, apesar de importante instrumento constitucional de manutenção das instituições democráticas, não pode ser objeto causador de prejuízo aos cidadãos sem um justo motivo para tanto. É o que pontua Martins:

> Em um sentido amplo, podemos entender o acesso à informação pública como o direito que tem toda pessoa de receber informações em poder do Estado sobre qualquer assunto. O conceito é parte essencial das

> diretrizes de um governo aberto, que propõem processos e procedimentos governamentais mais transparentes[18].

Martins também correlaciona o direito ao acesso á informação como um direito humano fundamental:

> O direito de acesso à informação é um direito humano fundamental para a vida em sociedades democráticas. A base deste direito é o princípio de que a autoridade pública é delegada pelo eleitor e sustentada pelo contribuinte, portanto o público deve ter o direito de saber como o poder está sendo usado e como o dinheiro está sendo gasto. Mais do que isso, o cidadão tem o direito de influenciar e participar nos processos decisórios sobre matérias de interesse público[19].

É perceptível, portanto, que apesar de possuir uma genuína importância democrática, o princípio constitucional de acesso à informação não parece o mais adequado para preponderar neste caso concreto, pois, caso os sites privados de pesquisa de processos sejam impedidos de divulgar tais informações pessoais (mormente o nome da parte), isso não constitui total e completa inviabilidade de acesso à informação.

Isso porque as empresas contratantes sempre poderão se valer das certidões do TST para buscar alguma determinada informação. As certidões do dito Tribunal, inclusive, são mais justas, na medida em que não mostram quem o sujeito processou, pela busca do CPF ou nome do Autor. Tal informação somente virá à tona no caso de procura pelo CNPJ do ex-empregador do candidato, o que de fato não exclui o direito à informação, mas que permite que um determinado candidato à uma vaga de emprego possa mostrar suas competências, sem ser excluído de pronto dos processos seletivos.

Em segundo lugar, como já dito alhures, o princípio do acesso à informação não poderá trazer prejuízo ao cidadão, pois, sua finalidade

[18] Martins, Paula Lígia. **Acesso à Informação: Um direito fundamental e instrumental**. Pág. 233. Disponível em: http://revista.arquivonacional.gov.br/index.php/revistaacervo/article/view/381/381 Acesso em: 01 Ago. 2021.

[19] Martins, Paula Lígia. **Acesso à Informação: Um direito fundamental e instrumental**. Pág. 233. Disponível em: http://revista.arquivonacional.gov.br/index.php/revistaacervo/article/view/381/381 Acesso em: 01 Ago 2021.

primordial vincula-se aos cidadãos terem conhecimento daquelas decisões proferidas pelo Poder Público, ou seja, o que ele está fazendo com as leis e com o erário, pouco importando aquele que figura como parte no processo divulgado, visto que, na medida que se analisa o conceito e finalidade os sujeitos processuais se tornam meros figurantes na aplicação destes direito.

O argumento do acesso à informação, então, parece ser possível de refutar pela Suprema Corte julgadora, bem como, um segundo argumento que pode ser levantado em sede do julgamento constitucional, o livre exercício da atividade econômica. Como sabido, esses sites privados de busca de processos, ainda que estritamente jurídicos, não vivem somente da divulgação de processos trabalhistas, existem divulgação de processos de outras matérias, jurisprudência, além de interligações entre clientes e advogados, divulgação de *software* jurídico, dentre outras funcionalidades.

Assim, afirmar que a proibição em comento implica em prejuízo às atividades empresariais desses sites, também não se mostra a afirmação mais razoável.

Enfim, chaga-se à questão da privacidade. Em sua gênese, Moraes denomina o que seria privacidade:

> Os direitos à intimidade e à própria imagem formam a proteção constitucional à vida privada, salvaguardando um espaço íntimo intransponível por intromissões ilícitas externas
> [...]. Os conceitos constitucionais de intimidade e vida privada apresentam grande interligação, podendo, porém, ser diferenciados por meio da menor amplitude do primeiro, que se encontra no âmbito de incidência do segundo.
> Assim, intimidade relaciona-se às relações subjetivas e de trato íntimo da pessoa, suas relações familiares e de amizade, enquanto vida privada envolve todos os demais relacionamentos humanos, inclusive os objetivos, tais como relações comerciais, de TRABALHO, de estudo etc.[20].

[20] Moraes, Alexandre de, **Direito Constitucional**. São Paulo: Grupo GEN, 2021, pág. 89. 9788597027648. Disponível em: https://integrada.minhabiblioteca.com.br/#/books/9788597027648/. Acesso em: 2021 ago. 02.

Assim, pode-se dizer que a privacidade não é o ponto fulcral da discussão, isoladamente. Na realidade, a permissão da divulgação dos dados processuais pelos sites de busca de processos online constitui uma dupla violação. O desrespeito à privacidade mostra-se a porta de entrada para se esbarrar numa segunda questão, que se encontra protegida pela privacidade, neste caso em comento, a indenidade.

Nessa esteira, fica perceptível que no caso, o STF terá de fazer um segundo juízo de valor, para além do binômico direito à informação X direito privacidade. Deverá analisar a informação contra a indenidade.

Fato é que, acaso retirados os sites buscadores da cadeia de acesso à informação ao público em geral, o público final ainda terá acesso ao direito à informação, que é o verdadeiro titular do direito à informação, ainda que de maneira mais restrita. Agora, se for retirado o direito à privacidade e a tutela a dados individuais do trabalhador, isso culminará em uma afronta direta ao princípio da indenidade, basilar a todo o direito do trabalho.

Ato contínuo, a verdadeira ponderação que no fundo o STF terá de fazer, é a seguinte: Deve preponderar o direito à informação do público em geral, mas em especial aos recursos humanos das empresas, que são os grandes receptores dos serviços dos buscadores jurídicos, ou o direito do trabalhador de se manter o mais indene possível, facilitando sua colocação no mercado de trabalho? Sob essa perspectiva, o argumento do livre exercício da atividade econômica pelos buscadores mostra-se um tanto raso e frágil.

Se os debates em sede de recurso extraordinário forem esses, o STF terá exaurido o tema, de modo que, sua decisão, como dito alhures, torna-se completa, pois, os dois lados mostram-se importantes, de um lado os recursos humanos das empresas de saberem quem estão contratando, até mesmo por questões de estabilidade pessoal e financeira, como por outro lado também se mostra de imensurável valor o direito de indenidade e de recolocação do trabalhador no mercado de trabalho.

Conclusões

O presente artigo buscou examinar a reponsabilidade civil dos sites privados de busca de processos frente ao trabalhador que busca uma colocação no mercado de trabalho examinanda à luz da Lei Geral de Proteção de Dados — LGPD (Lei Federal nº 13.709/2018).

Conforme restou demonstrado, a jurisprudência atual tem caminhado no sentido de que não há responsabilidade civil à luz da LGPD destes sites, pois os dados que disponibilizam nas buscas são de origem pública, coletados nos próprios sites dos Tribunais como decorrentes de um direito constitucional à informação e publicidade.

Não obstante a isso, a matéria ainda não está consolidada. O STF reconheceu recentemente a existência de Repercussão Geral no Agravo (ARE) 1.307.386, que versa sobre o tema, cujo julgamento ainda se encontra pendente, mas tende a orientar e uniformizar um entendimento sobre a responsabilidade desses sites à luz da LGPD.

É importante destacar que, ressalvado o entendimento jurisprudencial predominante até o momento quanto à ausência de responsabilidades desses sites, mormente na seara trabalhista, verifica-se que a possibilidade de busca por nome das partes por eles viabilizada, implica em desdobramentos graves para o trabalhador, pois possibilita a investigação, pelo empregador, sobre a vida pregressa de empregados que pretendem vagas de emprego, criando-se uma moderna "lista suja" discriminatória.

A questão é extremamente sensível e merece um olhar acautelado do Poder Judiciário, uma vez que, na atual conjuntura social, a competitividade altamente acirrada é marca característica do mercado de trabalho, pois conta com uma grande demanda de trabalhadores disponíveis e disputando vagas.

Diante desse contexto, é incontestável que qualquer ponto negativo, mesmo que pequeno, possa ser a diferença entre a oportunidade (de emprego) e o desemprego crônico, devendo ser examinado o papel desses sites, quanto à responsabilidade civil, mormente quando viabilizam a criação de listas discriminatórias, ainda que se defenda que não seja esse o objetivo par ao qual foram criados e estão disponibilizados online.

Impende destacar que a LGPD prevê proteção sobre esse tipo de desdobramento indesejado do tratamento de dados individuais, sendo plenamente possível a responsabilização civil destes operadores, mormente por violar o direito à indenidade do trabalhador, esse concebido como o direito do empregado acionar o judiciário sem sofrer posterior represália pelo exercício desse do direito de acesso à justiça.

Referências

BIONI, Bruno Ricardo. **Proteção de dados pessoais: a função e os limites do consentimento**. 2. ed. — Rio de Janeiro: Forense, 2020.

CARVALHO, Augusto César Leite de. **Garantia de indenidade no Brasil.** São Paulo: Editora Ltr, 2013.

GONÇALVES, Carlos Roberto. **Direito civil brasileiro v 3 — contratos e atos unilaterais.** São Paulo: Editora Saraiva, 2019. 9788553617258. Disponível em: https://integrada.minhabiblioteca.com.br/#/books/9788553617258/. Acesso em: 11 jul 2021

https://juslaboris.tst.jus.br/bitstream/handle/20.500.12178/161532/2019_souza_fabiano_direito_indenidade.pdf?sequence=1&isAllowed=y. Acesso em: 9 jul. 2021.

MARTINS, Paula Lígia. **Acesso à Informação: Um direito fundamental e instrumental**. Disponível em: http://revista.arquivonacional.gov.br/index.php/revistaacervo/article/view/381/381. Acesso em: 01 Ago 2021.

MORAES, Alexandre de, **Direito Constitucional**. São Paulo: Grupo GEN, 2021. 9788597027648. Disponível em: https://integrada.minhabiblioteca.com.br/#/books/9788597027648/. Acesso em: 2021 ago. 02.

SAHB, Igor Villa Boas; SOUZA, Fabiano Coelho de. **Direito de Indenidade**. Disponível em: Acesso em: 9 jul. 2021.

10.
A CULTURA DE *COMPLIANCE* E A LGPD: GERANDO AUMENTO NA EFICIÊNCIA DE GESTÃO E DESEMPENHO DA ORGANIZAÇÃO

Karem Luiza da Costa
Ícaro Ataia Rossi

Introdução

Antes da Lei de Proteção de Dados Pessoais, Lei nº 13.709/2018 ("LGPD"), poucas empresas possuíam ou pensavam em criar Programa de *Compliance* voltado para a obtenção e o tratamento de dados pessoais.

Com o advento da referida legislação, muitos empresários e grandes empresas têm debatido e têm-se preocupado em como cumprir com os requisitos da legislação, assim como evitar as sanções administrativas aplicadas pelo acometimento de infrações.

Assim, conforme Capítulo VII, para o atendimento da segurança e das boas práticas, importante adotar um Programa de *Compliance* para regular as boas práticas e governança, assim como o tratamento adequado de segurança e sigilo de dados, com o fim de mitigar possíveis riscos que possam ocorrer na coleta, tratamento e armazenamento de dados.

Há uma preocupação mundial com a proteção de dados, principalmente os pessoais e a facilidade de obtê-los, sobretudo em relação ao comércio internacional, decorrente das novas facilidades tecnológicas, demandando, desta forma, a necessidade de garantir privacidade e segurança.

O objetivo da LGPD, cujo tratamento seja feito por pessoa natural ou jurídica de direito público ou privado, inclusive pelos meios digitais, é proteger os direitos fundamentais de liberdade e de privacidade e o livre desenvolvimento da personalidade da pessoa natural através do tratamento de dados.

Fundamenta-se no respeito à privacidade, na liberdade de expressão, na inviolabilidade da intimidade, da honra e da imagem, dentre outros fundamentos, garantindo ao titular do dado o poder sobre suas próprias informações, salvo exceções previstas na própria legislação.

No entanto, a referida lei não tem o condão de lesar ou impedir o uso de dados por terceiros ou por empresas, mas de propiciar regras para proteger os direitos fundamentais da pessoa natural e assim o titular poder decidir a respeito do consentimento ou não do uso e do tratamento dos seus dados pessoais. Desta feita, preservando-se os direitos do titular dos dados e possibilitando a competitividade empresariais.

Eis que a função de indigitada Lei é fomentar o desenvolvimento econômico e tecnológico, além de proteger direitos e liberdades fundamentais, direcionada para tratamentos com fins comerciais, com âmbito de aplicação geral, inclusive extrafronteiras.

Os dados pessoais são, atualmente, os ativos mais valiosos que uma empresa pode ter. Assim, o *compliance* tem papel de fundamental importância, pois possibilita que, desde o início do tratamento de dados até a sua eliminação, verifique-se a necessidade de se manter os referidos dados para o cumprimento das exigências legais, da possibilidade de portabilidade, assim como para fins estatísticos.

Desta forma, ao adotar as práticas de *compliance* as empresas conseguem registrar e tornar mais transparentes suas etapas, o que diminuirá os custos operacionais, gerando aumento na eficiência de gestão e de desempenho da organização como um todo.

1. Programa de *compliance*

1.1. Conceito

Compliance e Programa de *Compliance* têm se tornado temas polemizados e tratados em cursos, seminários e discutidos por empresários de vários setores de mercado. Mas, o que é *compliance*? O termo vem do verbo em inglês "comply", que significa, estar em conformidade com.

Um Programa de *Compliance* não é somente instituir padrões para estar em conformidade com a lei. Trata-se de uma estrutura mais complexa para garantir um ambiente corporativo forte e salutar, a fim de orientar todos da empresa, internos e externos, exigindo medidas e procedimentos internos, estabelecendo diversas normas e políticas necessárias para a integridade do programa e segurança da empresa, disciplinando padrões e modelos de condutas, medidas disciplinares e diretrizes para o cumprimento das legislações, permitindo identificar e prevenir riscos que possam impactar nos negócios da empresa.

O Programa de *Compliance* está associado ao controle preventivo. Deve-se observar a sua aplicação, uma vez que não existe risco zero empresarial. E, com o acompanhamento do processo de implantação deste programa, haverá um aumento gradativo de interesse da empresa em verificar e fazer mudanças na estrutura interna e estratégias de negócio, pois o Programa de *Compliance* tem o condão de motivar e de gerenciar riscos.

1.2. Características de um Programa de *Compliance*

> Por meio dos Programas de *Compliance*, os agentes reforçam seu compromisso com os valores e objetivos ali explicitados, primordialmente com o cumprimento da legislação. Esse objetivo é bastante ambicioso e por isso mesmo ele requer não apenas a elaboração de uma série de procedimentos, mas também (e principalmente) uma mudança na cultura corporativa. O Programa de *Compliance* terá resultados positivos quando conseguir incutir nos colaboradores a importância em fazer a coisa certa. Uma vez que tais colaboradores podem apresentar diferentes motivações e graus de tolerância a riscos, o programa tem por função ditar valores e objetivos comuns, garantindo sua observância permanente. Programas de *Compliance* podem abranger diversas áreas afetas às ativi-

> dades dos agentes econômicos, como corrupção, governança, fiscal, ambiental e concorrência, dentre outras, de forma independente ou agregada (CADE, 2016, p. 9).

"Deve-se entender que, nos Programas de *Compliance,* a conformidade não está atrelada apenas à legislação, mas também à forma ética com que a organização interage com todos envolvidos de sua cadeia produtiva" (NOHARA e PEREIRA, 2018, p. 359).

Trata-se o *compliance,* portanto, de uma estrutura que constitui um programa contendo políticas, normas internas, códigos de ética e de conduta para definir procedimentos e processos, mapear riscos para prevenção e resposta aos incidentes, monitoramento de pessoas, recursos e processos, prevenção por meio de segurança da informação, auditorias, definir equipes e papéis dos responsáveis (como *compliance officer,* comitês de *compliance* e ética, encarregado de dados, agentes de tratamento de dados etc.). Enfim, planificar todo o programa de acordo com o *core business* da empresa, uma vez que cada organização possui suas próprias características de negócio.

Importante ressaltar, também, que um Programa de *Compliance* tem significativo papel para evitar os conflitos de interesse, análise do impacto na reputação da empresa e da perda de negócios em questões de fraudes.

É um instrumento a se considerar para agregar valor para empresa, pois auxilia na análise, na comunicação, nos interesses e objetivos empresariais.

1.3. Breve histórico de *compliance*

De acordo com o IBGC (Instituto Brasileiro de Governança Corporativa) a economia, durante o século 20, expandiu-se com o comércio internacional e com a ampliação das transações financeiras no mundo. As companhias rapidamente se transformaram, desenvolvendo uma nova estrutura de controle. A partir daí, começaram debates a respeito de governança corporativa, interesses dos sócios e da empresa. Então, no início do século 21, a questão sobre governança corporativa ganhou enfoque, a partir dos casos de participação em fraudes por parte de grandes empresas americanas, *Enron*, *Worldcom* e *Tyco,* que ganhou grande repercussão sobre a divulgação e apresentação das demonstrações financeiras e do papel das auditorias. Os Estados Unidos já possuíam regras anticorrupção, o FCPA ("Foreign Corruption Pratice Act" — 1977), para empresas americanas, dentro e fora daquele país, aplicáveis às pessoas físicas e às pessoas jurídicas, com penalidade à pessoa jurídica. Mas, era necessário definir as práticas e governança sobre questões financeiras e de segurança dos acionistas, motivo pelo qual promulgaram a legislação SOX ("Sarbanes Oxley"), que estabelece regras de governança para o controle financeiro empresarial, assim como criaram a SEC ("Security Exchange Commission"), comissão que recebe denúncias de fraude e corrupção, onde os acordos feitos com as empresas e denúncias recebidas são publicados. O Reino Unido também promoveu regras anticorrupção para empresas em seu país, o "UK Bribery Act" (2010), que é mais rigoroso que o FCPA americano.

No Brasil, com as políticas corporativas antissuborno das agências reguladoras de todos os setores, assim como exigido em determinadas legislações, como a Lei das Estatais, Lei nº 13.303/2016, que dispõe regras sobre controle interno, gestão de risco e governança corporativa para as empresas públicas e de economia mista. A Lei nº 12.846/2013 e seu Decreto nº 8.420/2015 conhecidos como lei anticorrupção, definindo, também, mecanismos de procedimentos internos de integridade, aplicação de códigos de ética e de conduta, auditorias e incentivo às denúncias em caso de irregularidades.

Importante destacar, que a LGPD também traz em seu bojo, no Capítulo VII, a questão de medidas de segurança e de sigilo de dados que deverão ser adotadas pelos agentes de tratamento, onde, também a Autoridade Nacional de Proteção de Dados poderá dispor de padrões técnicos para a aplicabilidade destas medidas. Adicionalmente, este capítulo determina que regras de boas práticas e de governança poderão ser formuladas por estes agentes, no âmbito de suas competências e que o controlador dos dados poderá implementar programa de governança em privacidade, em atendimento aos princípios de segurança da informação e da prevenção de ocorrência de danos.

Na lição de Patrícia Peck (2018, p. 106), "a instituição de medidas e regras de boas práticas e de governança é essencial para que todos os requisitos necessários à proteção de dados pessoais sejam efetivados".

O próprio IBGC, criado em 1995, tem procurado atuar de forma a incentivar as empresas em adotar boas práticas e governança corporativa, com programas, cursos, seminários e cartilhas.

As boas práticas e governança, assim como um Programa de *Compliance* tornaram-se um diferencial não somente as empresas, mas todos os *stakeholders*, assim como o próprio comércio, uma vez que permite uma melhor forma de administrar os processos, pessoas e recursos.

Um Programa de *Compliance* deve ser suportado e implementado por todas as áreas da empresa, com o envolvimento principalmente da alta gestão, dos controles internos e da auditoria, que deverão dar respaldo para que cada um possa cumprir com os requisitos necessários em sua parcela de responsabilidade. Ou seja, interage com outros processos de negócio da empresa e cada área possui responsabilidade para a concretização e sucesso do programa.

A estrutura de um Programa de *Compliance* e seu conteúdo variam de acordo com cada empresa, uma vez que cada setor possui particularidades, regulamentos, procedimentos e padrões diferentes. Deve-se considerar que um Programa de *Compliance* atua com riscos e não danos, sendo assim, deve-se pesar as condições de mercado, a atuação dos serviços e/ou produtos, enfim, qualquer acontecimento, exigência ou circunstância que possa impactar nos negócios.

É uma ferramenta de governança corporativa para ajudar a empresa a direcionar seus negócios com segurança, cumprindo a legislação, e atingir os seus objetivos. Nos ensinamentos de Cueva e Frazão (2018, p. 69), um Programa de *Compliance* aumenta a eficácia das políticas e a transparência nas organizações. Ainda, descrevem que:

> O *compliance* possui importância ímpar na prevenção de infrações e quando estas se verificam, na adoção de medidas para o imediato retorno ao estado de normalidade e legalidade. Consubstancia sistema de controles cuja função primordial consiste exatamente em promover uma cultura de respeito à legalidade e evitar a ocorrência de violações às normas jurídicas e ao Código de Ética próprio de cada entidade. (Cueva e Frazão, 2018, p. 48).

1.4. Pilares do Programa de *Compliance*

Um Programa de *Compliance* é uma estrutura de múltiplos componentes. A esses componentes dá-se o nome de "pilares", quais sejam: (LEC, 2019):

> – **Suporte da alta administração**: Antes de tudo, é importante destacar que não adianta tentar implantar um Programa de *Compliance* sem a adesão total dos diretores da empresa;

– **Avaliação de riscos**: A avaliação de riscos, também chamada de Mapeamento de Riscos de *Compliance* (*Compliance Risk Assessment* — CRA), é uma das etapas mais importantes da implantação de um programa de integridade;
– **Código de conduta e políticas de *compliance*:** *Compliance* é a adoção de um código de conduta ética. Ele traz todas as políticas a serem adotadas na empresa, não apenas para manter a conformidade com as leis, como também garantir uma cultura de integridade e valorização de comportamentos éticos;
– **Controles internos:** A empresa deve criar mecanismos de controle para assegurar que os riscos sejam minimizados, tanto no nível interno quanto no externo. Os próprios registros contábeis e financeiros são usados para transparecer a realidade do negócio;
– **Treinamento e comunicação:** O Programa de *Compliance* deve fazer parte da cultura de toda a empresa. Para isso, além da adesão da alta administração, os colaboradores precisam entender os objetivos, as regras e o papel de cada um para que ele seja bem-sucedido. Para isso, é fundamental investir em treinamentos e na comunicação interna;
– **Canais de denúncia:** Uma vez que estejam conscientes sobre a importância do *compliance*, os colaboradores precisam de canais de ativos para alertar sobre violações ao código de conduta. Ou seja, devem-se manter e-mails, telefones e outras formas de comunicação à disposição dos colaboradores;
– **Investigações internas:** Feita uma denúncia, a empresa precisa investigar qualquer indício de comportamento antiético e ilícito que tenha sido noticiado. Em seguida, devem-se tomar as providências necessárias, com as devidas correções e, conforme o caso, punições;
– ***Due diligence*:** O programa de *compliance* não pode ficar restrito ao comportamento da organização. Fornecedores, representantes, distribuidores e outros parceiros devem ser submetidos a uma rigorosa *due diligence*. Ou seja, é importante avaliar o histórico de cada um deles antes de se estabelecer uma relação contratual;
– **Auditoria e monitoramento:** O penúltimo dos pilares de um Programa de *Compliance* trata, exatamente, de sua manutenção. Ele deve ser contínuo, avaliando sempre se está sendo bem executado e se as pessoas estão, de fato, comprometidas com as normas, se cada um dos pilares está funcionando como o esperado; e

– **Diversidade e Inclusão:** Não há *compliance* sem respeito e igualdade.

Esses pilares são relevantes para nortear a implementação do programa e garantir um bom planejamento.

> Os pilares de *compliance* têm como benefício estabelecer uma divisão de responsabilidade e prioridades. Acreditamos que um processo alinhado com os controles internos e *compliance* facilita o gerenciamento do negócio e deixa os procedimentos organizacionais como base para uma gestão de riscos próxima à realidade da organização. (ASSI, 2018, p. 29).

Portanto, esses pilares otimizam o desempenho do programa na identificação e gerenciamento de riscos. Trata-se de um processo de melhoria contínua para criar valor junto aos seus acionistas, clientes, terceiros, enfim, todos os *stakeholders* interessados.

É também de extrema importância a participação efetiva da alta administração, o chamado modelo de gestão "top-down", onde a liderança é um 'exemplo' para todos da organização, orientando e ajudando na efetivação do Programa de *Compliance*.

> Efetiva demonstração do comprometimento da empresa deve abranger, também, a atuação da alta administração na implementação, supervisão e monitoramento, direto e indireto, na gestão de *compliance*. Quando existir algum indício de falta de efetividade das medidas de integridade ou da ocorrência de não conformidades, a alta administração deve garantir meios para que sejam feitos no programa ajustes e os aprimoramentos necessários e adotadas as medidas corretivas cabíveis, conhecida também como política de consequências. (Assi, 2018, p. 157).

2. LGPD e Proteção de Dados e Privacidade

2.1. Histórico e evolução da LGPD

A primeira consulta pública do projeto de lei de proteção de dados ocorreu em 2010, que teve sua promulgação agilizada por conta de vários acontecimentos na década seguinte, como a divulgação de Edward Snowden (ex-administrador de sistemas da CIA), em 2013, sobre espionagens feitas pelos Estados Unidos à primeira-ministra da Alemanha e depois à presidente do Brasil e por conta da promulgação do Regulamento Europeu de Proteção Geral de Dados ("General Data Protection Regulation"- GDPR), em 2018, pois, a GDPR, especificamente, define que para qualquer país tratar de dados pessoais de europeus, deve haver uma lei recíproca naquele país. Ainda, o escândalo do *Facebook* e da *Cambridge Analytic*, que influenciou nas eleições de Trump e na saída de *United Kingdom* da União Europeia, em 2017. E, por fim, uma lei de proteção de dados era importante para o Brasil entrar no grupo econômico da OCDE (Organização para a Cooperação e Desenvolvimento Econômico).

2.2. Conceitos e princípios

O Art. 5º da LGPD é um dos mais importantes, pois estabelece a definição de conceitos fundamentais para a compreensão da Lei, vejamos:

Dado pessoal: miríade de possibilidades, rastros da nossa personalidade, que pode nos identificar mesmo sem citar nosso nome, por isto da expressão "identificada ou identificável", pois estes rastros podem manipular nossa escolha, inclusive a democracia. Portanto, proteção de dados pessoais é inovação, empreendedorismo, desenvolvimento econômico;

Dado pessoal sensível: aquele que possa causar desconforto ao titular, colocá-lo em situação de discriminação, preconceito, perseguição, segregação, exposição ou situação vexatória;

Dado anonimizado: é um dado pessoal ou um dado pessoal sensível que deixa de ser relacionado diretamente a uma pessoa quando este dado está anonimizado. Por exemplo, quando um conjunto de dados passa a ser estatística.

Banco de dados: seja digital, seja físico, um banco de dados é qualquer conjunto de dados pessoais.

Titular: Indivíduo soberano de qualquer assunto relacionado ao tratamento de dados de suas informações, que tem capacidade de consentir ou não o tratamento, pois é o detentor dos dados pessoais a serem tratados.

Controlador: responsável pelas decisões e pelos incidentes relacionados ao tratamento dos dados pessoais.

Operador: trata os dados seguindo estritamente as ordens do controlador.

Encarregado: faz interface com a Autoridade Nacional de Proteção de Dados.

Agentes de tratamento: são o controlador e operador. Embora a responsabilidade final seja sempre do controlador, o operador poderá ser responsabilizado, principalmente se não seguir as orientações daquele — controlador.

Tratamento: ciclo completo, isto é, desde a coleta, armazenamento, compartilhamento, utilização, até a exclusão ou anonimização.

Consentimento: permissão dada pelo titular para que seus dados sejam tratados. Entretanto o pedido deve ser explícito, claro, específico, limitado e transparente, sendo que para tratar dados de crianças e adolescentes deverá ter atenção especial e obter consentimento específico do responsável.

Bloqueio: suspensão do tratamento de dados, no entanto a proteção pelo operador e controlador continuam.

Eliminação: exclusão dos dados.

Transferência Internacional de Dados: exige que o país estrangeiro assegure proteção de nível equivalente ao proporcionado pela LGPD.

Uso compartilhado de dados: entidades públicas ou privadas podem compartilhar os dados para cumprimento de obrigações legais ou mediante autorização específica.

Relatório de impacto à proteção de dados pessoais: este relatório deve ser mantido para comprovar que o tratamento gera riscos, mas que recebe os devidos cuidados para evitar e ou minimizá-los.

Autoridade Nacional de Proteção de Dados: órgão responsável por implantar e gerenciar as regras da LGPD, garantindo o seu cumprimento, através de auditorias e/ou sanções.

Após os conceitos descritos na LGPD passa-se a definir a construção dos princípios de um *compliance*, podendo começar com os princípios constantes na Constituição Federal, como a privacidade, sigilo, liberdade de comunicação etc.

Privacidade, onde o titular deve ter o poder sobre seus dados e a legislação tem o intuito de garantir esse direito. A lei procura dar confiança à pessoa física para que sua informação circule de forma minimamente segura e que a atuação de seu tratamento seja para minimizar os danos e não somente os riscos (*compliance* trabalha com risco). O objetivo é fomentar o fluxo de informação. A lei estipula não somente o tratamento que deve ser aplicado, mas os limites e regras, mantendo os parâmetros mínimos.

Por isso, dos princípios estipulados no artigo 6º da LGPD, a respeito de finalidade, necessidade, adequação, dentre outros, incluindo neste rol o princípio da boa-fé (disposto no "caput" deste mesmo artigo). Isto é, a LGPD orienta no sentido de que o tratamento de dados pessoais deve ser guiado pelo princípio da boa-fé, pois este norteia o ordenamento jurídico brasileiro. Assim sendo, ao tratar os dados pessoais, deve-se observar direitos e liberdades fundamentais, o que gera confiança ao titular dos dados, uma vez que as informações previamente fornecidas foram transparentes.

É necessário ter em conta o direito à privacidade e o sigilo da informação. O monitoramento da informação privada abre debate sobre os limites da privacidade e da segurança. Neste sentido, a prevenção é feita por meio de *compliance*.

No entanto, importante demonstrar que possui efetivo *compliance*. No caso de LGPD, deve ter uma política de uso e de privacidade de dados para o resguardo e segurança.

Importante a observância da organização em analisar e definir qual o procedimento melhor aplicável para a coleta e tratamento de dados, obedecendo-se os preceitos estipulados na legislação, notadamente, a LGPD, de forma a preservar a finalidade, integridade e autenticidade do que foi produzido.

Compliance também é entender que o programa estimula a preservação das evidências, garantindo que as informações e dados armazenados não sejam alterados.

Um Programa de *Compliance* deve possuir um plano de preparação e atualização de políticas de proteção de dados, assim como de gerenciamento de riscos e de respostas a incidentes, inclusive nos casos de falhas de tratamento de dados, vazamento de dados pessoais, ataques cibernéticos, *ransomware*, dentre outros potenciais incidentes.

Entrementes, o sistema normativo nacional já possuía leis esparsas de privacidade e proteção de dados (Constituição Federal, Código de Defesa do Consumidor, Marco Civil da *Internet*, Lei de Acesso à Informação etc.) antes da Lei Geral de Proteção de Dados.

Denotam-se os ditos preceitos na Constituição Federal:

> Art. 5º Todos são iguais perante a lei, sem distinção de qualquer natureza, garantindo-se aos brasileiros e aos estrangeiros residentes no País

> a inviolabilidade do direito à vida, à liberdade, à igualdade, à segurança e à propriedade, nos termos seguintes: (...) XII — é inviolável o sigilo da correspondência e das comunicações telegráficas, de dados e das comunicações telefônicas, salvo, no último caso, por ordem judicial, nas hipóteses e na forma que a lei estabelecer para fins de investigação criminal ou instrução processual penal; (...) XIV — é assegurado a todos o acesso à informação e resguardado o sigilo da fonte, quando necessário ao exercício profissional.
> (...)
> LXXII — conceder-se-á *"habeas-data":* a) para assegurar o conhecimento de informações relativas à pessoa do impetrante, constantes de registros ou bancos de dados de entidades governamentais ou de caráter público; b) para a retificação de dados, quando não se prefira fazê-lo por processo sigiloso, judicial ou administrativo.

Na Lei nº 12.527/2011 (Lei de Acesso à Informação — LAI), onde dispõe sobre acesso à informação e sua divulgação, notadamente a proteção de informação, observa-se:

> Art. 6º Cabe aos órgãos e entidades do poder público, observadas as normas e procedimentos específicos aplicáveis, assegurar a: I — gestão transparente da informação, propiciando amplo acesso a ela e sua divulgação; II — proteção da informação, garantindo-se sua disponibilidade, autenticidade e integridade; e III — proteção da informação sigilosa e da informação pessoal, observada a sua disponibilidade, autenticidade, integridade e eventual restrição de acesso.

O Marco Civil da *Internet,* Lei nº 12.965/2014, traz no capítulo de direitos e garantias dos usuários os seguintes artigos:

> Art. 7º O acesso à *internet* é essencial ao exercício da cidadania, e ao usuário são assegurados os seguintes direitos: I — inviolabilidade da intimidade e da vida privada, sua proteção e indenização pelo dano material ou moral decorrente de sua violação; II — inviolabilidade e sigilo do fluxo de suas comunicações pela internet, salvo por ordem judicial, na forma da lei; III — inviolabilidade e sigilo de suas comunicações privadas armazenadas, salvo por ordem judicial;
> Art. 8º A garantia do direito à privacidade e à liberdade de expressão nas comunicações é condição para o pleno exercício do direito de acesso à

> *internet*. Parágrafo único. São nulas de pleno direito as cláusulas contratuais que violem o disposto no "caput", tais como aquelas que: I — impliquem ofensa à inviolabilidade e ao sigilo das comunicações privadas, pela *internet*; ou II — em contrato de adesão, não ofereçam como alternativa ao contratante a adoção do foro brasileiro para solução de controvérsias decorrentes de serviços prestados no Brasil.
> (...)
> Art. 11. Em qualquer operação de coleta, armazenamento, guarda e tratamento de registros, de dados pessoais ou de comunicações por provedores de conexão e de aplicações de *internet* em que pelo menos um desses atos ocorra em território nacional, deverão ser obrigatoriamente respeitados a legislação brasileira e os direitos à privacidade, à proteção dos dados pessoais e ao sigilo das comunicações privadas e dos registros. (...) § 3º Os provedores de conexão e de aplicações de *internet* deverão prestar, na forma da regulamentação, informações que permitam a verificação quanto ao cumprimento da legislação brasileira referente à coleta, à guarda, ao armazenamento ou ao tratamento de dados, bem como quanto ao respeito à privacidade e ao sigilo de comunicações.

O mesmo preceito também se encontra no Código de Defesa do Consumidor, Lei nº 8.078/1990:

> Art. 43. O consumidor, sem prejuízo do disposto no art. 86, terá acesso às informações existentes em cadastros, fichas, registros e dados pessoais e de consumo arquivados sobre ele, bem como sobre as suas respectivas fontes.

Ademais, esses princípios têm respaldo na Declaração Universal dos Direitos Humanos (ONU, 1948):

> Artigo 12. Ninguém será sujeito à interferência na sua vida privada, na sua família, no seu lar ou na sua correspondência, nem a ataque à sua honra e reputação. Todo ser humano tem direito à proteção da lei contratais interferências ou ataques.

Assim como no Pacto Internacional sobre Direitos Civis e Políticos (Decreto nº 592/1992), interpretando o alcance no artigo 17 para proteção da privacidade:

> Art. 17: 1. Ninguém poderá ser objetivo de ingerências arbitrárias ou ilegais em sua vida privada, em sua família, em seu domicílio ou em sua correspondência, nem de ofensas ilegais às suas honra e reputação. 2. Toda pessoa terá direito à proteção da lei contra essas ingerências ou ofensas.

No Capítulo VII, Seção I, da LGPD, constam os requisitos para a segurança e sigilo dos dados pessoais. Assim como no Art. 55-J, onde uma das competências da Autoridade Nacional de Proteção de Dados (ANPD), em seu § 5º é zelar pela preservação do segredo empresarial e do sigilo das informações, nos termos da lei.

Finalmente, importante destacar que há o Projeto de Emenda da Constituição, PEC 17/2019, ainda em avaliação pelo Congresso Nacional, que procura alterar a Constituição Federal a fim de incluir a proteção de dados como direito fundamental para evitar que um Estado legisle diferente de outro. Desta feita, com o tema sendo constitucional, a competência será da União para legislar sobre tal entendimento.

Então, qual o motivo da LGPD? Regular, de forma geral, o tratamento de dados, ou seja, abranger todos os setores e não somente um ou outro em específico; para atender os requisitos e exigências do Regulamento Europeu de Proteção Geral de Dados (GDPR), que determina que demais países fora da Europa devam possuir as mesmas proteções para poderem tratar dados pessoais de europeus; e para poder cumprir a exigência de integração à OCDE, que é possuir diretrizes de proteção da privacidade.

"Historicamente, normas de proteção de dados pessoais sempre tiveram dupla função de não só garantir a privacidade e outros direitos fundamentais, mas também fomentar o desenvolvimento econômico" (Bioni, 2019, p. 108).

3. *Compliance*, boas práticas e governança

O *compliance* tem como objetivo final buscar melhorias. Precisa ser aplicado em determinado negócio. É um ciclo. A governança contempla o *compliance*. A missão da governança é inspirar valor à empresa.

Conforme o IBGC, governança corporativa é um sistema que monitora, incentiva e dirige as organizações, envolvendo todas as pessoas que compõem e colaboram para suas atividades, desde seus sócios até os órgãos de controle e demais partes interessadas. Ainda, define as boas práticas de governança corporativa, onde prescreve que "convertem princípios básicos em recomendações objetivas, alinhando interesses com o fim de preservar e otimizar o valor econômico da organização contribuindo para a qualidade da gestão, sua longevidade e o bem comum". Dentro de seu Código de Melhores Práticas de Governança Corporativa, elenca os princípios básicos de governança, tais como transparência das informações que sejam de interesse das partes para nortear o gerenciamento e valorização da empresa; a equidade no tratamento para todos, considerando os seus direitos e deveres; a prestação de contas dos agentes de governança devem ser de forma clara, compreensível, responsável e diligente; e a responsabilidade corporativa, onde os agentes devem zelar pela viabilidade econômico-financeira das organizações.

A LGPD define, em seu artigo 50, que os agentes de tratamento de dados poderão formular regras de boas práticas e de governança com o intuito de estabelecer condições de organização, procedimentos, padrões técnicos, ações e mecanismos internos de mitigação de riscos para o tratamento de dados pessoais. Neste artigo também traz os requisitos mínimos que devem contemplar o programa de governança da privacidade, permitindo, assim, a capacidade da empresa demonstrar que tem efetivo programa de governança, com a obrigatoriedade da sua publicação e atualização, periodicamente.

Esta autorregulação das empresas na elaboração de suas próprias regras de governança e boas práticas estimula atender os padrões técnicos de diferentes setores. Sob este olhar:

> É certo que esse modelo contribui para a conscientização da sociedade acerca da importância da proteção de dados pessoais e ajuda a criar um mercado mais maduro e ético a respeito do tema, na medida em que operadores e controladores, entre si vão exigir mutuamente conformidade com as regras de boas práticas e de governança que estabeleceram de comum acordo. (Maldonado e Blum, 2019, p. 351).

Ou seja, deve-se ter um programa sólido, capaz de resguardar com segurança a privacidade, considerando todas as diretrizes da LGPD, garantindo que está alinhada, o que, além de auxiliar a empresa no tratamento de dados, demonstra que esta obedecerá aos ditames de indigitada legislação.

4. Responsabilidade no Programa de *Compliance* na LGPD

Como começar a adequação à LGPD? Conhecer o negócio, os acionistas, colaboradores, enfim, todos os *stakeholders*. Avaliar os dados e verificar se estão adequadamente protegidos, verificar as responsabilidades de todos os envolvidos, enumerar todas as possíveis situações de riscos, bem como as respectivas ações preventivas e corretivas, envolvendo todas as áreas, no entanto, focando nas áreas mais sensíveis e definir um monitoramento e um procedimento.

A LGPD, em seu artigo 6º, inciso X, dispõe sobre a responsabilização e a prestação de contas, onde determina que o agente de tratamento de dados deve adotar medidas eficazes e capazes de comprovar o cumprimento das normas de proteção de dados e da eficácia das medidas tomadas, o que motiva a propositura de um Programa de *Compliance*.

Denota-se que um Programa de *Compliance* procura aumentar a transparência.

> Implementação de um Programa de *Compliance* não serve para afastar a responsabilidade criminal ou administrativa da pessoa jurídica, mas, essencialmente, para impedir que sejam praticados atos ilícitos no desenvolvimento da atividade empresarial por empregados, por cujas ações, em regra, a sociedade responderá. (...) Se verificado que a pessoa jurídica instituiu um Programa de *Compliance* robusto, por meio do qual adota estrutura organizacional adequada para difundir a cultura ética e legalidade e evitar os ilícitos, por meio inclusive da fiscalização efetiva das pessoas naturais que apresentam ou representam, ela não pode ser responsabilizada para efeitos punitivos, ainda que seja praticado um ato ilícito no curso da atividade empresarial. (Cueva e Frazão, 2018, p. 76).

Com os vários escândalos de fraudes e corrupção, assim como os vazamentos de dados ocorridos nos últimos tempos, as empresas públicas e privadas têm se preocupado em buscar mecanismos que possam prevenir riscos e corrigir problemas advindos desses tipos de eventos.

> Lamentavelmente vivemos em um país onde a corrupção sempre nos assolou. Apesar disso, pelo menos desde o episódio que ficou conhecido

> como "Mensalão", o assunto ganhou ainda mais notoriedade, aumentando suas menções na mídia com a lei 12.846/2013 ("Lei Anticorrupção"), chegando ao ápice do conhecimento público a partir da operação "Lava-jato". Mas você já parou para pensar como o tema "corrupção" pode se relacionar com a proteção de dados? Já pensou como a cultura de governança, integridade, prevenção, avaliação de riscos e treinamentos se aplica a ambos? E, ainda, como a corrupção nos afeta indiretamente, mas incidentes com dados nos afetam diretamente? (Crespo, 2018).

Incidentes reportados ao CERT.Br (2021) de janeiro a dezembro de 2020 em relação a tentativa de fraude, totalizaram 30.580 notificações em 2020, observando-se um aumento em 35% em relação a 2019 de notificações de páginas falsas (que não envolvem bancos e sites de comércio eletrônico). E notificações em 2020 de ataques a servidores *web* totalizaram 26.567, com um aumento de 19% em relação ao ano de 2019. Merece destaque, a contabilização de 378 notificações de servidores maliciosos, utilizados em fraudes financeiras, que teve um aumento de 66% em relação ao observado em 2019.

De acordo com estudo feito pela Cisco (2020, p. 10) sobre a violação de dados e custos de perdas, verificou-se que em empresas que pontuaram terem a maioria na prática a valorização da responsabilidade de privacidade, 13% não sofreram violações de dados no ano passado. No entanto, empresas que contam com pontuação acima, ou seja, progresso completo ou quase completo, tinham de duas vezes mais chances de ficarem sem violação (28%). A Cisco acrescenta que "ter processos eficientes e responsáveis para gerenciar, controlar e selecionar dados parece ajudar as empresas a evitar e/ou limitar o impacto das violações de dados".

Neste diapasão, a LGPD representa importante progresso no tratamento de dados, uma vez que dispõe sobre a responsabilização solidária, no âmbito civil e administrativo, dos agentes de tratamento de dados que não cumprem com os preceitos descritos na referida legislação; por meio de programa de governança em privacidade e boas práticas (que também se pode convencionar como um Programa de *Compliance*). Aplicação de pesadas multas além na aplicação de outras sanções administrativas como publicização da infração, bloqueio ou eliminação de dados e suspensão ou proibição do exercício de atividades, podendo, assim, gerar impacto à reputação da empresa, assim como perda de vantagem competitiva.

Ainda, em seu artigo 52, § 1º, prevê critérios de razoabilidade e proporcionalidade para eventuais punições. Denota-se a importância de boas práticas e governança bem estruturada, efetiva e documentada, sob a perspectiva da LGPD.

Poderá ser considerada como um dos critérios para fins da aplicação das cominações administrativas previstas nesta lei, caso algum ato lesivo venha a ser efetuado, ou seja, não afasta completamente a aplicação da penalidade, mas se a empresa conseguir demonstrar que possui um efetivo Programa de *Compliance*, isto pode implicar atenuante da penalidade.

Em entendimentos jurisprudenciais, os dirigentes somente serão punidos quando tiverem ciência inequívoca das práticas delituosas, bem como tenham tido condições de evitá-las. Conforme dispõe o artigo 13, parágrafo 2.o do Código Penal que descreve a conduta por omissão, onde aquele que tem o dever de agir tem a obrigação de cuidado, proteção ou vigilância. Esta obrigação também á observada nos incisos I e II, do artigo 42 do Decreto 8.420/2015 que regulamenta e Lei Anticorrupção. (Nohara e Pereira, 2018, p. 215).

Além disso, essa condição é uma forma educativa e de incentivo às organizações de adotarem um programa de governança. Assim, pode-se dizer que estes foram importantes avanços na legislação brasileira para estimular Programas de *Compliance* nas empresas.

A LGPD, reforçando o informado anteriormente, dispõe sobre a responsabilização dos agentes de tratamento de dados. Por isso, é imprescindível que a alta gestão da empresa apoie o Programa de *Compliance*, além de considerar os parâmetros de comprometimento de todos e de existência de padrões de conduta, políticas e código de ética.

Esta lei tem caráter extraterritorial, conforme dispõe em seu artigo 3º, onde aponta as operações de tratamento de dados realizadas independentemente do país de sua sede ou onde estejam os dados localizados, aplicando-se, portanto, as mesmas sanções em caso de cometimentos de atos lesivos ou descumprimento desta legislação.

Destaque-se no artigo 52, § 2º, da referida lei, que a responsabilidade dos agentes de tratamento de dados não afasta sua responsabilização administrativa, civil ou penal definidas na Lei nº 8.078/1990 e em legislação específica.

A não observância da lei acarreta graves consequências não só para a pessoa jurídica, mas para a pessoa física, que poderão incorrer em crimes contra administração Pública, atos de improbidade administrativa e reparação por danos causados. É por esta razão, que é importante rever não somente os controles, políticas, mas uma nova cultura corporativa para a sobrevivência da empresa (Nohara e Pereira, 2018, pp. 218-219).

Portanto, é importante avaliar as condições da empresa, a evolução mercadológica, analisar e adaptar-se às devidas regulamentações e focar nos devidos ajustes necessários para sua adaptação ao processo. Destaca-se que a avaliação de conflito de interesse, também é parte integrante de um Programa de *Compliance*, uma vez que pode gerar impactos na gestão entre os colaboradores internos e externos. Ou seja, salienta-se a relevância da empresa em se reorganizar frente aos novos desafios, assim como promover a cultura de *compliance*.

> O processo de transformação leva ao crescimento e ao desenvolvimento econômico. (...) Desenvolvimento significa mudança estrutural, além de simples aumento de produção. (...) Implica mudanças institucionais, alteração nas regras de conduta, mudança na gestão, motivação na atividade econômica (Delorenzo Neto, 1986, pp. 155-156).

Transparência, liderança e comunicação, são elementos importantes e fundamentais para garantir mudança positiva na cultura de uma organização. O Programa de *Compliance* efetivo tem como objetivo alcançar esse parâmetro, bem como permitir o envolvimento de todos no processo de construir novas soluções e de ampliar conhecimento.

Foco no Programa de *Compliance* envolve pessoas, processos, regulatório e tecnologia. Devem-se conhecer os processos e políticas, assim como o *core business* para traçar um plano estratégico.

O programa também orienta nos procedimentos da proteção da reputação da empresa, uma vez que possibilita a identificação, monitoramento e investigação de desvios de conduta de seus colaboradores que possam impactar no prestígio e renome organizacional.

Desta feita, a atuação do *compliance* permite não somente a conformidade com as leis, políticas e normas internas, mas a adequação dessas normas aos negócios, a participação em aprovações internas na prestação de serviços e produtos, processos e documentação, além de disseminar um padrão moral e ético entre todos os seus participantes, assim como fortalecer uma cultura de *compliance*.

5. Desafios no Programa de *Compliance*

Denota-se que um Programa de *Compliance* impõe determinados desafios. Um deles é o custo envolvido, que varia de acordo com o ramo de atividade da empresa, pois se deve considerar um especialista para avaliar a implementação e para analisar os riscos, além de proceder com auditorias e treinamentos de todos da empresa e de colaboradores externos, assim como o custo de manutenção do programa. Além destes, importante também considerar eventuais penalidades que podem ocorrer, custas judiciais, perdas de produtividade por uma falha nos processos e pensar em outros elementos que possam gerar impactos aos processos internos e à reputação da empresa. Neste contexto, um plano de contingência para esses custos deve ser preparado.

Há também grande preocupação com referência à divulgação das políticas e normas internas, assim como com os códigos de conduta e de ética, pois devem ser suficientemente claros e ostensivos de forma que todos possam compreender os objetivos de cada um destes documentos e tomar as devidas precauções e atitudes necessárias às boas práticas na empresa.

Outro desafio é a falta de clareza no conteúdo do programa gerando dificuldades em compreendê-lo e executá-lo.

Como se observa, trata-se de uma exigência multidisciplinar, que deve envolver todas as áreas da organização, tais como: tecnologia e segurança da informação, gerenciamento de dados e de processos, departamento jurídico e áreas chaves do empreendimento.

A KPMG (2019) fez uma Pesquisa de Maturidade do *Compliance* no Brasil com participação de 240 empresas de diferentes regiões e estruturas, onde destas 36% são empresas multinacionais, na sua maioria concentrada na região sudeste do Brasil. Traz as tendências e benefícios em vários quesitos, importante destacar a respeito da análise de dados. Benefícios em adotar as boas práticas são, por exemplo, a identificação tempestiva de riscos e de resposta rápida; *compliance* em tempo real; integridade de dados; controles automatizados; dentre outros. Como tendências, vislumbra riscos cibernéticos e de privacidade, evolução do ambiente regulatório por causa do aumento destes riscos, supervisão mais rigorosa da governança e efetividade de *compliance*. Visualiza preocupações das empresas com a ausência de profissionais capacitados, ausência na confiança na integridade de dados, ausência ou flexibilidade da tecnologia existente. Assim, como consequência, prevê um aumento de ações de fiscalização, aumento nas violações de *compliance* e incapacidade em avaliar um programa de ética e *compliance*.

Por isso, a cultura corporativa exerce papel importante em fomentar um Programa de *Compliance*. E aquela, com a cooperação e envolvimento de todos, deve ser estimulada. E a governança corporativa, que é o sistema de gestão que define parâmetros e medidas para a tomada de decisão, apoia e assegura o *compliance*.

6. Cultura de *compliance*

Cultura é uma herança, recebida e adquirida pelo ser humano dentro e fora de seu grupo de convivência. É um produto criado pelo homem, por isso, ele pode ser transmitido, relacionando-se com outras culturas. Recebe novas influências, interage e incorpora à sociedade. Denotando-se, daí, suas características de ser cumulativa e sucessiva, pois é transmitida de geração em geração e cada pessoa ou grupo de pessoas possui diferentes culturas.

Para seu enriquecimento, a cultura amolda-se, aperfeiçoando e se modificando constantemente, estruturada de vários valores unidos e inter-relacionados.

É por meio desses valores culturais que o homem se integra ao seu meio e à sociedade.

Na mesma Pesquisa de Maturidade do *Compliance* no Brasil feita pela KPMG (2019), descreve que dentre várias competências, tais como políticas, procedimentos, monitoramento e testes, destacam-se algumas que chamam atenção pelo baixo nível de maturidade identificado, tais como na avaliação de risco e *compliance*, onde somente 55% dos entrevistados dizem possuir um inventário regulatório estabelecido monitorado; 17% afirmam não possuir um comitê de ética e *compliance* estruturado; e a área de análise de dados e tecnologia, 63% alegam não conhecer ou não aproveitam as tecnologias disponíveis para apoiar as iniciativas de *compliance*.

Denota-se na referida pesquisa a importância de realizar treinamentos e comunicações internas para divulgar e conscientizar todos os colaboradores a respeito dos benefícios de um Programa de *Compliance*, para que todos possam entender seu papel dentro da organização e de sua responsabilidade.

A cultura de *compliance* é justamente esse esforço de produzir mais com menor esforço e a continuidade cultural de *compliance* confere à empresa a estabilidade necessária para prosseguir com os objetivos organizacionais, uma vez que oferece as diretrizes para reforçar as rotinas da organização.

"Não existirá cultura organizacional sem a mudança no comportamento das pessoas. (...) A cultura corporativa envolve padrões de comportamento, valores compartilhados (crenças) e pressupostos (valores, verdades)" (Assi, 2018, p. 161).

Conclusões

Compliance é estar em conformidade com as exigências legais e reguladoras, com as normas e políticas internas, com base sólida em princípios de ética e moral, uma vez que estes orientam as ações dos funcionários, objetivando a integridade corporativa.

O principal papel de um Programa de *Compliance* é gerar mudanças na forma de trabalhar, coordenada, controlando os riscos, e, principalmente, criar a cultura de conformidade com os preceitos, normas, políticas e leis, de forma descentralizada, compreendendo o envolvimento e a responsabilidade de todas as áreas da empresa, além de permitir uma capacidade de resposta a eventuais riscos e desvios de conduta, dentre outros.

Não há obrigatoriedade de se formar um Programa de *Compliance* no Brasil, no entanto, trata-se de um diferencial para as empresas que querem demonstrar para seus clientes, seus colaboradores e para empresas públicas e privadas que for contratar, o comprometimento com as boas práticas. Além de ser uma excelente ferramenta de gestão e de segurança nos procedimentos.

No caso de LGPD, deve-se considerar num Programa de *Compliance*, a preparação de uma política de uso e de privacidade de dados para o resguardo e segurança. Uma política sólida e prática, de forma a conscientizar e treinar seus colaboradores.

Um Programa de *Compliance* com a proteção de dados deve verificar e demonstrar periodicamente a conformidade e utilizar auditores independentes, monitoramento, políticas, procedimentos conforme legislação.

Observa-se, neste contexto, que o princípio da *accountability* é o meio de demonstrar que está em *compliance* com a legislação, pois se trata de responsabilização e prestação de contas. Isto é, o controlador dos dados pessoais deve comprovar que observou medidas eficientes e eficazes, capazes de cumprir, em bases contínuas e permanentes, as normas de proteção de dados pessoais.

Os dados pessoais possuem um valor relevante para o mercado, devendo ser protegidos e utilizados de acordo com a finalidade pela qual foi coletada. Denota-se que grande parte as empresas tratam de dados pessoais de pessoas naturais, como bancos, clubes, escolas, planos de saúde, *call centers*, empresas de transporte particular etc.

É relevante o consentimento, mas a responsabilidade daquele terceiro aumenta com esse consentimento, pois deve proteger esses dados.

Os dados pessoais coletados não podem ser dissociados de sua finalidade e serem utilizados indevidamente, ou seja, fora da finalidade sem o devido consentimento.

O *Compliance*, é um programa que institui padrões para o cumprimento às normas, às políticas e às diretrizes estabelecidas pelo negócio, além de ser um orientador ao tratamento e a detecção de desvios.

É uma ferramenta de governança corporativa que ajuda a empresa a direcionar seus negócios com segurança, a atingir seus objetivos e cumprir com a legislação.

Um Programa de *Compliance* é extrema importância para um bom resultado nos negócios da empresa, pois contribui para uma organização mais transparente, saudável e ética, trazendo benefícios para os seus stakeholders, para o empreendimento, para sociedade, enfim, permite criar vantagens competitivas e atrativas para os negócios.

Referências

ASSI, Marcos. **Compliance: como implementar**. Colaboração de Roberta Volpato Hanoff. São Paulo: Trevisan, 2018.

BRASIL. **Constituição**. República Federativa do Brasil de 1988. Brasília, DF: Senado Federal, 05 out. 1998. Disponível em: http://www.planalto.gov.br/ccivil_03/Constituicao/Constituicao.htm. Acesso em 05 jul. 2021.

BRASIL. **Decreto nº 592**, de 6 de julho de 1992. Pacto internacional sobre direitos civis e políticos. Disponível em: http://www.planalto.gov.br/ccivil_03/decreto/1990-1994/D0592.htm. Acesso em: 05 jul. 2021.

BRASIL. **Decreto nº 8.420**, de 18 de março de 2015. Regulamenta a Lei nº 12.846, de 1 de agosto de 2013, que dispõe sobre a responsabilização administrativa e civil de pessoas jurídicas pela prática de atos contra a administração pública, nacional ou estrangeira, e dá outras providências. Disponível em: http://www.planalto.gov.br/ccivil_03/_ato2015-2018/2015/decreto/d8420.htm. Acesso em: 22 jul. 2021.

BRASIL. **Lei nº 8.078**, de 11 de setembro de 1990. Dispõe sobre proteção do consumidor e dá outras providências. Disponível em: http://www.planalto.gov.br/ccivil_03/leis/L8078compilado.htm. Acesso em: 14 jul. 2021.

BRASIL. **Lei nº 12.527,** de 18 de novembro de 2011. Lei de acesso à informação. Disponível em: http://www.planalto.gov.br/ccivil_03/_Ato2011-2014/2011/Lei/L12527.htm. Acesso em: 14 jul. 2021.

BRASIL. **Lei nº 12.846,** de 1 de agosto de 2013. Dispõe sobre a responsabilização administrativa e civil de pessoas jurídicas pela prática de atos contra a administração pública, nacional ou estrangeira, e dá outras providências. Disponível em: http://www.planalto.gov.br/ccivil_03/_ato2011-2014/2013/lei/l12846.htm. Acesso em: 22 jul. 2021.

BRASIL. **Lei nº 12.965**, de 23 de abril de 2014. Estabelece princípios, garantias, direitos e deveres para o uso da internet no Brasil. Disponível em: http://www.planalto.gov.br/CCIVIL_03/_Ato2011-2014/2014/Lei/L12965.htm. Acesso em: 14 jul. 2021.

BRASIL. **Lei nº 13.303,** de 30 de junho de 2016. Dispõe sobre o estatuto jurídico da empresa pública, da sociedade de economia missa e de suas subsidiárias, no âmbito da União, dos Estados, do Distrito Federal e dos Municípios. Disponível em: http://www.planalto.gov.br/ccivil_03/_ato2015-2018/2016/lei/l13303.htm. Acesso em: 22 jul. 2021.

BRASIL. **Lei nº 13.709,** de 14 de agosto de 2018. Lei geral de proteção de dados (LGPD). Disponível em: http://www.planalto.gov.br/ccivil_03/_ato2015-2018/2018/Lei/L13709.htm. Acesso em: 10 jul. 2021.

Bioni, Bruno Ricardo. **Proteção de dados pessoais: a função e os limites do consentimento**. Rio de Janeiro: Forense, 2019.

CADE-CONSELHO ADMINISTRATIVO DE DEFESA ECONÔMICA. **Guia programa de compliance: orientações sobre estruturação e benefícios da adoção dos programas de compliance concorrencial**. janeiro/2016. Disponível em: http://www.cade.gov.br/acesso-a-informacao/publicacoes-institucionais/guias_do_Cade/compliance-guidelines-final-version.pdf/view. Acesso em 12 jun. 2021.

CERT.BR. **Incidentes reportados ao cert.br- janeiro a dezembro de 2020.** Disponível em: https://www.cert.br/stats/incidentes/2020-jan-dec/analise.html. Acesso em: 06 ago. 2021.

CISCO. **Estudo comparativo de privacidade de dados**. 2020. Disponível em: https://www.cisco.com/c/dam/global/pt_br/solutions/pdfs/2020-data-privacy-report-ptbr.pdf. Acesso em: 06 ago. 2021.

CRESPO, Marcelo. **O que a corrupção tem a ver com a proteção de dados?** jul/2018. Disponível em: https://pt.linkedin.com/pulse/o-que-corrup%C3%A7%C3%A3o-tem-ver-com-prote%C3%A7%C3%A3o-de-dados-crespo-phd-ccep-i. Acesso em 18 jun. 2021.

Cueva, Ricardo Villas Bôas; Frazão, Ana et al. (coord.). **Compliance: perspectivas e desafios dos programas de conformidade**. Belo Horizonte: Fórum, 2018.

IBGC. **Princípios que geram valor de longo prazo**. Disponível em: https://www.ibgc.org.br/conhecimento/governanca-corporativa. Acesso em: 15 jul. 2021.

KPMG. **Pesquisa de Maturidade do Compliance no Brasil**. 4. ed. 2019. Disponível em: https://assets.kpmg/content/dam/kpmg/br/pdf/2019/10/br-pesquisa-de-maturidade.pdf. Acesso em: 02 jul. 2021.

LEC-LEGAL ETHICS COMPLIANCE. **[Infográfico]. Os 9 pilares de um programa de compliance.** out/2017. Disponível em: http://www.lecnews.com.br/blog/os-9-pilares-de-um-programa-de-compliance/. Acesso em 18 jun. 2021.

ONU, Organização das Nações Unidas. **Declaração Universal de Direito Humanos**. 10 de dezembro de 1948. Disponível em: https://www.unicef.org/brazil/declaracao-universal-dos-direitos-humanos. Acesso em: 05 jul. 2021.

Pinheiro, Patrícia Peck. **Proteção de dados pessoais: comentários à Lei nº 13.709/2018 (LGPD)**. São Paulo: Saraiva, 2018.

Maldonado, Viviane Nóbrega; Blum, Renato Ópice (coord.). **LGPD: Lei geral de proteção de dados comentada**. São Paulo: Thomson Reuters, 2019.

Neto, A. Delorenzo. **Sociologia aplicada à administração: sociologia das organizações**. São Paulo: Atlas, 1986.

Nohara, Irene Patrícia; Pereira, Flávio de Leão Bastos (coord.) et al. **Governança, compliance e cidadania.** São Paulo: Thomson Reuters Revista dos Tribunais, 2018.

11.

PROTEÇÃO DE DADOS DO "DE CUJUS": SERÁ A MORTE UMA CARTA BRANCA PARA O TRATAMENTO DE DADOS?

DANIEL CÉSAR
RENATO EVANGELISTA ROMÃO

"A recompensa final dos mortos é não morrer nunca mais."
Friedrich Nietzsche

Introdução

A evolução histórica social promoveu o de direitos fundamentais, os quais hoje fazem parte essencialmente das definições mais prosaicas trazidas pelos debatedores. Esse conjunto de direitos, como bem elucubrou Bobbio nas páginas iniciais de seu festejado livro:

> Sem direitos do homem reconhecidos e protegidos, não há democracia; sem democracia, não existem as condições mínimas para a solução pacífica dos conflitos (BOBBIO, 2004, p. 7).

Nessa toada, é cristalino dizer que o reconhecimento e a proteção dos direitos do homem são a base das constituições democráticas, e, ao mesmo tempo, a paz é o pressuposto necessário para a proteção efetiva dos direitos do homem em cada Estado e no sistema internacional.

Mas quando este homem, pela força inexorável da natureza humana, na mais singela aspiração de Getúlio Vargas, "sai da vida para entrar na história", enunciam-se ainda muitas responsabilidades decorrentes do inegável direito à tutela jurídica *post mortem*. O direito da personalidade, por mais que extinto esteja, pela consonância da Lei Civil, leva à reflexão de que a existência de dados pessoais e pertencentes em diversos bancos de dados não se dissolve automaticamente com a lavratura do atestado de óbito.

Ao passo que a Lei Geral de Proteção de Dados inaugura um marco regulatório completamente inédito ao sistema de proteção de dados pessoais e, por conseguinte, da valorização dos direitos fundamentais da pessoa humana, verifica-se o ferimento aos direitos daqueles que mesmo não mais vivos têm admoestado a paz do descanso eterno.

Estas violações trazidas pelo uso indevido dos dados pessoais de pessoas mortas, que muitas vezes se revelam potencialmente banalizados em bancos de dados das mais diversas naturezas, imputa hoje aos herdeiros e sucessores a difícil e delicada missão de preservar o bom nome, a reputação e os direitos pessoais de seus entes queridos, que muitas vezes são usados de maneira criminosa.

Nasce aqui um paradoxo, o qual ousamos trazer a lume, a discussão acerca do direito à preservação dos dados pessoais daqueles que a vida não mais permitiu a existência, mas cuja existência ficta da tecnologia insiste em revivê-los, causando dissabores aos seus entes mais queridos, e que igualmente ao direito dos vivos, deve receber a atenção devida.

1. O direito da personalidade

O reconhecimento da necessidade de tutelar os valores existenciais da pessoa humana, com a proteção do homem e seus valores marcou os debates do direito no final do século XX.

O conceito de personalidade compõe assim uma grande quantidade de derivações e dualidades e múltiplas acepções, ora utilizado na linguagem corrente, pelas pessoas comuns, ora na linguagem técnica, pelos diversos ramos das ciências humanas.

No seu sentido jurídico, encontra-se historicamente ligada à ideia de pessoa, do latim *persona*, que significava a máscara usada pelos antigos atores romanos.

A personalidade constitui-se assim como um atributo conferido ao ser humano, de que provém todos os direitos e obrigações. Nessa esteira, é que se assevera inclusive a lição de Pontes de Miranda sobre o tema:

> Certo, a personalidade em si não é direito; é qualidade, é o ser capaz de direitos, o ser possível estar nas relações jurídicas como sujeito de direito. (Miranda, 2000, p. 216).

Os direitos da personalidade consistem em atributos essenciais e inerentes ao ser humano, os quais o capacitam para atuação em sociedade e o concedem a individualidade. São direitos essenciais à dignidade e integridade e, independem da capacidade civil da pessoa, protegendo tudo o que lhe é próprio, honra, vida, liberdade, privacidade, intimidade, entre outros.

Tamanha a importância de tais direitos, que a consagração internacional os reconheceu em cartas como a da Assembleia Geral da Organização das Nações Unidas, em 1948, e na Convenção Europeia, em 1950.

Estes direitos decorrem, formalmente, da própria existência do ser como sujeito de direitos e de obrigações, asseverando o princípio da dignidade da pessoa humana como superior diante de todo o ordenamento jurídico.

Assim, os direitos da personalidade são reconhecidamente projeções da sociedade, que empregam no ordenamento jurídico a defesa de valores inatos do homem, relevantes a justificação.

E nesse aspecto, os direitos da personalidade, em um conjunto infindável de descrições, se pauta pela defesa dos direitos subjetivos, tais como a integridade física, intelectual e moral, nesta última, as liberdades civis, os direitos à imagem, honra e privacidade são abarcados pela atribuição protetiva.

Assevera assim Maria Helena Diniz:

> O direito da personalidade é o direito da pessoa de defender o que é próprio, como a vida, a identidade, a liberdade, a imagem, a privacidade, a honra etc. É o direito subjetivo, convém repetir de exigir um comportamento negativo de todos, protegendo um bem próprio, valendo-se de ação judicial (Diniz, 2011, p. 133-134).

Nosso Código Civil não traz uma definição livre e clara do conceito, elencando unicamente alguns aspectos gerais que envolvem tais direitos.

Subsidiariamente, coube à doutrina o parecer desta elucidação. Da leitura da norma civilista extrai-se a intransmissibilidade, a irrenunciabilidade e a indisponibilidade, características perenes.

Silvio Venosa acrescenta que, além de intransmissíveis e irrenunciáveis, os direitos da personalidade são ilimitados, imprescritíveis, impenhoráveis e inexpropriáveis.

Nesta trilha, os direitos da personalidade têm o condão de garantir a plena integridade de seu titular, permitindo a inteligência de suas abrangências, com características de proteger assim um rol não exaustivo, não fechado, de direitos e expressões que sejam importantes para a dignidade humana.

A partir desta ideia é que podemos afirmar que a intenção trazida pelo legislador se coliga à garantia de que ato que importe a ameaças, como a proteção ao corpo humano e a utilização dele possua a mesma proteção.

Trata-se da repulsa de qualquer risco de deterioração de sua integridade, haja vista que, não raro, identifica-se a ocorrência de exposição dessa integridade a riscos e ameaças.

Por tal razão, a legislação civil traz expressamente em seu bojo a impossibilidade de que o morto venha a sofrer violação aos direitos inerentes à sua personalidade — direito à honra, à privacidade, à imagem.

2. O direito à honra e o respeito à memória

O caráter de resguardo emanado da Teoria Geral dos Direitos da Personalidade e disciplinada no corpo do Código Civil traz a reflexão acerca do caráter vitalício necessário que o ordenamento dá e que não pode ser perdido à medida que seu titular pereça.

Historicamente, a origem desta discussão remonta ao Código Civil de 1916. Quando os primeiros juristas se debruçaram sobre a legislação civil, conceberam a existência de direitos da personalidade. As discussões doutrinárias careciam ainda de uma previsão jurídica expressa na legislação.

Nessa época, a honra gozava de proteção jurídica expressa tão somente na seara penal do ordenamento, com a previsão de crimes contra a honra, consistindo na tríade clássica calúnia/difamação/injúria, prevista até hoje no Código Penal Brasileiro.

Gradativamente, o sistema jurídico cível passou a engendrar a sistemática que anteriormente era implícita, mas que não se havia previsão legal.

O direito à honra *post mortem* foi previsto no âmbito privado de modo efetivo no Código Civil de 2002, sendo está uma das inovações trazidas por aquele regramento à sistemática.

Aliás, o festejado Miguel Reale, que presidiu a Comissão que elaborou o anteprojeto do Código Civil, explica que esta inovação sensível com o emprego de fórmulas abertas é fruto do princípio da eticidade, o que por muitas vezes se traduz na opção por normas genéricas ou cláusulas gerais, sem a preocupação de excessivo rigor conceitual, possibilitando assim a criação de um modelo hermenêutico aos intérpretes da norma (Reale, 2005, p. 13).

Os múltiplos conceitos de honra trazidos pelo ordenamento demonstram a ampla acepção do tema, ligado à dignidade pessoal, possui um caráter variável no tempo, espaço, de pessoa para pessoa, e diferentes fases da vida, construída ao longo da bagagem moral da vida humana, mas que tais variáveis não alteram sua importância.

Como de sobejo conhecer, a honra é a emanação da personalidade culturalmente adquirida, e como tal, objetiva aos indivíduos um ambiente social que permita o desenvolvimento de potencialidades e a proteção desse importante direito.

E nesse caminho, a honra *post mortem* traz a este debate um panorama do qual as Ciências Jurídicas não poderiam se imiscuir, até porque, a própria construção da história da humanidade sempre carregou uma preocupação cultural com os mortos e o respeito às crenças que devotaram divindade a eles.

Nessa esteira, cabe aqui salientar que o Direito, não poderia figurar distante a esse cenário. Entretanto, a tutela da honra após a morte possui um desenvolvimento doutrinário infinitamente menor que o direito à honra propriamente dito. Essa característica se deve ao fato de que ao longo dos anos, a doutrina concebeu que, ao admiti-lo como um direito a ser defendido pelos seus sucessores, seria o mesmo que construir a transmissibilidade dos direitos *causa mortis*, conceito esse de impossível cabimento, face a teoria da personalidade trazida pela disposição da Lei Substantiva Civil.

Mesmo assim, ao longo dos anos a necessidade de se tutelar e defender a honra fundamentou a construção de correntes doutrinárias, objetivando defender este vácuo existente.

Em primeiro, a ideia de que parentes próximos do *de cujus* seriam legitimados a defender a sua honra, posto que possuíam interesse mais próximo. Por segundo, sustenta-se que a legitimação dos parentes se daria pela transmissão da tutela da honra, mas com regras diferentes das disciplinadas na sucessão patrimonial. E, por terceiro, a corrente que defende a ideia de que os parentes próximos seriam ofendidos no sentimento pessoal que possuem em relação à memória do morto, colocando assim estes como legitimados em razão da agressão a sua honra pessoal.

Todas as referidas teorias trazem a tênue linha de que os parentes estariam legitimados para serem os sujeitos legítimos, posto que na maioria das hipóteses, são eles que assumem as responsabilidades e quem têm a ofensa à honra familiar. Neste sentido, a proteção adquire efeito que mistura a proteção assumida pelos familiares e a proteção dos direitos do morto.

Sob o assento desta teoria, e mirando que o honra *post mortem* deve ser guardada e resguardada em sua amplitude, é que surge a necessidade de proteção dos dados pessoais das pessoas mortas, especialmente pelo uso indevido e vazamento de dados cada vez mais frequentes[1], trazendo à tona a necessidade urgente de medidas.

3. A morte, os efeitos jurídicos e o uso indevido dos dados pessoais

A personalidade civil é encerrada com a morte, deixando assim o indivíduo de ser sujeito de direitos e obrigações. A morte, portanto, é o momento no qual desaparecem, como regra, os direitos e as obrigações de natureza personalíssima.

Entretanto, mesmo com a comunicação formal da morte aos órgãos públicos, esta não faz desaparecer automaticamente a multiplicidade de dados pessoais existentes nos mais diversos bancos de dados cadastrais.

[1] BAND Notícias. Reportagem "Dados de 223 milhões de CPFs vazam na internet; veja cuidados para se proteger".
Maior vazamento da história: dados de 223 milhões de CPFs caem na rede. Publicado em 01 fev 2021. https://www.band.uol.com.br/noticias/dados-de-223-milhoes-de-cpfs-vazam-na-internet-veja-cuidados-para-se-proteger-16323080. Acesso em 04 jul 2021.

Uma das questões centrais dos últimos anos, amplamente relevante do ponto de vista legal face aos avanços normativos obtidos com o advento da Lei, é a situação dos dados pessoais das pessoas falecidas. No entanto, ainda necessita de regulamentação e impõe a todos a necessidade de adequação.

Curioso observar que a legislação que conferiu aos indivíduos maior possibilidade de controle dos seus dados pessoais, assim como a coleta, processamento e compartilhamento de tais dados, não tenha tutelado juridicamente os dados de pessoas falecidas.

A morte tem por claro efeito jurídico o estabelecimento de um marco final para os direitos da personalidade e dos direitos civis, onde o legislador criou suas definições e hipóteses de ausência e morte presumida que, igualmente, geram estes mesmos efeitos.

Nesse sentido, o objetivo da proteção dos dados pessoais asseguraria somente a tutela a pessoas que ainda possuam a personalidade da pessoa natural, impedindo assim que se aplique às pessoas mortas.

Essa constatação nos obriga a concluir que as pessoas mortas não teriam assim qualquer direito ou proteção jurídica assegurada pelo diploma civilista ou pela Lei Geral de Proteção de Dados.

Apesar do advento da norma especifica em 2018, a qual confere aos indivíduos maior possibilidade de controle de seus dados pessoais, estabelecendo aos operadores deveres que buscam conferir maior transparência na coleta, processamento e compartilhamento dos dados, uma lacuna permanece no que diz respeito aos dados pessoais das pessoas mortas.

Mas os riscos do uso de dados de pessoas mortas residem na dificuldade em se conseguir a resolução, posto que os argumento de que estes titulares não mais estão vivos traz à baila uma imensa dificuldade em se conseguir a resolução de casos que envolvam o uso destes dados. Essa discussão tem encontrado grande repercussão ao longo dos anos, no Brasil e no exterior, o que comprova a importância e a repercussão do debate.

Em 2005, em caso retratado em matéria publicada no Th*e Washington Post*[2], o pai de um soldado norte-americano morto no Iraque pretendia

[2] THE WASHINGTON POST. After Death, a Struggle for Their Digital Memories. Disponível em: <http://www.washingtonpost.com/wp-dyn/articles/A58836-2005Feb2.html> Acessado em 04 julho 2021.

obter acesso à conta de e-mail do filho, sob o argumento de que a conta, sendo propriedade do filho, deveria ser transmitida a título de herança. Contudo, o provedor se recusou a fornecer informações para o acesso à conta, considerando a proteção do direito à privacidade.

No Brasil, uma mãe requereu administrativamente ao Facebook que desativasse o perfil da filha falecida, e apontou que a página "virou um muro de lamentações", na medida em que os contatos que a jovem tinha na rede social continuavam a postar mensagens, músicas e até fotos para a jovem. Diante da resposta negativa fornecida pelo provedor, foi ajuizada uma ação para a exclusão do perfil, o que efetivamente resolveu o transtorno trazido, dando paz à mãe enlutada.

Segundo reportagem vinculada ao portal Terra em maio de 2021, percebeu-se um crescimento de 200% nas tentativas de fraudes utilizando dados de pessoas falecidas para criação de contas em sites, plataformas de compras, pedidos de empréstimos, abertura de contas bancárias ou mesmo para receber dinheiro do governo. Um dos CPF (Cadastro de Pessoas Físicas) de pessoa já falecida foi utilizado em 74 empresas diferentes.

Esses relatos ilustram o quão difícil se mostra a resolução de casos que envolvem o uso de dados de pessoas mortas, que normalmente desaguam no poder judiciário ante a falta de normatização específica a situações como essas.

4. A Lei Geral de Proteção de Dados Pessoais

Em 2018 foi sancionada a Lei 13709/18, conhecida como Lei Geral de Proteção de Dados Pessoais (LGPD), que passou a viger em 18 de setembro de 2020, em sua grande parte e com suas sanções administrativas iniciando a vigência em 01 de agosto de 2021.

Tal lei visa, conforme seu artigo 1º

> tratamento de dados pessoais, inclusive nos meios digitais, por pessoa natural ou por pessoa jurídica de direito público ou privado, com o objetivo de proteger os direitos fundamentais de liberdade e de privacidade e o livre desenvolvimento da personalidade da pessoa natural (BRASIL, 2018).

Na conceituação trazida pela legislação em seu artigo 5º, os dados pessoais são aqueles que permitem a identificação ou torna identificável seu titular, sendo esse uma pessoa natural.

Os dados pessoais são tratados por um Controlador e/ou Operador sob a égide do Controlador. Para a LGPD, Controlador e Operador são pessoas naturais ou jurídicas, de direito público ou privado, sendo que o Operador executa suas atividades em nome do Controlador, que é a quem compete as decisões sobre o tratamento a ser realizado.

A legislação é bem ampla em relação ao que é tratamento de dados pessoais, trazendo no inciso X do artigo 5º diferentes verbos que abordam desde a obtenção do dado pessoal até a exclusão desse dado, cobrindo assim todo o fluxo. Basicamente qualquer atividade feita sobre um dado pessoal, é abarcada pela LGPD, salvo nos pontos trazidos pela própria lei em seu artigo 4º, onde é explicitado a que a legislação não se aplica.

O tratamento de dados pessoais deverá observar as seguintes hipóteses preconizadas no artigo 7º

> I — mediante o fornecimento de consentimento pelo titular;
> II — para o cumprimento de obrigação legal ou regulatória pelo controlador;
> III — pela administração pública, para o tratamento e uso compartilhado de dados necessários à execução de políticas públicas previstas em leis e regulamentos ou respaldadas em contratos, convênios ou instrumentos congêneres, observadas as disposições do Capítulo IV desta Lei;
> IV — para a realização de estudos por órgão de pesquisa, garantida, sempre que possível, a anonimização dos dados pessoais;
> V — quando necessário para a execução de contrato ou de procedimentos preliminares relacionados a contrato do qual seja parte o titular, a pedido do titular dos dados;
> VI — para o exercício regular de direitos em processo judicial, administrativo ou arbitral, esse último nos termos da Lei nº 9.307, de 23 de setembro de 1996 (Lei de Arbitragem);
> VII — para a proteção da vida ou da incolumidade física do titular ou de terceiro;
> VIII — para a tutela da saúde, exclusivamente, em procedimento realizado por profissionais de saúde, serviços de saúde ou autoridade sanitária; (Redação dada pela Lei nº 13.853, de 2019)
> IX — quando necessário para atender aos interesses legítimos do controlador ou de terceiro, exceto no caso de prevalecerem direitos e liberdades fundamentais do titular que exijam a proteção dos dados pessoais; ou

X — para a proteção do crédito, inclusive quanto ao disposto na legislação pertinente.

Dessa forma, o tratamento só poderá ser realizado quando uma das hipóteses der sustentação, permitindo assim o tratamento que, além das hipóteses precisará também observar os princípios previstos no artigo 6º.

I — finalidade: realização do tratamento para propósitos legítimos, específicos, explícitos e informados ao titular, sem possibilidade de tratamento posterior de forma incompatível com essas finalidades;
II — adequação: compatibilidade do tratamento com as finalidades informadas ao titular, de acordo com o contexto do tratamento;
III — necessidade: limitação do tratamento ao mínimo necessário para a realização de suas finalidades, com abrangência dos dados pertinentes, proporcionais e não excessivos em relação às finalidades do tratamento de dados;
IV — livre acesso: garantia, aos titulares, de consulta facilitada e gratuita sobre a forma e a duração do tratamento, bem como sobre a integralidade de seus dados pessoais;
V — qualidade dos dados: garantia, aos titulares, de exatidão, clareza, relevância e atualização dos dados, de acordo com a necessidade e para o cumprimento da finalidade de seu tratamento;
VI — transparência: garantia, aos titulares, de informações claras, precisas e facilmente acessíveis sobre a realização do tratamento e os respectivos agentes de tratamento, observados os segredos comercial e industrial;
VII — segurança: utilização de medidas técnicas e administrativas aptas a proteger os dados pessoais de acessos não autorizados e de situações acidentais ou ilícitas de destruição, perda, alteração, comunicação ou difusão;
VIII — prevenção: adoção de medidas para prevenir a ocorrência de danos em virtude do tratamento de dados pessoais;
IX — não discriminação: impossibilidade de realização do tratamento para fins discriminatórios ilícitos ou abusivos;
X — responsabilização e prestação de contas: demonstração, pelo agente, da adoção de medidas eficazes e capazes de comprovar a observância e o

> cumprimento das normas de proteção de dados pessoais e, inclusive, da eficácia dessas medidas.

Pelos incisos fica clara a preocupação do legislador para que sejam tratados apenas os dados que são realmente necessários para a execução de uma atividade e esses tratados para uma finalidade, não podendo assim coletar dados para uma finalidade e começar a utilizar para fim diverso sem que exista uma hipótese que sustente essa operação. Isso dá mais poder ao titular e serve como um freio para o Controlador.

Questões técnicas relacionadas à segurança dos dados também são trazidas pela legislação, colocando ao Controlador e Operador a responsabilidade por zelar pelos dados que foram coletados, aplicando as melhores práticas disponíveis para garantir a disponibilidade, integridade, confiabilidade das informações, evitando assim, por exemplo, que dados sejam obtidos por terceiros, como tem ocorrido de forma recorrente nos últimos tempos.

Resumindo e trazendo o espírito da lei, Patrícia Peck Pinheiro traz a seguinte explicação

> O espírito da lei foi proteger os direitos fundamentais de liberdade e de privacidade e o livre desenvolvimento da personalidade da pessoa natural, trazendo a premissa da boa-fé para todo o tipo de tratamento de dados pessoais, que passa a ter que cumprir uma série de princípios, de um lado, e de itens de controles técnicos para governança da segurança das informações, de outro lado, dentro do ciclo de vida do uso da informação que identifique ou possa identificar uma pessoa e esteja relacionada a ela, incluindo a categoria de dados sensíveis (Pinheiro, 2020, p. 15).

5. Proteção de dados pessoais e o *de cujus*

Sabemos que a ideia da proteção dos dados pessoais tem suas bases na obra *The Right to Privacy* (Warren e Brandeis, p. 193-220), escrita ainda no final do Século XIX, a qual delineia o referido direito a partir da ideia esculpida na expressão *right to be let alone*, ou direito de ser deixado em paz.

Essa construção evoluiu ao longo dos anos a preocupação contemporânea que emoldura a Declaração Universal de Direitos Humanos e a Constituição de 1988, entre outros textos, que consagram a privacidade e a vida privada, origem da proteção de dados.

De forma expressa a GDPR (*General Data Protection Regulation*) traz em sua consideração 27 que o regulamento não se aplica aos dados pessoais de pessoas falecidas e que os Estados-Membros poderão estabelecer regras para o tratamento destes dados pessoais.

Por sua vez, a Lei 13.709/18 (LGPD) não traz de forma expressa como foi feito pelo legislador europeu, porém, ao analisarmos a qualificação do que vem a ser um titular de dados pessoais, temos no artigo 5º inciso V, que esse é uma pessoa natural.

Conforme a Lei 10.406/02 (Código Civil Brasileiro) em seu artigo 6º temos que a existência da pessoa natural termina com a morte (BRASIL, 2002). Dessa forma, os dados do de cujus não estão sob a égide da Lei Geral de Proteção de Dados Pessoais.

Porém, os dados dos *de cujus* continuam existindo após sua morte, continuam sendo processados, utilizados e, no exemplo europeu, ocorreu o desenvolvimento legislativo por alguns estados membros da União Europeia, possibilidade essa trazida pela consideração 27 que diz que um estado membro poderá estabelecer regras de tratamento dos dados pessoais de pessoas falecidas.

Alguns estados membros legislaram sobre a proteção dos dados pessoais de falecidos. Conforme artigo de Ondrej Hamulak, Hovsep Kocharyan e Tanel Kerikmäe, temos grupos de estados membros que deram soluções diferentes para a questão da proteção dos dados pessoais de um falecido. Os autores dividem em três grupos, sendo o primeiro aderindo à política de processamento dos dados pessoais do falecido por um certo período, por exemplo a Dinamarca que traz a proteção por um período de 10 anos contados da data do falecimento. Um outro exemplo é visto na Lei Húngara de Proteção de Dados, no qual os direitos da pessoa falecida podem ser exercidos dentro de cinco anos contados da data do falecimento por uma pessoa designada pelo titular (Hamulak, Kocharyan, Kerikmäe, 2020, p. 230).

Por sua vez, o segundo grupo é composto por Estados que consideram o consentimento de pessoas interessadas como o critério para o processamento dos dados pessoais do falecido. Temos aqui a legislação eslovaca que traz a possibilidade do consentimento de pessoa próxima, desde que ninguém discorde desse consentimento. No caso da Estônia, a lei de proteção de dados permite o processamento apenas com o consentimento de um dos sucessores legais do titular dos dados pessoais, exceto para casos estipulados por lei (Hamulak, Kocharyan, Kerikmäe, 2020, p. 230-231).

Já o terceiro grupo temos o caso da Espanha onde herdeiros de uma pessoa falecida têm o direito de acessar, excluir e corrigir os dados relevantes, a não ser que tais ações tenham sido proibidas pela pessoa falecida ou a lei aplicável a situação não permita. As leis italiana e francesa também trazem possibilidade de proteção de dados de pessoas falecidas, sendo que o modelo francês traz a possibilidade do titular de dados estabelecer instruções para a gestão de seus dados pessoais após sua morte (Hamulak, Kocharyan, Kerikmäe, 2020, p. 231).

Esses são casos de soluções dadas por alguns países para tratamento de dados pessoais de falecidos. A tecnologia da informação mudou sensivelmente a sociedade. Manuel Castells (2020) conceitua-a como uma sociedade em rede, onde a informação é a matéria prima. Além dessa característica, ele traz ainda a penetrabilidade das novas tecnologias, a implementação da lógica das redes e com isso das interações, a flexibilidade onde pode-se transformar, readequar, remodelar as características dessa sociedade e a convergência, interdependência das tecnologias, gerando um sistema altamente integrado. (Castells, 2020, p. 124).

Temos assim desafios que antigamente não tínhamos, e o tratamento de dados de falecidos é um desses pontos que surgiram com o uso cada vez maior de tecnologias da informação.

Este apanágio sob o qual vivemos caminha no sentido de outorgar aos titulares dos dados pessoais maior poder acerca daquilo que poderá ser utilizado e compartilhado, e sob tal prisma, a privacidade deve igualmente convergir a contemplar regulamentos sobre o tratamento de dados digitais deixados por pessoas mortas.

Tal desafio ainda não foi enfrentado pelo direito pátrio. Alguns projetos de lei visavam abordar, mas foram projetos que não se tornaram leis e a ANPD (Autoridade Nacional de Proteção de Dados) não se deteve até o presente momento em analisar tal ponto.

Ao nosso ver, isso precisará ser abordado em algum momento e criações jurídicas de alguns dos estados membros da União Europeia podem dar luz a possíveis caminhos, conforme as experiências advindas da GDPR da União Europeia, a qual exclui expressamente a sua aplicação às pessoas falecidas e atribui a cada país a elaboração das regras de tratamento específicas para elas (Razões nº 27, 158 e 160).

A ideia da proteção de dados como um direito fundamental engrossa ainda mais essa necessidade de maior eficácia na proteção dos dados das pessoas mortas e da proteção ao legado digital deixado, os quais não podem ser mantidos sobre a neutralidade da ausência protetiva por estarem igualmente abarcados na proteção autônoma que demandam prestações positivas estatais.

Conclusões

Nossa sociedade é uma sociedade da informação, transformada pelo uso da tecnologia da informação, que mudou a forma como interagimos e buscamos informações. Durante a vida realizamos inúmeras atividades que vão gerando tratamentos de dados, dados esses que continuam após a morte, configurando um legado digital.

Porém, no atual momento nos deparamos com um vácuo de como seria a proteção de dados pessoais do *de cujus*, pois a Lei Geral de Proteção de Dados (LGPD) traz apenas a pessoa natural como titular e tal situação se encerra com a morte.

No avançar do direito temos a preocupação do legislador em definir e proteger a personalidade, trazendo como algo de suma importância de onde decorre diferentes direitos, no qual temos a honra, honra essa que pode ser atacada mesmo após o falecimento, ficando a cargo dos herdeiros a possibilidade de defesa dessa honra.

Entendemos que esse vácuo é prejudicial e atrapalha um efetivo acompanhamento e a tomada de ações por parte dos responsáveis, devendo ficar mais clara e sistematizada a proteção desses dados pessoais, que mesmo após a morte, continuarão a ser tratados.

Apesar da GDPR (*General Data Protection Regulation*), legislação europeia de privacidade e proteção de dados, não trazer tal previsão, deixou a cargo dos estados membros a possibilidade de legislar localmente, o que alguns fizeram no decorrer dos anos, passando por uma extensão do prazo no qual a proteção incidiria a partir da data da morte ou pela sucessão e testamento.

Entendemos que os exemplos obtidos em alguns estados membros podem nortear as discussões e a criação de legislação versando sobre a proteção de dados pessoais, passando por uma avaliação das hipóteses legais que dão sustentação ao tratamento de dados no novo contexto *de cujus* e a facilitação da administração do tratamento pelos herdeiros pela sucessão e de forma mais pontual a expressar a vontade do *de cujus*, através de um testamento. Cremos que seja um caminho.

Referências

ARIMATHEA, Bruna. **Crescem as tentativas de fraude com documentos de mortos**. Terra, 2021. Disponível em: https://www.terra.com.br/noticias/tecnologia/crescem-as-tentativas-de-fraude-com-documentos-de-mortos,7f74964aa6457402bc6739d6e20060d5ek1ru105.html Acesso em: 02 ago. 2021.

BOBBIO, Noberto. **A era dos Direitos**. Tradução de Carlos Nelson Coutinho. Rio de Janeiro: Campus Elsevier, 2004.

BOBBIO, Noberto. **O futuro da Democracia.** Trad. Marco Aurélio Nogueira. 17º ed. Rio de Janeiro: Paz e Terra, 2020.

BOBBIO, Norberto. **Estado, Governo e Sociedade**. Trad. Marco Aurélio Nogueira. 24º ed. Rio de Janeiro: Paz e Terra, 2020.

BRASIL. **Lei Geral de Proteção de Dados Pessoais** (LGPD). Disponível em: http://www.planalto.gov.br/ccivil_03/_ato2015-2018/2018/lei/l13709.htm. Acesso em: 23 jun. 2021.

BRASIL. Lei nº 10.406, de 10 de janeiro de 2002. Institui o Código Civil. Diário Oficial da União: seção 1, Brasília, DF, ano 139, n. 8, p. 1-74, 11 jan. 2002.

BRASIL. Presidência da República. **Constituição da República Federativa do Brasil de 1988**. 5 de outubro de 1988, com atualização até a Emenda Constitucional nº 109/2021. Disponível em: http://www.planalto.gov.br/ccivil_03/constituicao/constituicao.htm. Acesso em: 19 abr. 2021.

CASTELLS, Manuel. **A Era da Informação: economia, sociedade e cultura**. 22 ed. São Paulo: Paz e Terra, 2020. v I, a sociedade em rede.

DINIZ, Maria Helena. **Curso de Direito Civil Brasileiro**. Vol. I. 24ª Ed. São Paulo: Saraiva, 2011.

HAMULAK, Ondrej; KOCHARYAN, Hovsep; KERIKMÄE, Tanel. The Contemporary Issues Of Post-mortem Personal Data Protection In The Eu After Gdpr Entering Into Force. **Czech Yearbook of Public & Private International Law**, v. 11, p. 225-238. 2020. Disponível em: https://www.cyil.eu/contents-cyil-2020/ Acessado em: 02 ago. 2021.

MIRANDA, Francisco Cavalcanti Pontes de. **Tratado de direito privado**. Atual. Vilson Rodrigues Alves. 2. ed. Campinas: Bookseller, 2000. Tomo I. p. 216.

PINHEIRO, Patrícia Peck. Proteção de dados pessoais: comentários à Lei n. 13.709/2018 (LGPD). 2 ed. São Paulo: Saraiva, 2020.

REALE, Miguel. **História do Novo Código Civil**. Volume 1. Revista dos Tribunais, São Paulo. 2005.

UE. **General Data Protection Regulation (GDPR)**. Publicado em 04 de maio de 2016. Disponível em: https://eur-lex.europa.eu/legal-content/PT/TXT/HTML/?uri=OJ:L:2016:119:FULL&from=PT . Acessado em 05 ago. 2021.

VENOSA, Sílvio de Salvo. **Direito Civil parte geral**: 11ª ed. São Paulo, Editora Atlas, 2011.

WARREN, Samuel D; BRANDEIS, Louis D. The right to privacy. **Harvard Law Review**. Dec. 15, 1890. Vol. 4. Nº 5. Publicação de The Harvard Law Review Association. Texto em Inglês (EUA).